## Über dieses Buch

Jacques-Yves Cousteau, der mit seinen Filmen über seine faszi-
nierenden Tiefsee-Expeditionen Millionen Fernsehzuschauer
begeistert hat, schildert in diesem Band aus der erfolgreichen Reihe
»Knaurs Geheimnisse und Rätsel des Meeres« das Leben der
Tintenfische.
Jahrhundertelang geisterten sie als phantastische Ungeheuer durch
die Erzählungen der Seefahrer: die Kraken und Polypen, die
Kalmare und Sepien. Einst waren sie die wohl »intelligentesten
Meeresbewohner der Vorzeit«, doch auch heute bestaunen wir sie
als hochspezialisierte Lebewesen: ihren ausgeprägten Gesichts-
und Geschmackssinn, ihre unglaubliche Fähigkeit, Gestalt und
Farbe des Körpers den jeweiligen Umweltbedingungen anzupassen,
und ihre verblüffende Art, sich dem Raketenprinzip gemäß vor-
wärtszubewegen.
Auf ihren Fahrten mit dem Forschungsschiff »Calypso« hatten
Cousteau und seine Mannschaft immer wieder Gelegenheit, diese
geheimnisvollen Tiere zu beobachten. Sie schauten den Polypen
beim Bau ihrer originellen Behausungen am Meeresgrund zu,
balgten sich mit Riesenkraken und erlebten die Paarung der
Kalmare – einen wahrhaft gigantischen Liebesreigen.
In einer Fülle von herrlichen Fotos hat das Taucherteam der
»Calypso« die einzigartige Schönheit der Wunderwelt der Tintenfische festgehalten.

W0245088

Jacques-Yves Cousteau
und Philippe Diolé

# KALMARE

## Wunderwelt der Tintenfische

Mit 124 meist farbigen Abbildungen

Droemer Knaur

November 1976
Vollständige Textausgabe
© Deutsche Ausgabe Droemersche Verlagsanstalt
Th. Knaur Nachf. München/Zürich 1973
Originalausgabe: OCTOPUS AND SQUID, The soft intelligence
© 1973 by Jacques-Yves Cousteau
Ins Deutsche übertragen von Ingrid Ganslmayr
Umschlaggestaltung: Atelier Blaumeiser
Satz: Richterdruck, Würzburg
Druck: Appl, Wemding
Bindung: Klotz, Augsburg
Printed in Germany
ISBN 3-426-00450-X

# Inhalt

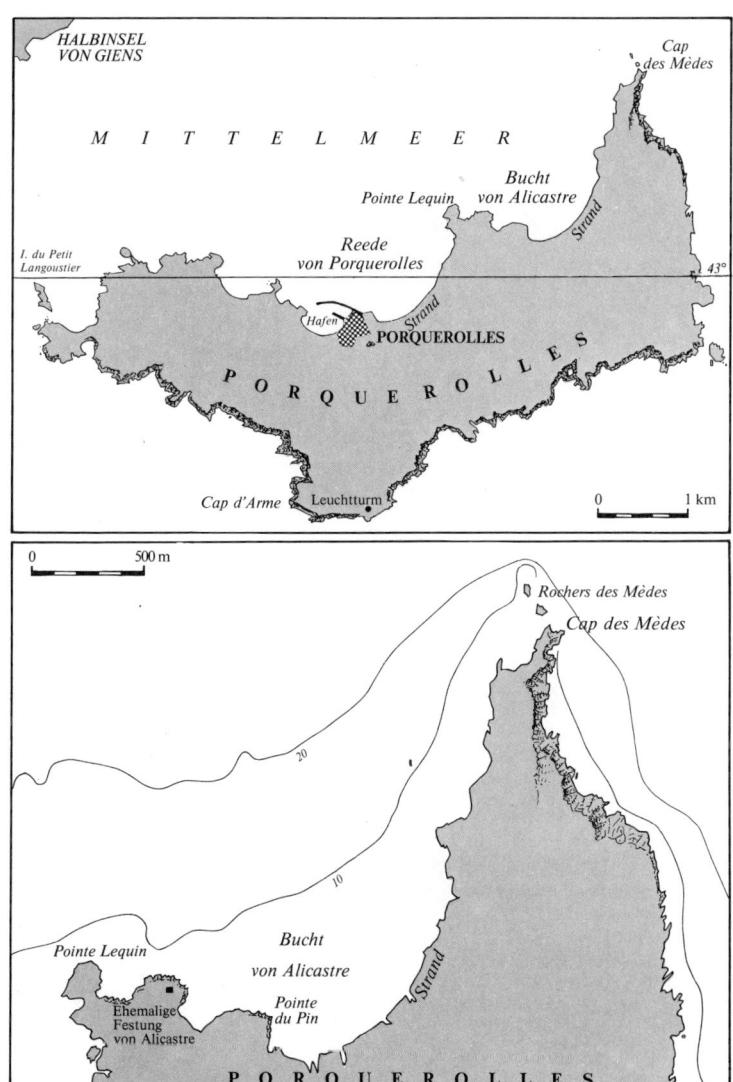

Die Insel Porquerolles mit der Bucht von Alicastre.

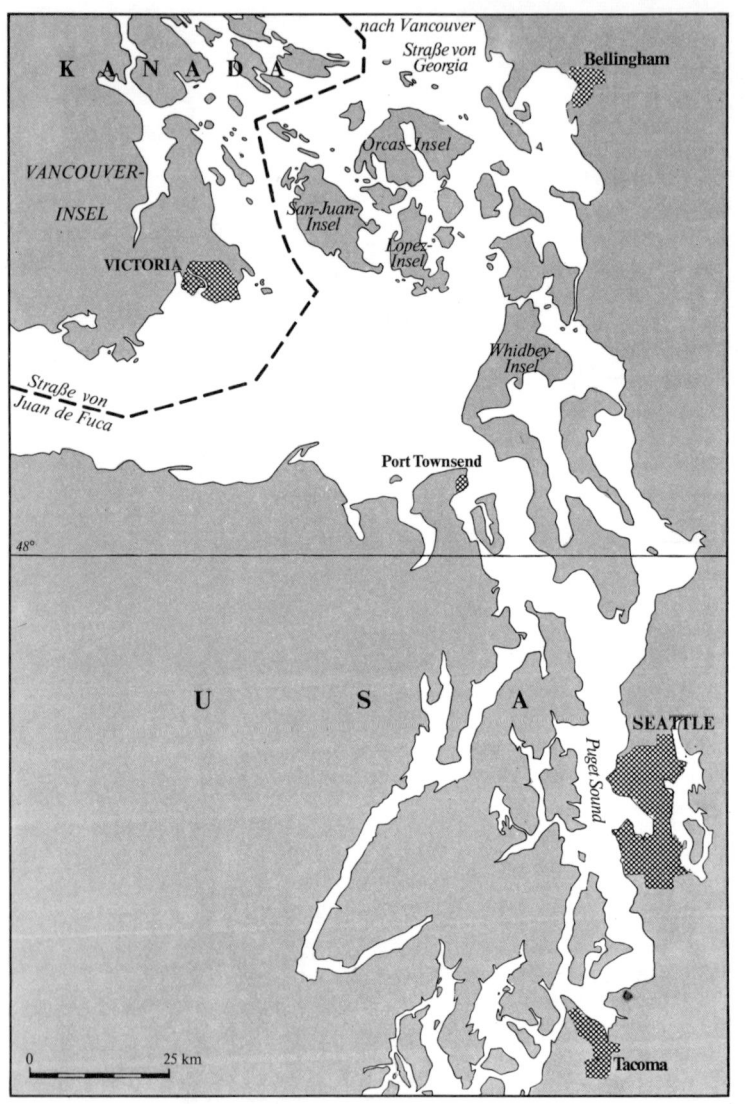

Pazifikküste in der Nähe von Seattle.

8

# 1 Freiheitskämpfer

Baumeister des Meeres – Poulpeville – Ein Unterwasserbal-
lett – Lästerungen wie bei Victor Hugo – Die Streiche der
Polypen – Feinde der Archäologen – Eine physiologische
Errungenschaft – Vorurteile abbauen

Deutlich erkenne ich diesen ganzen sandigen Grund; er ist grau und
wirkt eben. Doch im Vorwärtsgehen entdeckt man hier und da einen
großen Stein, ein Loch und weiter rechts ein Feld spärlicher grün-
licher Seegräser.

Ich bemerke, wie sich auf dem Sand eine Maserung abzeichnet, die
unter dem leisen Gekräusel der Wellen in der Sonne tanzt. Wenn ich
den Kopf hebe, sehe ich den Himmel über mir, ein blausilbernes
Licht sickert ins Meer hinab.

Das hier ist für den Taucher kein sehr anziehender Grund: eine
Ebene unter Wasser, die sich in 7 oder 8 Meter Tiefe erstreckt, so
weit das Auge reicht. Da gibt es sehr wenig Fische und viele Abfälle.
Eine traurige Ebene…

Und dennoch lächle ich zufrieden hinter meiner Maske. Ich komme
hierher wie zu einem vertrauten Stelldichein.

Falco schwimmt voraus. Ich ahne, wie stolz er darauf ist, mir seine
Freunde vorzuführen und mir zu zeigen, was sie können. Seine
Freunde sind die Polypen (»Vielfüßer«), auch Pulpen oder Kraken
genannt – achtarmige Kopffüßer (Tintenfische). Schon vorher aber
waren sie auch meine Freunde.

Man kann hierherkommen, ohne sie zu sehen. Sie lauern in den
Löchern, unter den großen Steinen, die wir als ihre Behausung bezeichnen. Will man sie erkennen, so muß man bereits wissen, wie
Polypenwohnungen gemacht sind. Ihre Bauweise ist ganz verschieden, und es gibt viele Formen, je nach den örtlichen Materialien.
Hier sind es große Steine oder jene unförmigen Haufen obskurer
Gegenstände, die mit viel Geduld zusammengetragen und aufein-
andergelegt worden sind: ein Gemengsel aus Kieseln und Schrott,
vor dem oft wie die zweifelhaften Prunkstücke eines Schreber-
gartens die Perlmuttschalen von Seeohrschnecken schimmern.

Diese ganze Unterwasserlandschaft ist mir seit zwanzig Jahren vertraut. Zwar sind die Polypen nicht mehr die gleichen, aber ihre
Nachfolger wohnen in denselben Behausungen. Es ist lange her,

daß unsere kleine Gruppe an diesen Ort kam; sie fing damals gerade an, sich mit dem Leben im Meer zu befassen: Frédéric Dumas, Philippe Tailliez, sogar Falco, der noch ziemlich jung war und neu in unserer Tauchercrew.

Diese traurige Sandfläche, in die wir durch Zufall geraten sind, wurde plötzlich lebendig für uns, als wir entdeckten, daß sie von seltsamen Lebewesen bewohnt war. Den Landbewohnern sind sie wenig bekannt, aber uns enthüllten sie allmählich ihr geheimnisvolles Leben. Bedenkt man allerdings, welche Rolle sie seit dem frühesten Altertum in Kunst und Mythologie gespielt haben, so kann man nicht behaupten, daß sie völlig unbekannt waren.

Wir nannten den Platz »Poulpeville«: »Pulpenstadt«.

Dann führte uns unsere Tätigkeit unter Wasser anderswohin, ins Rote Meer, in den Indischen Ozean und bis nach Alaska. Aber das Erstaunen über unsere ersten Entdeckungen habe ich nie vergessen und auch nicht diese Fläche vor der kleinen Mittelmeerinsel Porquerolles in der Bucht von Alicastre. Als wir 1950 dorthin kamen, bemerkten wir sogleich, daß die Ebene unter dem Meer von winzigen Hügelchen übersät war. In jedem lebte ein Polyp; er war stolzer Besitzer seines kleinen Bungalows. Wir stellten beim Tauchen ganz erstaunt fest, wie viele Geheimnisse es doch im Meer gab. So fühlten wir uns als Eindringlinge gegenüber allen Lebewesen, auf die wir trafen. Aber wir steckten stolz unseren Kopf in die Tür dieser kleinen Behausungen und konnten die Kugelaugen der Polypen sehen, die mit einem schwarzen Strich gezeichnet waren, der Pupille. Neugierig beobachteten sie uns. Das war eine große Offenbarung, und jahrelang verfolgte mich die Erinnerung an »Poulpeville«.

Der Gemeine Krake oder Polyp *(Octopus vulgaris)* findet sich fast überall im Mittelmeer; aber Alicastre ist ein besonders günstiger Platz, wo weder Seegang noch Wind zu stark ist.

Die Ebene unter dem Meer ist für diese Tiere die ideale Landschaft, denn sie ist geschützt und liegt außerdem gerade am Rande einer Strömung – eine Lage, die sie besonders lieben. Dagegen finden sie dort keine Felsengrotten, die ihnen natürliche Schlupfwinkel böten. Doch Polypen sind Tiere, die sich sehr gut zu helfen wissen. Wenn sie hier in mindestens 10 Meter Tiefe leben, so können sie sich doch an alle Tiefen bis zu 40 oder auch 90 Meter anpassen, vorausgesetzt, daß sie dort günstigen Unterschlupf finden.

Heute kommen wir nach Porquerolles zurück, mit vielen Leuten, gut ausgerüstet mit weitaus wirksameren Mitteln und vor allem mit einer Unterwassererfahrung von mehr als 20 Jahren. Diesmal wollen wir mit dem rätselhaften *Octopus* nicht nur Blicke tauschen; wir

Der Polyp hat seine Arme zum Schutz rings um sich angezogen. Die Saugnäpfe springen hervor.

sind fest entschlossen, mit diesen Tieren zu leben, sie zu beobachten,
zu berühren, zu filmen und vor allem ihr Verhalten zu untersuchen,
während wir früher nur vermuten konnten, welch hohen Grad von
Differenziertheit es aufweist.
Falco deutet mit dem Finger auf ein großes verbogenes Blech, ein
Stück Schrott. Wir gehen hin. Als wir noch 4 bis 5 Meter entfernt
sind, sehe ich aus diesem finstern Loch die runde, gewellte Gestalt
eines Polypen herauskommen. Die Arme strecken sich vor, tasten
vorsichtig den Boden ab, und das Tier nähert sich uns. Die großen,

schwarz gezeichneten Augen beobachten uns. Das ist Falcos Freund. Er nimmt Richtung auf Falco, um die Gaben entgegenzunehmen, auf die er ein Anrecht hat: kleine Krabben, Fisch- oder Langustenstückchen, die wir in einem Gemüsekorb tragen. Welch königliche Gaben!

Falco steckt die Hände nach ihm aus und versucht sachte, ihn zu greifen. Der Polyp entfaltet sich wie ein Schal. Er beginnt eine Art Ballettanz, bei dem er Falcos Maske, Schultern, Hände berührt. Schließlich legt er sich an seine Brust und versucht mit seinen langen Armen den Korb zu erreichen, in den Falco die Tagesration gelegt hat.

Das ist wirklich ein großer Krake, offensichtlich der größte in diesem Teil von Alicastre. Obwohl er nur ein paar Pfund wiegt, muß er mit ausgestreckten Armen gut 2 Meter Spannweite haben. Er hat nicht nur Freundschaft mit unserer ganzen Crew geschlossen, er hat sich bis jetzt auch als wunderbarer Filmschauspieler gezeigt. Wir haben erst ein paar Sequenzen gedreht, und es bleibt – hier und fast überall im Meer – noch eine Menge zu tun, um die faszinierende Welt der Kopffüßer zu erforschen.

Seit 1950 hat sich der Schauplatz kaum verändert. Die meisten Polypen haben sich ihre Behausungen unter großen flachen Steinen eingerichtet. Aber alle, denen wir damals begegneten, sind jetzt tot. Sie leben in der Regel nicht länger als drei Jahre. Ich erinnere mich, daß einer von ihnen sich unter einem Baumstumpf niedergelassen hatte, den er mit Ziegeln gestützt und verkeilt hatte. Dumas und ich stellten mit Erstaunen fest, wie schlau und geschickt dieser Polyp seine Baumaterialien verwendete. War das eine Form von Intelligenz? Ich glaube es immer noch. Auch er sah uns aus seinen gelben Augen an, und wir ließen ihn in Ruhe, denn es widerstrebte uns, ihn aus seinem Unterschlupf aufzuscheuchen.

1953 drehten wir einen kurzen Film über »Poulpeville« und seine »Häuser«. Eigentlich ist dieser flache, sandige Grund nicht gerade ideal für Tintenfische, und es erscheint auf den ersten Blick seltsam, daß sie den Platz besiedelt haben. Aber sie hatten das Glück, dort große alte oder sogar antike Steinplatten zu finden, die von einem Schiffbruch herrühren. Diese Steine haben sich in den Sand eingegraben, genügend weit voneinander, und reichen gerade noch an die Oberfläche. Sicher hat das den Tintenfischen besonders gefallen. Unter der Platte haben sie ein Loch gegraben und erhielten so ein festes Dach. Vor dem Eingang haben sie die seltsamsten Gegenstände aufgehäuft, die sie nach und nach gesammelt und in ihren Armen hergetragen hatten, denn sie sind keine Lumpensammler, sondern eher Sammler aus Liebhaberei: Flaschen, Taue, Sandalen, alte Kanister und Autoreifen.

Das Loch führt senkrecht unter den Stein und ist somit schwer zugänglich, außer für seinen glücklichen Besitzer, der mit erstaunlicher Geschmeidigkeit hineingleitet. Die Polypen können nämlich in Hohlräume schlüpfen, von denen man nie glauben würde, daß der Körper eines solchen Tieres hineinpaßt. Aber man muß nur zusehen, wie sie rutschen, gleiten, buchstäblich wie Wasser »fließen«, dann versteht man, daß das Fehlen eines Knochengerüsts im Meer außerordentliche Vorteile bieten kann – in einer Welt allerdings, die von der unsern völlig verschieden ist.

Ich frage mich, ob die heutigen Taucher sich vorstellen können, was die ersten Begegnungen mit den Polypen auf dem Meeresgrund für uns bedeuteten. Wie kamen wir dazu, sie zu berühren und sogar mit ihnen zu spielen?

Als wir die Aqualunge zu benutzen begannen, wußte man fast gar nichts über das Verhalten der Meerestiere. Jeder Taucheinsatz machte uns freier. Zuerst empfanden wir manchmal einen gewissen Widerwillen, die klebrige Oberfläche der mit unbekanntem tierischem Leben überwachsenen Felsen zu berühren. Dann bemerkten wir, daß unsere Finger im Wasser manches Unangenehme nicht empfanden, das wir auf dem Lande wahrnehmen konnten. Aber bei der bloßen Berührung von Lebewesen, die wir noch nicht zu unterscheiden gelernt hatten, verspürten wir ein unangenehmes Brennen wie von Brennesseln.

Die Kraken interessierten uns sehr schnell. Bei unseren ersten Tauchversuchen sahen wir sie oft – in Höhlen hausend, verschanzt hinter ihrem Bollwerk aus Abfällen, Kieseln, Muschelschalen; und manchmal öffnete sich eine Seeanemone wie eine Blume im Garten. Wenn wir uns näherten, begann der Polyp sich aufzublasen, Volumen anzunehmen, als wollte er besseren Halt auf seinen Befestigungsanlagen gewinnen. Er umschlang schützend seine Mauer mit einem Arm und zog, ohne uns aus den Augen zu lassen, sein Verteidigungsgerümpel an sich, als wollte er uns die Tür vor der Nase zumachen. So zeigte er uns, daß seine Intelligenz höher war, als wir vermutet hätten. Er wechselte die Farbe, ohne daß wir wußten, ob sich darin Angst oder Zorn äußerte. Dann kam der Augenblick, in dem er sich zur Flucht entschloß. Er kroch zunächst langsam, gewellt, am Stein klebend, dann plötzlich flog er, sich rückwärts bewegend, frei durchs Wasser; dabei streckte er seine Arme aus und nahm damit Stromlinienform an. Es gelang uns, ihn zu fassen. Er klammerte sich an uns, klebte an unseren Händen und begann einen hoffnungslosen Kampf. Aber seine Saugnäpfe ließen auf der Haut nur schwache Abdrücke zurück, die schnell verschwanden.

Zu dieser Zeit war Frédéric Dumas von uns allen am besten mit den Polypen vertraut. Als er noch ein Kind war, mit zehn Jahren, stöberte er die Polypen im Meer vor Port Issol auf, um einer kleinen Freundin zu imponieren. Er brachte sie ans Ufer, und das Mädchen ließ sie ruhig ihre Arme entlangkriechen. Das war die Attraktion am Strande und der Schrecken der Familien. Die Leute stießen Schreie des Entsetzens aus, und die Mütter drückten ihre Kinder an sich. Aber zu dieser Zeit gab es noch keine Aqualunge; man kannte nicht einmal die Taucherbrille. Alles, was der junge Dumas tun konnte, war, aufs Geratewohl einen Polypen im Wasser zu ergreifen und diese weiche Masse ans Land zu bringen, deren Arme sich verzweifelt wanden und die weißen Ringe der Saugnäpfe zeigten.

Dumas gestand, daß er anfangs ein gewisses physisches Widerstreben überwinden mußte. Aber er lernte schnell, die Kraken aus ihrem Loch herauszuholen, indem er sich vorbeugte und über ihnen auf den Steinen einen Ölzweig schwenkte, dessen kleine silberne Blättchen einen Schwarm kleiner Fische vortäuschten. Das ist ein alter, von den Griechen übernommener Trick; denn der Krake greift bereitwillig nach allem, was sich im Wasser bewegt, und wenn er völlig hinter seinem Stein hervorgekommen ist, dann ist es nicht mehr schwierig, ihn an die Oberfläche zu bringen.

Bei unseren ersten Einsätzen im Taucheranzug fand sich Dumas endlich den Tieren gegenüber, die er bis dahin zu seinen Opfern gemacht und immer nur als eine schlaffe, klebrige Masse gesehen hatte. Was ihn bei seinen ersten näheren Berührungen im Meer beeindruckt hatte, waren vor allem die Augen der Polypen, gelb und ausdrucksvoll. Er entdeckte, daß auf dieser fleischigen Masse im Wasser etwas wie ein Gedanke aufglänzte.

Bei Port Cros fing Dumas beim Tauchen zum erstenmal einen Polypen von ziemlicher Größe. Er hielt ihn einen Augenblick in der Hand und gab ihm dann die Freiheit wieder, und das Tier zog ins Blaue, wobei es seine Arme hinter sich schleifen ließ und sich stoßweise vorwärtstrieb, mit einer uns sehr gering erscheinenden Geschwindigkeit. Zum Schwimmen bläht der Krake seinen Mantelsack auf und spritzt das Wasser plötzlich durch eine Art Trichter, den sogenannten Sipho, nach vorne. Dadurch wird er nach hinten

Ein Polyp in einer Seewiese von Alicastre.

getrieben. Diese Methode zu »schwimmen«, der er sich vor allem bei Gefahr bedient, beruht auf dem Prinzip des Raketenantriebs. Der wirkliche »Motor« bei diesem schnellen, nach rückwärts gerichteten Schwimmen ist aber der muskulöse Mantel. Durch die Kraft seiner Kontraktion wird das Wasser durch den Sipho ausgestoßen und treibt das Tier an.

»Gilliat und der Krake«, Zeichnung von Gustave Doré, Illustration zu »Les travailleurs de la mer«. Haus Victor Hugo, Paris.

Geduldig verfolgte Didi seinen Schützling ohne Rücksicht auf dessen Einschüchterungsmanöver, seine Listigkeit und seine wundervolle Tarnung. Das Tier hatte den Taucher hinter sich gespürt und mehrmals seine Tinte genau gegen Dumas' Maske entleert. Durch die Ausschüttung der Tinte entsteht keineswegs, wie oft behauptet wird, ein Dunstschleier, hinter dem sich das Tier verbirgt; es benützt sie vielmehr, um nach der Seite zu entfliehen. Der Farbstoff ist in Wasser nicht löslich, so daß die Wolke nur sehr langsam zerfließt. Die Tinte bildet im Meer eine ziemlich geschlossene Kugel, die in einer Art Schwanz endet. Man hat die Hypothese aufgestellt, daß dieses Phantom, das grobgenommen die Form eines Polypen hat, vor allem den Angriff eines Feindes auf sich lenken und dem Tintenfisch Zeit zur Flucht lassen soll.

Mit unserer einzigen Unterwasserkamera filmte ich beharrlich diese Szene, die im Meer noch nie gedreht worden war. Als der Krake ermüdet war, ließ er sich auf dem Grund nieder und nahm augenblicklich dessen Farbe an. Aber wir waren ganz in seiner Nähe und ließen uns von seiner Tarnung nicht täuschen. So riß er wieder aus, stieg zum Licht auf, spreizte seine Arme fächerförmig, als wolle er sich geschlagen bekennen, und ließ sich von Dumas fangen.

Das gab eine lange Verführungsszene: Dumas streichelte sanft den Polypen, ließ ihn einen Augenblick los, bemühte sich, ihn zu beschwichtigen und zu beruhigen. So wurde das erste unserer Unterwasserballetts komponiert. Sein Rhythmus wurde immer friedlicher. Zum erstenmal versuchte ein Mensch einen Polypen davon zu überzeugen, daß er ihm nichts Böses tun wollte.

Doch wir erlebten auch eine dramatischere Szene.

Unser Freund Dumas ist immer ein wenig pyroman gewesen. Er freut sich an Feuerwerk und Raketen, und er hat das Feuer im Meer eingeführt. Schon zu Beginn unseres Unterwasserlebens erfand er eine Fackel, die im Wasser brennt, mit schrecklichem Fauchen und mit Ketten von Blasen. Dieses Ding mit Pfiff hat uns oft großes Vergnügen gemacht oder große Überraschungen bereitet, und es lieferte die erste Folge der »Schweigenden Welt«.

Dumas und ich wollten unbedingt in Erfahrung bringen, wie die Meerestiere auf den Anblick des Feuers im Wasser reagieren. In »Poulpeville« tauchte Dumas eines Tages mit brennender Fackel und schwang sie vor einer Behausung, in der sich ein Polyp verkrochen hatte. Das Ergebnis war gleich Null. Das Tier reagierte nicht, es versuchte weder sich zu verbergen noch zu entfliehen. Da richtete Dumas seine Fackel direkt darauf, denn er dachte, es würde hochspringen. Der Krake aber zog nicht einmal seine Arme ein.

Dumas brach das Spiel ab, sobald er merkte, daß es grausam wurde. Der Polyp trug Spuren von Verbrennungen, und doch hatte er nicht versucht zu entkommen. Offensichtlich weiß ein Polyp weder, was Feuer ist, noch wie man sich ihm entzieht.

Diese überraschende Unempfindlichkeit gegenüber dem Feuer wurde uns von Gilpatric bestätigt, der zu den Pionieren des Tauchens gehört. Er erzählte uns, daß ein am Strand angespülter Krake durch ein am Ufer brennendes Feuer kroch, um wieder ins Wasser zu gelangen.

In den letzten zwanzig Jahren hatte ich Gelegenheit genug, mich mit den Polypen zu befassen. Ich bin ihnen wiederholt begegnet, und sie haben mich immer wieder mit ihren Streichen und mit Proben ihres wunderbaren Verstandes verblüfft. Bei ihnen kann man stets auf alles gefaßt sein, und ich glaube, daß wir noch viel zu entdecken haben, je tiefer wir ins Meer eindringen.

Mehrere Jahre lang haben wir uns mit den Kraken beschäftigt, Frédéric Dumas, Philippe Tailliez und ich, und zwar vor allem mit dem Mittelmeerpolypen, der zugleich intelligent ist, leicht zu zähmen, und der gerne spielt: dem achtarmigen Gemeinen Kraken *(Octopus vulgaris)*.

In Pflanzenansammlungen, die man im Mittelmeer als »Meereswiesen« bezeichnet – sie bestehen aus Posidonien, die in etwa Porreefeldern gleichen –, stöberten wir oft andere Kopffüßer auf, die Zehnfüßer der Gattung *Sepia*. In ihrem Schrecken spritzten auch sie oft ihre Tintenwolke gegen uns.

Aber wir machten weitere Fortschritte im vertrauten Umgang mit den Polypen, und wir wollten noch mehr lernen über die wenig bekannten und im allgemeinen verleumdeten Tiere.

Wir alle haben gelesen, was Victor Hugo in seinem Buch »Les travailleurs de la mer« (Männer des Meeres) über den Kraken schreibt. Aber wir haben niemals Kraken getroffen, die so groß waren wie das in diesem Roman beschriebene Ungeheuer, und es ist im übrigen auch nicht möglich, Tiere von solcher Größe im Ärmelkanal in der Nähe der anglonormannischen Inseln anzutreffen. Wir glauben, daß diese schrecklichen Giganten nur in der Phantasie des Dichters existierten. Und was für eine Phantasie!

»Der Polyp, o Schrecken, atmet uns ein. Er zieht uns zu sich und in sich hinein, und so gefesselt, ohnmächtig gefangen, fühlen wir uns langsam in den entsetzlichen Sack entleert, den das Seeungeheuer vorstellt... Die Fühlarme des Kraken kann man nicht durchschneiden: sie sind zäh wie Leder, und das Messer gleitet an ihnen ab.«

Porträt eines Kraken von Frédéric Dumas.

Im Mittelmeer hat der Krake weder die Ausmaße noch das Betragen eines Ungeheuers. Er ist klein und scheu. Er huscht davon wie ein erschreckter Vogel und läßt sich sachte auf einem Abhang nieder. Aber die Verleumdung ist hartnäckig.
Künstler und Schriftsteller haben die Kraken als riesige blutrünstige Tiere geschildert, die stark genug seien, um Schiffe zu zermalmen.

Polypen – Teufelsfische – Kraken. Alle waren gräßlich anzusehen, wild und – ausgehungert!

Wir haben in ihnen vor allem furchtsame und – sicher unfreiwillig – possenhafte Tiere gesehen, die großen Spaßvögel in der Unterwasser-Archäologie.

Das Wrack eines römischen Schiffes, gescheitert an dem Eiland von Grand Congloué vor Marseille, enthielt Tausende von Amphoren und Stücken antiker Keramik. Wir haben in mehr als 45 Meter Tiefe mit der systematischen Bergung dieses Schiffes und seiner Ladung begonnen, die aus dem Ende des 3. Jahrhunderts v.Chr. stammten. Es war eine schwierige, anstrengende Arbeit, die mehr als fünf Jahre dauerte. Mehrere Polypen hatten in den zahlreichen Amphoren, die sich auf der archäologischen Fundstätte häuften, ihr Domizil aufgeschlagen.

»Das Vorhandensein dieser Tintenfische war ziemlich unangenehm«, erzählt Falco. »Man arbeitete tastend mit den Händen, und plötzlich fühlte man sich nach hinten gezogen. Das war ein Polyp, der sich mit seinen Armen festklammerte und an einem zog. In der Aufregung und um ihn loszuwerden, steckte man ihn in den Saugbagger.« Das war zum klassischen Spaß geworden. Wenn ein Polyp aus einer Amphora herauskam, hielten ihn die Taucher an die Öffnung des Saugbaggers, und heftig angezogen, landete das Tier an Deck in dem Sieb, in das sich alle Überreste ergossen, die vom Grund kamen. Der Archäologe vom Dienst wurde bleich vor Schreck und warf es wieder ins Meer.

Droben leitete Professor Fernand Benoit die Ausgrabungen, betrachtete den Inhalt der Amphoren und versuchte, ihr Alter und ihre Herkunft zu bestimmen, denn an der Fundstätte sind Griechisches und Römisches seltsam durchmengt. Mit Hilfe von Topfscherben, Steinen oder Harzresten, die in anderen Amphoren lagen, bemühte sich Fernand Benoit, eine Chronologie der Ablagerungen aufzustellen, aber 2000 Jahre lang hatten die Polypen in den Resten des Wracks gewohnt und ihre Zeit damit verbracht, ihre Wohnungen einzurichten, die Tonfragmente und Scherben von einer Amphora in die andere zu verziehen und mit wesentlich »moderneren« Gegenständen aus der Umgebung zu mischen. So hatten sie alle Spuren verwischt, und jede Amphora war für den Archäologen zu einer Fallgrube geworden. Es dauerte einige Zeit, bis Fernand Benoit erkannte, daß im Meer die Polypen Feinde der Archäologen sind.

Allerdings lieferten auch die Taucher zweifelhafte Streiche. Sie warfen ganz neue Zwanzig-Centime-Stücke vor den Saugbagger;

Genest bemüht sich, in den felsigen Gründen der Insel Riou einen Polypen zu zähmen.

diese kamen dann im Sieb an, mit einem Freudenschrei von den Archäologen begrüßt, die glaubten, sie sähen antike Münzen heraufkommen. Witzigerweise fielen zwei Wochen später aus einer auf das Achterdeck der *Calypso* gehievten Amphora ein Polyp und ein Geldstück heraus. Es war das letzte der Zwanzig-Centime-Stücke, das der Polyp gefunden und in seinen Schlupfwinkel getragen hatte.

Frédéric Dumas erzählte: »Das Gewühle des Saugbaggers erschreckte die Polypen nicht. Sie drückten sich in den Hals der Amphoren, rollten sich eng zusammen, da sie sich in dieser Ruinenstadt nicht verbergen konnten. Ich male mir ihre Freude aus, als sie vor 2000 Jahren diesen Fertigpalast unter seinem großen Strohsegel vom Himmel herabsteigen sahen, mit geräumigen Einzelzimmern, deren enger Eingang sie vor ihren Feinden, den großen Barschen, in Sicherheit brachte. Sie verliehen diesem modernen Hotel die höchste Anzahl Sterne, schlürften dort Muscheln, schmückten es mit hübschen Gegenständen, die sie beim Herumstreifen gefunden und wie diebische Elstern nach Hause getragen hatten.«

Auf die Listigkeit des Polypen wurde schon von unserem Freund Gilpatric hingewiesen, der das erste Buch über die Unterwasserforschung geschrieben hat, »The Complete Goggler« (1938). Er erzählt, daß er einen Polypen mit nach Hause genommen habe, daß es diesem aber gelungen sei, aus dem Aquarium zu entkommen, in das er ihn eingeschlossen hatte, obwohl ein sehr schwerer Deckel darauflag. Gilpatric fand den Polypen damit beschäftigt, die Bücher seiner Bibliothek nacheinander herauszuholen und mit seinen Armen durchzublättern.

Die Polypen sind wahre Selbstbefreiungskünstler, und darum sind sie mir um so lieber. Es ist schwer, sie in Gefangenschaft zu halten. Die Fähigkeit der Polypen, ihren Körper so zu strecken, daß sie durch die engsten Öffnungen gleiten können, machte sie zum Alptraum aller Aquariumsdirektoren. Wir haben sie oft in Behältern am Heck der *Calypso* untergebracht. Sie können ein beträchtliches Gewicht heben und durch winzige Öffnungen schlüpfen. Im übrigen waren wir so hingerissen von der genialen und verteufelten Art, wie ihnen die Flucht gelang, daß wir gar nicht daran dachten, ihnen die Freiheit zu versagen. Meist beschränkten wir uns darauf, sie zu filmen oder zu fotografieren, während sie ihr Unternehmen erfolgreich durchführten. Soviel Schläue, Scharfsinn und Ausdauer in diesem knochenlosen Körper, in einem weichen, uns so fernestehenden Lebewesen, das dennoch alles tut, um seine Unabhängigkeit wiederzuerlangen, hat uns stets Bewunderung abgenötigt. In den fünfzehn Jahren, in denen ich mit der *Calypso* die Welt durchfahren habe, sind wir Kraken, Sepien, Kalmaren begegnet, und Falco hat sogar im Indischen Ozean von der tauchenden Untertasse aus einen jener riesigen Kopffüßer der Tiefsee gesehen, von denen wir noch fast gar nichts wissen. Man weiß, daß es in der Tiefe, zwischen 600 und 1500 Metern, Riesentintenfische gibt. Der Fürst von Monaco hat auf seinen Fahrten ihre Fragmente gesammelt, und später hat man am Strand ihre verwesten Kadaver gefunden. Aber ihre Gestalt, ihr Verhalten kennen wir nicht. Wir müssen noch Jahre warten, bis wir mehr darüber wissen, denn sie entziehen sich allen Schleppnetzen, allen Baggern. Selbst im Bathyscaph trifft man sie nicht. Sie bilden eines der größten Geheimnisse des Meeres, eines der letzten; aber es hält wunderbare Überraschungen für uns bereit.

Nur eines ist sicher: Wie groß die Kopffüßer auch sind, sie alle bilden ein sehr bedeutsames Glied in der Nahrungskette der Meere: Die Pottwale tauchen bis 1200 Meter unter die Oberfläche, um die großen Kalmare anzugreifen, von denen sie sich ernähren. Weiße Thunfische, Delphine, Grindwale, Haie verschlingen mit vollem Maul die kleinen Kalmare der Gattung *Loligo*, die sich zur Paarungszeit in geschlossenen Gruppen versammeln. Sepien, Kalmare und Polypen sind die Hauptnahrung gewisser Meeressäugetiere und bestimmter Fische.

Der Mensch hat seit langem gelernt, sich der Tintenfische auf vielerlei Weise zu bedienen. Auf Madeira habe ich zweifellos das schlagendste Beispiel dafür gesehen.

Die Insel Madeira ist klein, zählt aber dennoch 350 000 Einwohner. Sie erhebt sich senkrecht über einer großen Tiefe. Die Einwohner hätten nicht existieren können, wenn sie nicht glücklicherweise einen Fisch zur Verfügung hätten, den man nur dort antrifft, die Espada *(Aphanopus carbo)*. Das ist ein ganz schwarzer Fisch von etwa 3 bis 5 Kilo, mit bronzenen Reflexen und einem großen roten Auge. Er hat Zähne wie ein Barrakuda und ähnelt diesem überhaupt sehr stark, aber man muß ihn in großer Tiefe fischen, wo er lebt, und von wo er nachts aufsteigt. Man fängt ihn bei völliger Dunkelheit zwischen 1200 und 1700 Meter und bei Mondschein zwischen 1500 und 2000 Meter.

Die Leute von Madeira gehen bei diesem Fischfang nach sehr alten Traditionen vor. Mit Rücksicht auf die Abtrift in großer Tiefe befestigen sie am Bug und am Heck ihres Bootes eine mit einem Stein beschwerte Leine, die sehr tief hinabgeht, bis zu der gewünschten Tiefe. Auf den letzten 500 Metern sind alle fadenlang andere Leinen mit Haken befestigt, insgesamt 280. Das Ungewöhnlichste dabei ist, daß sich diese ganze Anlage, die über Nacht liegenbleibt, niemals verwirrt.

Während die Fischer auf den ersten Schimmer der Morgendämmerung warten, zünden sie am Heck ihres Fahrzeugs ein großes Feuer an, um die Kalmare anzulocken, die sie dann mit der Fischgabel

In diesen wunderbar farbigen Gründen leben unsere Freunde, die Mittelmeerpolypen.

harpunieren. Diese Kalmare sollen am nächsten Tag als Köder für die Espada-Leinen dienen. So haben die Einwohner von Madeira seit Jahrhunderten auf ihrer unfruchtbaren Insel ohne Hilfsquellen dank der Kalmare bestehen können.

1954 verließ die *Calypso* den Persischen Golf, nachdem sie für das Emirat von Abu Dhabi nach Öl gesucht hatte. Sie nahm über die Seychellen Kurs nach Aldabra. Zwei Tage von Ormuz, mitten im Indischen Ozean, bemerkte ich bei Windstille im Meer einen lebhaft roten Fleck. Die *Calypso* fuhr darauf zu, und das Objekt wurde hochgeholt. Es handelte sich um ein Rechteck aus biegsamem Material, das 1,50 mal 1 Meter maß – eine ziemlich dicke »Haut«, dazu bestimmt, ein Kopffüßer-Gelege zu tragen. Diese rechteckige Platte war von Millionen aneinandergereihter Eier bedeckt, in denen man den Umriß des Embryos erkennen konnte.

Auf diese Art von Gelege gab es bereits Hinweise, aber sehr selten, und man weiß nicht, welcher geheimnisvolle Riesentintenfisch in der Lage ist, einen solchen »Kindergarten« in die Welt zu setzen.

Die Polypen haben uns stets fasziniert und faszinieren uns noch immer, nicht weil sie »Teufelsfische« sind, wie die Engländer sagen, noch weniger, weil sie Ungetüme sind, sondern weil sie eine einzigartige Ausnahme unter allen Meeres- oder Landtieren bilden. »Vettern« der Auster und der Miesmuschel, haben sie gleichwohl Unabhängigkeit erlangt, Beweglichkeit erhalten, ohne auf die Fortbewegungsarten der Tiere angewiesen zu sein, die Meer und Land bevölkert haben.

Für die Menschen erscheint das weiche, ungeschützte Fleisch der Polypen leicht verletzlich. Dennoch sind sie und ihre Verwandten nicht bedroht. Sie verstehen es, allen Gefahren des Meeres zu entkommen. Geschickt darin, sich zu verbergen, bereit zur Flucht, können sie auf den hohen Entwicklungsstand ihrer Sinnesorgane und ihres Nervensystems zählen. Sie haben einen scharfen Gesichtssinn, Augen, die beinahe den Augen der Wirbeltiere, ja fast dem menschlichen Auge gleichkommen. Sie können Größe, Gestalt und Farbe wechseln.

Ihr taktiles Wahrnehmungsvermögen ist viel mehr entwickelt als unser Tastsinn, und außerdem verfügen sie über Sinne, die wir nicht oder kaum haben und die für ihre Lebensweise von großer Bedeutung sind: chemische und zugleich Geschmackssinne, die sie vom Vorhandensein aller Tiere in ihrer Reichweite unterrichten, vor allem ihrer bevorzugten Beute – Krebstiere und bestimmte kleine Weichtiere.

Ein Kopffüßer ist ein sehr sensibler Empfänger und Analytiker; er registriert Signale, die uns entgehen, ja, die uns völlig fremd sind.

Ihre wichtigste, persönlichste Gabe aber besteht darin, daß sie das Aussehen wechseln können – sozusagen »nach Belieben«. Sie verwandeln sich, bedecken sich mit Auswüchsen und Granulationsbildungen, wechseln die Farbe. Manchmal geschieht dies zur Tarnung, indem sie die Farbe ihrer Umgebung annehmen: der Pflanzen, in denen sie sich verbergen, des Felsens, auf dem sie sich niederlassen. Manchmal werden sie rot vor Wut oder Angst. Aber wer ist schon imstande, ihre Gefühle zu deuten? Wir können diese wunderbaren Verwandlungsfähigkeiten nur feststellen, die jeden Tintenfisch zu einem Zauberkünstler des Meeres machen und die Talente des Chamäleons bei weitem übersteigen.

Will man sie verstehen und begreifen, was wir in diesem Buch zu berichten versuchen, so muß man zunächst einmal davon ausgehen, daß die Polypen ihr eigenes Universum haben, in einer Welt leben, in der die – übrigens hochentwickelten – Empfindungen nicht die unseren sind und in der die Mittel zur Bewegung von denen der Fische und anderer Meerestiere verschieden sind. Sie haben hervorragende und ausgefallene Lösungen gefunden, um sich am Leben zu erhalten: Arme und Saugnäpfe, die fast so gut sind wie unsere Hände, und ein bißchen Gift. Alles an ihnen ist geheimnisvoll, ja, ihre Antriebsart ist einzigartig im Tierreich.

Und wir wissen nicht einmal, welchen Namen wir ihnen geben sollen. Pulpen oder Polypen, diese beiden Wörter sind gleichwertig. Polypen ist älter, es wurde schon von den Griechen und Römern verwendet, und wir gebrauchen es zur Bezeichnung des kleinen *Octopus vulgaris*, wie es die Fischer von Sanary und Marseille tun.

Ein neueres Wort ist das französische *pieuvre*. Dem Dialekt der anglonormannischen Inseln zugehörig, wurde es 1866 von Victor Hugo in Mode gebracht. Es trägt irgendwie erschreckenden Charakter, erinnert an Legenden, Poesie und Folklore, ebenso wie das norwegische Krake. Krake soll auch zur Bezeichnung der großen Kopffüßer von 50 Kilo dienen, mit denen die Verfasser dieses Buches an den Rändern des Pazifik getaucht haben.

Es lag uns daran, die Verleumdungen aus der Welt zu schaffen, denen diese unglücklichen Kraken ausgesetzt sind, die Legende vom Fabelwesen Victor Hugos und Jules Vernes aufzuheben, vom Ungeheuer, das Taucher erwürgen und Schiffe in den Abgrund ziehen kann. Dafür aber gibt es nur ein einziges Mittel: mit ihnen leben, uns Zugang zu ihrer Welt verschaffen. Denn die Vorurteile gegenüber

Frédéric Dumas spielt mit einem Polypen (aus dem Film »Land des Schweigens«, 1946).

diesen wunderbaren Tieren, deren Geschmeidigkeit und Grazie wir bewundern, beruhen nur auf Unwissenheit. Jahrtausendelang haben die Menschen sie nur außerhalb des Wassers gesehen. Vielleicht haben nur die ägäischen Künstler vor mehr als 3000 Jahren ihre Schönheit erahnt.

Niemals haben wir im Mittelmeer, im Roten Meer, im Indischen Ozean oder im Atlantik Polypen angetroffen, die groß genug gewesen wären, um die Taucher der *Calypso* in Schwierigkeiten zu bringen. Alle, die wir gesehen haben, waren von ziemlich bescheidener Größe, so daß wir sie zähmen und mit ihnen spielen konnten, Erfahrungen sammeln über ihre Intelligenz, ihre Merkfähigkeit, ihre Paarung, über ihre Sorge für die Einrichtung und Befestigung einer Behausung.

Dennoch hatte Victor Hugo nicht ganz unrecht. Es gibt tatsächlich riesige Ungeheuer, Kraken von beinahe 10 Metern Gesamtlänge und mehr als 50 Kilo Gewicht. Wir haben sie nicht im Ärmelkanal an der Küste von Guernsey gefunden, sondern im Pazifik, an der Küste Nordamerikas bei Seattle. Von diesen Riesenpolypen wollen wir zuerst sprechen.

27

# 2 Schrecklich, aber faul

Wozu einen Menschen töten? – »Furchtsame Ungeheuer« – Sie können eine Tonne ziehen – Gefahren – Dreimal Kampf – Dichtung und Wahrheit

Ruhiges, glattes, ein wenig trübes Wasser umgibt eine Inselkette und bildet ein verwickeltes System von Kanälen und kleinen Seen. Dieses Wasser ist nicht bewegungslos, denn bei Ebbe und Flut durchlaufen es ziemlich reißende Strömungen. Diese abgeschnittene Lagune öffnet sich auf das Meer. In der Tiefe des Fjordes erhebt sich eine der größten Städte Nordamerikas: Seattle. Sie bildet einen großen natürlichen Hafen und ist zugleich Industriezentrum für Schiff- und Flugzeugbau und Ausgangspunkt für die land- und forstwirtschaftlichen Produkte des amerikanischen Nordwestens.

Eine Reihe von Seen, Flüssen und Meeresarmen, die die Amerikaner »Sounds« nennen, schlängeln sich zwischen bewaldeten Hügeln und machen diese Gegend zu einer romantischen Landschaft, recht geeignet für Vergnügungsfahrten mit dem Schiff.

Der Insel Vancouver gegenüber liegt der Staat Washington, der seinerseits an die kanadische Provinz Britisch-Columbia grenzt.

Dieser zerklüftete Meeresraum hat seine Rolle in der Geschichte der großen Entdeckungen gespielt. Im 17. Jahrhundert fuhr ein griechischer Forscher, Juan de Fuca, mehr als zwanzig Tage lang durch eine Meerenge, die er für die Passage zwischen dem Atlantik und dem Pazifik hielt, die die Seefahrer seit hundert Jahren suchten. Er war überzeugt, die »Nordwest-Passage« gefunden zu haben. Immerhin hinterließ er seinen Namen auf den Karten: Die Meerenge, die den Staat Washington von der Insel Vancouver trennt, heißt »Strait of Juan de Fuca«, während der Meeresarm, der tief in den amerikanischen Kontinent eindringt, den Namen »Puget Sound« trägt.

In dem schlammigen, pflanzenreichen und von Felseneilanden durchsetzten Labyrinth, das sich an jedem Ufer dieses Fjordes entwickelt, gedeihen die größten Polypen der Welt, die Gattung *Octopus dofleini,* in Nordamerika auch *Octopus apollyon* genannt. Das Gelände ist für sie besonders günstig. In den Felsen finden sie Grotten und Spalten, die ausgezeichnete Schlupfwinkel für sie bilden. Sie leben in Gewässern, die von Strömungen aufgewühlt werden, ohne daß sie sich dadurch gestört fühlten. Das ist es, was sie lieben. Endlich haben sie in diesen bald felsigen, bald schlammigen, vegetationsreichen und von den Gezeiten durchströmten Gründen reichlich Krabben, Garnelen und Schalentiere, die sie schätzen.

Als die Taucher der *Calypso* nach Seattle kamen, entdeckten sie mit einigem Erstaunen diese Meereslandschaft, der nichts, was sie kannten, glich.

Die Erforschung dieser Kanäle versprach freilich eine sehr langwierige Aufgabe zu werden, denn die Sichtweite war sehr gering, nur einige Meter.

Das Wasser war voll von Sinkstoffen. Ein Schlag mit der Hand genügte, um den Schlamm aufsteigen zu lassen, der den Grund bedeckte, und es war unmöglich, die Kraken zu filmen oder auch nur wahrzunehmen. Sobald man an einer Stelle gearbeitet hatte, wurde das Wasser nach einigen Minuten trübe, und man mußte ein anderes Unterseestudio suchen.

Manchmal aber fanden unsere Kameraden am Rande der Strömungszone klarere Gewässer. Viele Felswände waren mit Algen bedeckt, andere mit zahlreichen Seeanemonen überzogen, die großen weißen Kugeln glichen und die Seltsamkeit der Szenerie noch verstärkten. Fast überall auch riesige Seesterne mit bis zu 40 Armen, ähnlich denen, die wir in den eisigen Gewässern von Alaska in großer Menge gesehen hatten. Der Boden senkte sich niemals sehr tief: zwischen 8 und 10 Meter und nicht über 20 Meter. Aber die Strömungen waren, vor allem in der Mitte der Lagune, ziemlich heftig, und man durfte ihnen nicht trauen.

Der große Feind der Taucher war die Kälte. Die Wassertemperatur betrug etwa 10 Grad. Bernard Delemotte, Raymond Coll und Louis Prézelin, die Pioniere bei dieser Erkundung, mußten sich entsprechend ausrüsten. Unter ihrer Kombination trugen sie eine Spezialweste, die sie beim Ausgleichen ihres spezifischen Gewichtes und beim Tiefergehen störte. Auch konnten sie ihre Handschuhe nicht ablegen. Und trotzdem kamen sie oft schlotternd an Bord.

Prézelin und Coll, denen sich bald die Kameraleute Michel Deloire und sein Assistent Henri Alliet anschlossen, erforschten die ruhigen Zonen an der Grenze der Strömungen. Das Wasser war trist und düster, der Grund grünlich, die Fauna aber offensichtlich reich. Sie bestand aus Seeigeln, Pilgermuscheln, Seeohren, Schwertmuscheln, Krabben, Seescheiden. Es bestand die Möglichkeit, daß sich die Jagdgründe der großen Polypen hier befanden.

Die Vermutung erwies sich als zutreffend. Aufgeblasen daherkriechend, ganz langsam seine Arme ausstreckend und wieder einziehend, borstig von Auswüchsen, die Menschen mit seinem Blick fixierend, den nichts ablenken kann, war da ein Polyp; seine gelben, mit einer schwarzen Linie gezeichneten Augen leuchteten im Dämmer.

Der erste Gedanke, den die Taucher faßten, war, daß er ungeheuer groß sei. Hier handelte es sich nicht mehr um einen legendären Kraken, nein, er war ganz wirklich.

Das war aufregend und beunruhigend. Aufregend, weil er ganz offensichtlich zumindest die Größe eines legendären »Ungeheuers« hatte, und weil man nun endlich erfahren würde, was zwischen einem Tier von solchen Ausmaßen und den Menschen geschieht; beunruhigend, weil die Lokalpresse mit Warnungen für unsere Kameraden nicht gespart hatte. Kurz zuvor hatten es Taucher mit einem Kraken von etwa 100 Kilo zu tun bekommen, wobei sie ihn erst nach einem langen blutigen Kampf bezwangen. Aber vor allem die Fachleute aus dem Aquarium in Seattle hatten uns geraten, vor den Bissen dieser großen Kraken auf der Hut zu sein; denn sie hätten, so sagte man, genügend Gift, um einen Menschen zu töten, und ihr Schnabel sei so groß wie ein Fünf-Franc-Stück. Man konnte ihnen zwar weder einen Mord noch einen Unfall zur Last legen, aber dennoch schien der Kontakt zwischen den Tauchern dieser Gegend und den Kraken im allgemeinen recht lebhaft zu sein.

Unsere Taucher waren daher von vornherein zur Vorsicht geneigt. Sie bemerkten sehr rasch, daß die Hauptschwierigkeit darin bestand, mit den mißtrauischen, furchtsamen, flüchtigen Kraken Kontakt aufzunehmen, und zwar deshalb, weil diese häufig gestört und oft sogar gejagt wurden.

Der erste große Krake, dem sie begegneten, hatte es bald fertiggebracht, in eine Felsspalte zu schlüpfen, hineinzugleiten und wie in der Versenkung zu verschwinden. Scheinbar gegen alle Logik gelang es ihm in wenigen Augenblicken, seinen ganzen großen Körper durch einen kaum sichtbaren Riß zu zwängen: Es sah aus, als würde er sich den Naturgesetzen entziehen. Je größer die Kraken sind, desto überraschender ist es, durch welch enge Öffnungen sie schlüpfen können.

Sie haben die phantastische Fähigkeit, sich wie Gummi zu dehnen, ihre Arme nacheinander zu verlängern, ihren Körper zu strecken. Sogar ihr Kopf kann sich verformen, und die Augen können sich ungleich verschieben.

Die Farbe wechseln sie langsamer als unser kleiner Mittelmeerpolyp, werden sie aber gestört, grob angefaßt oder an die Oberfläche gebracht, so nehmen sie eine scharlachrote, beinahe violette Färbung an als Ausdruck ihrer großen Erregung. Meist zeigen die Kraken von Seattle nicht die vollkommene Mimikry, die Feinheiten der Farbenpracht wie die kleinen provenzalischen Polypen. Ihre Haut sträubt sich, besonders am Kopf, ohne daß man sagen könnte, ob dies ein Zeichen von Zorn oder von Furcht sei.

Ebenso muß man bedenken, daß ein Tier, das 3 oder 4, ja manchmal bis zu 6 Meter Gesamtlänge mißt, zumindest ebenso eindrucksvoll ist wie ein Gorilla im Urwald.

»Zuerst«, sagte Henri Alliet, »mieden wir seinen Blick und nahmen uns vor seinen Armen in acht. Es ist ja auch ein ziemlich beunruhigender Gedanke, daß es acht sind, von denen sich jeden Augenblick irgendeiner auf einen werfen kann.«

Was uns an den Kraken von Seattle begeisterte, war, daß sie zumindest die Ausmaße der von Victor Hugo beschriebenen Bestien hatten, also 4 bis 6 Meter Gesamtlänge. Endlich sollten wir erfahren, ob der Ruf, den ihnen der Dichter verliehen hatte, gerechtfertigt ist. Er schreibt: »Es war ganz unmöglich, die zähen Riemen ab-

Die Tauchermannschaft der *Calypso* und die Sporttaucher von Seattle tauschen nach dem Tauchen ihre Erfahrungen mit den Kraken aus.

Die Crew der *Calypso* macht sich zum Tauchen fertig zwischen den Felsen der Bucht von Seattle.

zuschneiden oder herabzureißen, die an so vielen Stellen sich eng an seinen Körper anlegten. Von jeder dieser Stellen gingen eigenartige, entsetzliche Schmerzen aus, wie wenn sein Körper von einer Unzahl kleiner Mäuler zugleich zerrissen würde... Ein Biß ist nicht so furchtbar wie dies Ausgesaugtwerden. Was ist eine Tatze gegen solch einen Schröpfkopf? Mit der Tatze dringt das Tier in unseren Körper ein; aber durch den Schröpfkopf dringt unser Fleisch und Blut in das angreifende Tier hinein.«

Schnell haben wir die fünf oder sechs Stellen gefunden, an denen das Wasser klar war. Wir tauchten am Fuße der Orcas-Insel, beinahe am Eingang zum Meeresarm, und ebenso weit im Innern, in dem Gebiet, wo wir fast immer mit Sicherheit Kraken finden konnten. Dorthin kamen auch die örtlichen Taucherklubs, die sich ein großes Vergnügen daraus machten, die Kraken zu necken. Das ist in der Tat die Hauptattraktion von Seattle.

So ist es nicht verwunderlich, daß sich die Kraken verstecken und es sehr selten riskieren, im freien Wasser zu jagen. Meist bleiben sie in der Nähe ihrer Höhle, kriechen an den Felsen klebend und verschwinden beim leisesten Anzeichen von Gefahr. Jeder hat seinen Unterschlupf und wechselt ihn nicht. Sie sind viel seßhafter als die Mittelmeerpolypen.

Die Kraken erschienen uns durchaus nicht als wilde Tiere, die bereit sind, sich auf Menschen zu stürzen, sondern sie waren im Gegenteil offenbar sehr wenig aggressiv. Sie vermieden es sogar, sich sehen zu lassen. Wohlverschanzt in der Tiefe ihres Loches, sahen sie uns vorbeischwimmen, und es war unmöglich, sie zum Herauskommen zu bewegen.

Diese Tiere sind als Baumeister lange nicht so geschickt wie unsere Mittelmeerpolypen. Wie diese errichten sie am Eingang ihrer Behausung eine Sperre. Aber das ist halb eine Mauer, halb eine Kieselreihe. Die schönen Wohnungen, die bei den Polypen von Riou und Alicastre üblich waren, gab es in Seattle nicht.

Gelang es uns dagegen, diese großen Kraken auf eine kurze Entfernung – 5 oder 6 Meter – zum Schwimmen zu bringen, so gab es ein faszinierendes Schauspiel. Diese gewaltige stromlinienförmige Gestalt schien den ganzen Meeresraum auszufüllen. Vor uns entfaltete sie sich, dehnte sich, ihre Arme streckten sich aus wie riesige Blumen, öffneten sich und zeigten dabei ihre großen weißen Saugnäpfe.

Dennoch erwiesen sich die Kraken von Seattle als ziemlich beweglich. Man mußte sie im undurchsichtigen Wasser verfolgen, Batterien und Lampen einrichten, die Taucher und das Tier ausreichend beleuchten, elektrische Drähte ziehen und dabei immer die ganze Szene unter einem annehmbaren Winkel filmen. Das war zuweilen eine recht schwierige Aufgabe. Aber Gewicht und Größe der Kraken erwiesen sich eher als günstig für uns. Diese großen Körper waren ziemlich gut sichtbar, und ihre Masse stand offensichtlich in einem Mißverhältnis zu ihren Fortbewegungsmöglichkeiten. Der Unterschied zwischen ihnen und dem *Octopus* des Mittelmeers war fast der gleiche wie der zwischen einer Boeing 747 und einem Düsenjäger.

Wir hatten mit Leuten am Ort Freundschaft geschlossen, vor allem mit einer jungen Dame, Joanne Duffy, Tauchlehrerin mit einem Diplom in Meeresbiologie, und mit Gary Keffler, dem Besitzer eines Wassersportgeschäfts in Seattle. Zwischen ihnen und der Crew der *Calypso* war schnell die Solidarität der Taucher hergestellt, und es entstand daraus eine gute sportliche Kameradschaft. Wir haben die Art, wie sich unsere Freunde im Wasser verhielten, sehr bewundert.

Sie haben uns all ihre Mittel zur Verfügung gestellt und auch alle ihre Kenntnisse über die Gewohnheiten der Kopffüßer.

Wie sie uns erzählten, wurde seit 1957 jährlich in der Bucht von Seattle ein ziemlich grausamer Wettbewerb ausgetragen, eine Jagd auf die Kraken; der Preis ging an den Taucher, der die schwerste Beute einbrachte.

Anläßlich dieses Wettbewerbs fanden die Taucher einen Trick, mit dem sie die Tiere aus ihren Löchern herausbringen können. Am Eingang zur Höhle sprühen sie ein wenig Kupfersulfat oder Chloraxlösung ins Wasser. Der Krake, der ja für alle Chemikalien sehr empfindlich ist, kommt sofort heraus. Dann kann der Taucher ihn kaltblütig überwältigen. Im freien Wasser hat nämlich ein Kopffüßer keinen Halt; zum Kämpfen aber braucht er etwas, an das er sich anklammern kann.

Wehe dem Taucher, der ihm die Möglichkeit läßt, sich mit zwei oder drei Armen an die Felsen zu klammern! Selbst ein kleiner Polyp kann ja das Zwanzigfache seines Gewichts ziehen, während es dem Menschen nur mit Mühe gelingt, sein doppeltes Eigengewicht zu bewegen.

Ein Krake von 50 Kilogramm kann also einen Zug von einer Tonne ausüben.

Zu seinem größten Bedauern konnte einer unserer besten Freunde in Seattle, Jerry Brown, uns zu keiner Begegnung mit dem stattlichsten Polypen verhelfen, den er kannte; er erreichte fast 10 Meter Gesamtlänge und muß an die 100 Kilo gewogen haben. Solche Riesen gibt es gewiß, aber sie sind selten. Trotz allen Suchens konnte Jerry den lokalen »Pulpissimus« nicht finden – vielleicht hatte er sich in größere Tiefen aufgemacht.

Können nun die Kraken von Seattle Menschen wirklich ernsthaft in Gefahr bringen? Ich glaube, gefährlich sind sie vor allem für Taucher ohne Taucheranzug. Wenn sie irgendeinen glänzenden Gegenstand tragen und nahe am Loch eines großen Polypen vorbeikommen, so besteht die Möglichkeit, daß sie von einem oder mehreren Armen gepackt werden. Es würde sie viel Zeit und Anstrengung kosten, sich loszumachen. Ohne Atemgerät müßten sie ertrinken, denn je mehr man an den Armen zieht, desto fester schließt sich ihr Griff.

Es würde einem wohl auch kaum gelingen, die »Kalotte« dieser großen Kopffüßer umzudrehen, wie man das bei den kleinen Polypen tut. Sie gehört nämlich zu den Körperpartien, die das Tier am entschlossensten verteidigt: ein verletzbarer Punkt, der in den Kämpfen zwischen den Kraken eine große Rolle spielt und deshalb instinktiv verteidigt wird.

Selbst im freien Wasser gehört eine gewisse Kaltblütigkeit dazu, mit dieser ausladenden Fleischmasse fertigzuwerden, deren lange Arme sich wie Schlangen bewegen, den Taucher umschlingen und ihm Maske oder Mundstück abziehen. Der Krake wird freilich, sofern er die Möglichkeit hat, mit Sicherheit einen so schwankenden Stützpunkt wie einen Taucher verlassen und sich auf einen Felsen setzen, wo er sich bestimmt sicherer fühlt.

Diese Kraken sind nun in der Tat sehr groß, und man mag sich noch so sehr einreden, daß sie nicht angriffslustig seien: Wenn man sie vom Grunde ihres Schlupfwinkels aufstöbern möchte, fühlt man dennoch eine gewisse Besorgnis. Ihre Saugnäpfe haben mehrere Zentimeter Durchmesser. Entdeckt man im Dämmer des Meeres ihre großen Augen, die einen unablässig fixieren, so verspürt man eine seltsame Anwandlung von Respekt, als ob man vor einem sehr weisen und alten Tier stünde, das man gerade in seiner Meditation stört.

Von Joanne und Gary geführt, gehen Bernard Delemotte und Raymond Coll von Spalte zu Spalte und untersuchen die Felsen; mein Sohn Philippe ist als Kameramann dabei.

Unsere Freunde aus Seattle kennen jede Höhle und beinahe jeden Kraken mit Namen. Jeder von ihnen wählt sich den größten aus und bringt ihn durch Versprühen einer ganz kleinen Wolke Kupfersulfats dazu, daß er herauskommt. Bei der Empfindlichkeit der Kraken gegenüber allen Chemikalien genügt es, auch nur die kleinste Lösungsmenge vor ihrer Höhle zu versprühen. Diese verhältnismäßig

Ein Krake wird, rot vor Wut, auf das Achterdeck der *Calypso* gebracht.

engen Grotten sind natürliche Vertiefungen. Ein Tier von 5 bis 6 Meter Größe kann ja in eine 20 Zentimeter weite Öffnung schlüpfen.

Was sie beim Schwimmen im offenen Wasser nahezu harmlos macht, ist ihre schnelle Ermüdung. Weder Antrieb noch Rückstoß erschöpft sie, werden sie aber von einem Taucher verfolgt, ohne Atem schöpfen zu können, und sind dabei von Angst gehetzt, so sind sie schließlich sehr leicht verletzbar.

»Sie empfinden auch eine unbestreitbare Neugierde gegenüber dem Taucher«, sagt Michel Deloire. »Aber sie versuchen alles von ihrem Versteck aus zu sehen; das ist letztlich auch viel angenehmer. Dazu kommt, daß sie all unsere Bewegungen mit den Augen verfolgen und genau wissen, was wir tun. Wenn etwas Diabolisches an den Kraken ist, wie man lange geglaubt hat, so ist es diese Hellsehergabe, die sich in einer Mischung von Scheu und Anziehung gegenüber dem Menschen zeigt.«

Auf die Kraken von Seattle wird eine ebenso grausame wie ruhmlose Jagd gemacht. Dennoch zeigen sie sich nicht feindselig. Sie greifen den Taucher nicht an, sondern versuchen nur, ihm zu entgehen und ihr verborgenes, einsames Leben weiterzuführen. Die Kraken von Seattle lassen sich noch weiter voneinander nieder als die Polypen von Alicastre, und sie sind noch scheuer. Sie fühlen sich zu Einsiedlern berufen, und der Einbruch von Tauchern kann sie nur stören.

Gary hat kein Glück. Sein Krake hat sich kaum ins Wasser gewagt. Er hat sich an Gary geklammert, bleibt aber mit mehreren Armen fest auf dem Felsen. Taucher und Krake kämpfen miteinander in einem wirren Knäuel. Einer der Arme reißt Gary die Maske herunter. Er sieht nichts mehr, muß die Maske ausleeren, säubern und wieder aufsetzen, und all das, während ihn die Arme gefangenhalten und zu lähmen versuchen. Jetzt hat sich der Krake über Garys Kopf gestülpt, als wäre er ein gewöhnliches Beutetier der Kopffüßer, so etwas wie eine Krabbe oder ein riesiger Hummer.

Deloire filmt begeistert. Die Taucher sehen im Kreis den Kämpfenden zu. Mehr als je zuvor schwebt der Geist Victor Hugos in den Wassern von Seattle. Sollte er recht gehabt haben? Sollte der Polyp ein »wildes« Tier sein, müssen wir eingreifen? Nein, denn Gary, ein moderner Held aus den »Travailleurs de la mer«, balgt sich nicht zum erstenmal mit einem Kraken. Vor allem verliert er seine Kaltblütigkeit nicht. Es ist ihm gelungen, seinen Gegner im offenen Wasser an sich zu ziehen. Er versteht mit ihm umzugehen. Er beruhigt ihn. Ein Meisterstück, das an die prähistorischen Zeiten erinnert, als der Mensch den Tieren entgegentrat, sie kennenlernte und mit bloßen Händen zähmte.

Der andere Krake hatte die Kraft und die Technik Joannes unterschätzt. Es gelang ihr fast augenblicklich, ihm ihren Willen aufzuzwingen – eine Szene von bewundernswerter Gelassenheit und Grazie. Unsere Freundin hat ihren Kraken weit genug von der Felswand weggeführt, so daß er sich nicht anklammern kann. Sie hält ihn einen Augenblick vor sich. Das Tier ist rot geworden, beruhigt sich aber dann; es ist nun weniger scharlachfarben. Joanne streichelt ihn am Mantel, am Körper – und läßt ihn langsam frei. Der Krake schwimmt davon, von dem mächtigen Strahl aus seinem Sipho getrieben. Dann wird er langsamer, entfernt sich gelassener, majestätischer. Verglichen mit ihm, erscheint der beste Taucher ungeschickt und schwerfällig. Die Kameras und Lampen folgen ihm. Er läßt sich sachte auf einem Felsen nieder, und Joanne stellt sich hinter ihn. Foto. Das war eine gute Pose. Auf jeden Fall sind diese großen Kraken von Seattle vollendete Schauspieler.

Prézelin nähert sich, aber als er versucht, den Kraken zu packen, zeigt dieser ihm gegenüber nicht den gleichen Gehorsam wie gegenüber Joanne. Die Arme schnellen heraus wie Peitschen und rollen sich um Körper und Arme unseres Kameraden. Er wartet. Nun hat sich der letzte Arm vom Felsen gelöst, und der Krake sitzt ganz auf Prézelin. Der rührt sich nicht, hält aber mit einer Hand seine Maske und sein Mundstück fest, nach denen sich ein Arm ausstreckt.

Prézelin, der die Technik unserer amerikanischen Freunde beobachtet hat, hebt den Körper des Tieres hoch, und dieser erscheint plötzlich sehr groß. Er muß gut 30 Kilo wiegen.

Aber Victor Hugo wäre doch enttäuscht: Diese Kraken zeigen tatsächlich keinerlei Aggressivität. Man weiß im voraus, daß sie vor allem darauf aus sind, einen Ruhepunkt zu finden – Taucher oder Fels, sie möchten sich niederlassen, als ob sie das freie Wasser ermüdete. Der Druck der Arme läßt nach. Die Saugnäpfe lösen sich nacheinander, und mit geschmeidigem Schweben wechselt der Krake seinen Ruhepunkt.

Was den *Octopus* von Seattle zu einem umgänglichen Gegner macht, ist seine schwache Muskulatur. Sie steht in keinem Verhältnis zu seiner Größe und zu seinem Gewicht. Er ist vergleichsweise nicht so gut für den Kampf gerüstet wie unser Mittelmeerpolyp, dessen Gewicht zehnmal geringer ist.

Es muß auch gesagt werden, daß er viel weniger zu Balgereien aufgelegt ist als dieser – er ist ein großes Faultier. Seine Saugnäpfe heften sich weder mit dem gleichen Druck noch mit der gleichen Hart-

Mehrere Kraken werden zur Untersuchung in einen wassergefüllten Behälter auf dem Achterdeck der *Calypso* gehalten.

näckigkeit an den Taucher. Reagierten die großen Kopffüßer ebenso lebhaft wie der *Octopus vulgaris,* so wären sie sicherlich furchtbare Gegner.

Bernard Delemotte zeigte sich sofort sehr geschickt im Umgang mit den großen Kraken. Er hielt sie vor sich, ließ sie wenden, hielt sie in gewisser Entfernung. Alle diese Spiele brachten die Tiere offensichtlich sehr rasch außer Atem. Haben die Kraken von Seattle nämlich ihre Löcher einmal verlassen, so sind sie sehr schnell erschöpft. Sie werden rasch weich und haben keine Abwehrkraft mehr,

Ein Taucher aus Seattle hebt einen Arm des Kraken hoch, um seine Länge zu zeigen.

wenn man sie nur etwas länger verfolgt und sie zum Schwimmen zwingt, ohne ihnen Gelegenheit zum Ausruhen zu geben. Als die Taucher der *Calypso* feststellten, welch geringe Widerstandsfähigkeit diese angeblichen »Ungeheuer« haben, bezeichneten sie sie als »Flanell-Polypen«. Möglicherweise sind diese großen Achtfüßer (Octopoden) deshalb so schnell erschöpft, weil sie bald in Erstikkungsgefahr geraten. Der Sauerstoffbedarf der Polypen ist groß. Die pelagischen Arten unter den Kopffüßern leben stets an der Grenze ihrer respiratorischen Möglichkeiten.

Eine amerikanische Spezialistin, die sich an die relativ langsamen Reaktionen der Polypen von Seattle gewöhnt hatte, war äußerst überrascht von der Lebhaftigkeit und Schnelligkeit, mit der die kleinen Polypen der meeresbiologischen Station von Banyuls-sur-Mer reagierten. Es fiel ihr sehr schwer, sie zu fangen.

So sahen sich denn die Taucher der *Calypso* diesen mythischen Wesen gegenüber, die den Landbewohnern seit Jahrhunderten Angst einjagen und einen bedeutenden Platz in den Märchen und Sagen einnehmen.

Auge in Auge mit den größten Kraken der Welt, konnten sie deren Kräfte messen und abschätzen, welche Gefahr sie nun wirklich darstellen. Dabei wurde der Beweis erbracht, daß diese Kopffüßer von 60 Kilo und 6 Meter Gesamtlänge von einem erfahrenen Taucher völlig zu beherrschen sind. Ist das erste Mißtrauen einmal zerstreut, dann können Menschen und Polypen im gleichen Wasser zusammen schwimmen und sogar Zutrauen zueinander haben.

In Seattle erschienen uns die Kraken niemals so schön, so respektgebietend, wenn wir sie auf dem Grunde haben »gehen« sehen. Dann konnten wir diese verwickelte Bewegung beobachten und analysieren, die weder ganz Kriechen noch eindeutig ein Gleiten ist, sondern ein Manöver von äußerster Geschmeidigkeit, dessen Ablauf im einzelnen nicht leicht zu erfassen ist.

Das Tier bewegt sich vorwärts, voran die fächerförmig gespreizten Arme, als ob es das Gelände durch eine Vorhut untersuchen ließe. Die beiden ersten dorsalen Arme strecken sich, die nächsten beiden folgen ihnen und stützen sich ab, ziehen den Körper nach, der sich neigt, sich wiegt, sich geschmeidig biegt. Es ist ein unmerkliches Vorwärtsschreiten, kein ruckweises; der ganze Körper nimmt daran teil, und die Arme wechseln gleichzeitig ihren Platz, vorsichtig und sicher.

Das ist die übliche Fortbewegungsart der Riesentintenfische; durch Rückstoß bewegen sie sich nur, wenn sie in Panik geraten. Sie haben dann eine Körperhaltung, in der sie nicht einmal jagen könnten, weil sie nicht sehen, was sich vor ihnen befindet.

Wir haben eine Zeitlang einen großen Kraken von Seattle an Bord der *Calypso* in einem Aquarium gehalten, wo er uns noch riesiger vorkam als im Meer. Wir wollten ihn mit Muße untersuchen. Gebracht hatte ihn uns Bernard Delemotte, mit bloßen Händen! Das Tier war rot vor Aufregung und Zorn. In seinem Aquarium beruhigte es sich nach und nach und nahm eine normalere Färbung an, vor allem von dem Augenblick an, als wir ihm zu fressen gaben. Aus Erfahrung wußte ich, welche Genialität und welche Kraft ein Krake entwickeln kann, damit ihm die Flucht gelingt; im Aquarium von Monaco habe ich eine Menge darüber gelernt. Die Polypen schwimmen in einem Wasser, das ständig erneuert und gut mit Sauerstoff versorgt wird. Sie haben Futter im Überfluß, dennoch trachten sie stets danach, zu fliehen, und finden sich dann doch nur elend auf dem Boden, ohne Hoffnung auf ein Überleben.

Ich wußte aber auch, daß sie sich nach einer gewissen Zeit an die Gefangenschaft und an die Nähe der Menschen gewöhnen, vor allem, wenn man Steine in ihr Behältnis gelegt hat, so daß sie sich verstecken und sich eine Behausung bauen können.

Ich hoffte daher, an Bord der *Calypso* würde der *Octopus dofleini* von Seattle – gut behandelt, gut gefüttert, in ein Wasser von gleichbleibender Temperatur gesetzt – seine Lage ertragen, ja, sich sogar an uns gewöhnen. Aber der Behälter war zu klein und der Krake zu groß. Es gelang ihm, das Gitter zu heben und zu verschieben, das wir auf sein Aquarium gelegt und mit mehreren 20-Kilo-Gewichten beschwert hatten. Wir sahen, wie seine Arme nacheinander herausschlüpften, seine Augen erschienen und wie dann sein großer Körper auf das Achterdeck der *Calypso* glitt. Wir ließen ihn gewähren. Das Meer war ganz nahe, und als wir das Geräusch hörten, das seine 40 Kilo beim Aufprall verursachten, waren wir von Gewissensbissen befreit, Gewissensbissen, weil wir ein Großtier in Gefangenschaft gehalten hatten, das für das freie Leben im Meer geschaffen ist.

Die letzten Nachrichten, die wir aus Seattle erhalten haben, sind ermutigend. Unser Freund Jerry Brown, dessen Tauchertalent wir ebenso zu schätzen gelernt haben wie sein kameradschaftliches Verhalten und der mehrere Tage an Bord der *Calypso* verbrachte, hatte in einem alten Wrack einen großen Kraken gefunden, und es gelang ihm, diesen zu zähmen.

Das beweist, daß die Verständigung mit den Riesentintenfischen nicht unmöglich ist. Wir sind auf dem besten Wege zur Versöhnung zwischen dem Menschen und seinem legendären Feind.

# 3 Eine Frau bei den Kraken

Eine Partnerin für James Bond – Wie eine Spinne – Im Seetang – Ein ausgezeichneter Star – Ein williger Krake – Giftige Bisse – Die Befreiung der Frauen

Jemand hat uns in den Gewässern von Seattle noch mehr in Erstaunen versetzt als die Riesenkraken, nämlich Joanne Duffy, von deren Taten ich bisher nur nebenbei berichtet habe.

Braun, sehr feminin, ein wenig rundlich in ihrem eng anliegenden Taucheranzug, ist Joanne eine hübsche Athletin von überraschender Kraft und großer Selbstbeherrschung – eine verführerische, rätselhafte Frau. Eine Partnerin für James Bond. Wir haben sie stets mit fester Hand die Doppelflasche über ihren Kopf streifen sehen. Dennoch zeichneten sich unter ihrer zarten Haut kaum die Muskeln ab. Joanne erzählte nicht gerne von sich, und deshalb erschien sie uns um so interessanter. Wie und warum war sie solch eine gute Taucherin geworden? Und vor allem: Warum hatte sie angefangen, mit den Polypen zu spielen? Wir können die Art, wie sich Taucher und vor allem Taucherinnen im Meer verhalten, recht gut beurteilen, und gerade gegenüber Tieren von solcher Größe und solchem Gewicht. Nun hat uns aber unsere Freundin Joanne bei jedem gemeinsamen Ausflug respektvolle Bewunderung abgenötigt.

Im Wasser fühlte sie sich vollkommen zu Hause, ging mit Polypen von über 50 Kilo um, als wären es Zirkustiere, durchsuchte die Algen, die Anemonenteppiche und die Felsspalten, um die »Ungeheuer« herauszuholen, die seit dreitausend Jahren die Gemeinschaft mit den Sterblichen fürchten. Es war ein erstaunliches Schauspiel, wenn man sie Körper an Körper mit achtarmigen Tieren sah, die ebenso groß wie sie selbst waren.

Sie hat uns viel geholfen und uns viele Dinge gelehrt. Ohne sie hätte die Crew viel Zeit damit verbracht, diese seltsame Unterwasserlandschaft von Seattle zu erforschen, die Kraken aus ihrem Schlupfwinkel herauszubringen, sie zu zähmen, zu fotografieren und zu filmen. Joanne war auch eine vollendete Schauspielerin und stellte sich mit großer Freundlichkeit für alle Aufnahmen und Szenen zur Verfügung, indem sie einen Kraken an den Armen hielt, ihn im freien Wasser hochhob oder ihn an die Oberfläche brachte.

»Joanne, wie kommt es, daß Sie diese Elastizität, diese Kaltblütigkeit besitzen? Alle Ihre Bewegungen im Wasser sind wunderbar sinnvoll.«

»Weil ich Karate betreibe«, antwortete sie. Und als wir sie respektvoll betrachteten, fügte sie hinzu: »Oh, nicht, um mich gegen die Männer zu verteidigen; nur um stets meiner selbst sicher zu sein, als ein Training. Und auch als geistige und psychische Disziplin. Wenn ich schweißgebadet nach Hause komme, habe ich das Gefühl, daß ich etwas geleistet habe. Ich habe drei Sitzungen in der Woche, aber ich muß noch viel lernen.«

Auch wir wollen mehr über diese Krakendompteuse erfahren, ein seltsames Mädchen, das niemals glücklicher ist, als wenn es abgeschlagen und schweißbedeckt ist.

Joanne war schließlich bereit, ihren Lebenslauf zu erzählen.

Sie stammt aus Montana und hat in ihrer Jugend viel geschwommen, an Wettbewerben in den Seen ihres Heimatlandes teilgenommen. Nach Seattle kam sie mit ihren Eltern erst, als sie 16 Jahre alt war. Sie schloß Bekanntschaft mit dem Ozean, hatte aber vorher niemals getaucht. Ihre Eltern hielten nichts vom Schwimmen; vor allem ihre Mutter entsetzte sich bei dem Gedanken, sich längere Zeit im Wasser aufzuhalten.

In Seattle hatte die kleine Joanne Duffy keine Freunde, weder Jungen noch Mädchen. Sie begeisterte sich für Unterwasserfilme im Fernsehen – »Mike-Nelson«-Serien –, und so trat sie, um Kontakte zu bekommen, einem Tauchklub bei. Und ganz alleine, ohne einen Rat und ohne Ermutigung von seiten der Familie, nahm sie an Jagdwettbewerben unter Wasser teil. Sie war überzeugt, daß ihr diese Sportart gefiel.

Man mußte dabei 5 oder 6 Stunden im Wasser bleiben und frei tauchend Fische fangen. Wer die größte Menge brachte, hatte gewonnen. Der größte Fisch, den Joanne fing, wog 20 Pfund. Es gab örtliche Wettbewerbe, staatliche Wettbewerbe, nationale Wettbewerbe, an denen Frauen teilnehmen konnten; aber die internationalen Wettbewerbe waren ihnen versagt. Sie sind den Männern vorbehalten.

Wenn Joanne daran denkt, kräuselt sich ihre Nase vor Groll. Sie verbirgt nicht, daß sie mit den Männern ein Hühnchen zu rupfen hat. Seit 1967 nahm sie nicht mehr an den Wettbewerben der Unterwasserjagd teil.

»Warum?«

»Ach, das ging böse aus«, sagte sie, »und das war gar nicht witzig.«

»Waren diese Jagden schädlich für das Leben im Meer? Litt das Gleichgewicht darunter?«

»Es handelte sich weniger um das Gleichgewicht. Die Leute wurden böse, als sie nach dem Wettbewerb die von den Tauchern getöteten Fische am Strand aufgereiht sahen. Trotzdem ißt jeder Fisch. Und diese gaben wir Krankenhäusern und karitativen Organisationen.«

»Joanne, wann haben Sie angefangen zu tauchen?«

»Ich machte mein erstes Diplom im März 1963. Das scheint mir noch gar nicht so lange her. Und 1967 habe ich mein Lehrdiplom gekriegt und wurde Chefausbilder hier in Seattle.«

Etwas aber interessierte uns ganz besonders: Wie und warum war Joanne dazugekommen, daß sie tauchte, um spaßeshalber mit den schweren, fleischigen Tintenfischen umzugehen, die muskulös und geschmeidig sind wie sie selbst?

»Jedes Jahr gab es in Seattle einen großen Wettbewerb der Krakenfischer. Das war sogar die Weltmeisterschaft, aus dem einfachen Grunde, weil es auf der ganzen Welt keinen weiteren Wettbewerb dieser Art gab. Er wurde in Tacoma ausgetragen, wo es wirklich viele Kraken gibt. Sie wurden gefangen, gewogen und wieder ins Wasser geworfen. Der Wettbewerb fand im April oder Mai statt, zum letztenmal 1967. Ich habe an einigen teilgenommen, weil die Leute nicht glauben konnten, daß sich eine Frau etwas aus Kraken macht.

Es gibt nicht viele Leute, die die Kraken fangen können. Der erste Wettbewerb dieser Art, an dem ich teilnahm, ging in der Nähe von Port Townsend vor sich. Man mußte zwischen großen Holzblöcken tauchen, die die Waldarbeiter in der Strömung schießen lassen. Was die Jungens erzählten, war zur Hälfte Bluff, zur Hälfte Großsprecherei. Sie berichteten von großen mörderischen Kraken, die sich an die treibenden Stämme hängen und sich wie eine Spinne dem Taucher auf den Kopf fallen lassen. Und das stimmte: Die Kraken hängen sich von unten an die Holzblöcke und lassen sich mit ihnen treiben. Aber es ist nicht sicher, daß sie die Taucher angreifen. Trotzdem ist der Gedanke beunruhigend, daß man mitten durch all dieses Treibholz schwimmt, und daß eine lebende Masse mit ihrem ganzen Gewicht auf einen fallen könnte. Das ist offensichtlich passiert, aber es ist trotzdem eine Ausnahme. Solange ich tauchte, habe ich mir den Hals ausgerenkt, um an den Baumstämmen nachzusehen, ob ein Krake auf mich lauerte. Mir ist nichts geschehen, aber wenn mir in diesem Augenblick etwas zugestoßen

Joanne bringt einen Kraken an Land.

wäre, hätte ich mich wahrscheinlich nie ganz von diesem Schock erholt und auf die Kraken verzichtet.

Das Schlimme an diesen Tieren ist, daß man ihretwegen den Kopf verlieren kann. Man weiß nicht mehr, was man tut, und bringt sich selbst in Schwierigkeiten. Ein Krake kann einem die Maske oder das Mundstück abreißen. Dann sieht man nichts mehr, kann nicht mehr atmen. Und wenn man nicht ein sehr erfahrener Taucher ist, der solche Abenteuer bereits sehr gut kennt, dann kann es schon recht brenzlig werden.«

»Wie vermeidet man solche Gefahren?«

»Nun, das ist ganz einfach. Halten Sie Ihren Polypen ganz gerade, und in dem Moment, wo sich die Arme nach Ihnen ausstrecken, bringen Sie ihn zum Schwanken, dann werden die Arme ganz weich und fallen zurück.«

»Aber Joanne, unsere kleinen Mittelmeerpolypen sind niemals so gehorsam.«

»Wahrscheinlich schlagen sie so sehr um sich, daß man sie nicht fest anfassen kann. Die hier sind groß und schwer, haben aber relativ langsame Bewegungen, und wenn man sie fest führt, werden sie schnell weich. Sie versuchen wohl, auf einen zu kriechen, aber sie tun es ohne Bosheit und sind nicht sehr hartnäckig. Sie auf Distanz zu halten und ihre Arme zurückzustoßen ist alles, damit sie einem nicht die Ausrüstung herunterreißen, Maske und Mundstück. Das ist Gewohnheitssache. Mein Trick besteht, wie gesagt, darin, daß ich sie im Wasser gerade vor mich halte, ihren Körper horizontal strecke. In dieser Lage beruhigen sie sich und lassen mit sich umgehen. Man darf sie vor allem nicht grob behandeln und nicht verwirren. Wenn sie fühlen, daß man nervös ist, verlieren auch sie den Kopf, und man ist im Nu gefesselt.«

Einmal mehr dachten wir, als wir Joanne zuhörten, an Victor Hugo, an seinen Helden Gilliat und an die Ungeheuer von Guernsey.

An Bord der *Calypso* ist auch viel von Jules Verne die Rede. Ein altes Exemplar von »20 000 Meilen unter dem Meer« geht von Hand zu Hand. Jeder betrachtet mit Rührung oder Ironie die Illustrationen und ruft sich die Märchen wieder ins Gedächtnis: »Es war ein Kalmar von ungeheuren Ausmaßen.« In Wirklichkeit ist es ein *Octopus*, der hinter dem Bullauge der *Nautilus* wild die Augen rollt, während ihn Kapitän Nemo, gestiefelt und bärtig, mit verschränkten Armen unerschrocken betrachtet.

»Da schau, was dir passieren kann«, sagte Delemotte zu Prézelin und zeigte ihm ein Bild, auf dem ein unglücklicher Matrose der *Nautilus* von einem Kalmar mit einem Tentakel gefangengehalten wird; die Unterschrift lautet: »Der Polyp schwenkte das Opfer wie eine Feder hin und her.«

Die Kraken von Seattle sind kaum kleiner, als sie Jules Vernes Illustrator sich dachte. Trotzdem besitzen sie offensichtlich nicht so viel Aggressivität.

»Aber wenn man sich mit ihnen balgen will«, sagte uns Joanne, »muß man sie erst finden. Das ist nicht so einfach. Man kann vor einem Dutzend von ihnen herschwimmen, ohne zu wissen, daß sie da sind. Sie verstecken sich unter dem Seetang, und sie verändern ihr Aussehen und ihre Hautfarbe so gut, daß sie mit den Algen verschmelzen. Sie wechseln die Farbe auch mit Ebbe und Flut, und wie sehr man den Seetang durchsucht, man findet sie nicht.«

»Sind Sie mehrmals dem gleichen Kraken begegnet? Haben Sie seine Behausung gefunden und ihn wiederholt besucht? Besteht eine Art Freundschaft zwischen Ihnen und einem von den Kraken? All das interessiert uns; denn so weit sind wir im Mittelmeer gekommen.«

»Man kommt hier auch mit den großen Kraken so weit. Sie richten sich Behausungen ein und bleiben darin. Wenn ein großer *Octopus* ein Loch findet, das gut ist, kommt er jede Saison dorthin zurück. Ich kenne eine Stelle in der Bucht, bei Alchive, zu der ein Krake mehrere Jahre nacheinander zurückkam. Davon bin ich überzeugt, auch wenn ich mir darüber im klaren bin, daß es unglaublich klingt. Aber wir haben die Tiere ein bißchen markiert. Bei dieser Arbeit zeigte sich, daß sie zwar in tieferes Wasser zogen, darauf aber an dieselbe Stelle zurückkamen und sich sogar wieder in demselben Loch einrichteten. Ihr häuslicher Sinn ist sehr lebendig! An der Keystone Jettey gibt es zum Beispiel ein Loch, wo man immer einen bestimmten Kraken finden kann.

Bevor ich zu tauchen begann, hatte Jerry Brown einen Film mit Episoden der Serie ›Mike Nelson‹ gedreht. Der Clou dieses Schauspiels war die Nummer mit dem mörderischen Kraken. Es handelte sich um einen großen Kraken, wie man ihn in den kalten Gewässern antreffen kann, vor allem im Nordpazifik. Sie hatten ein Tier von mehr als 115 Pfund gefunden. Das hielten sie vier Tage fest, um den Film zustande zu bringen, und sie waren so weit gekommen, daß der Krake ihnen folgte, wenn sie ihn an einem Arm zogen. Er kam ganz ruhig. Sie hielten ihn in einem großen Dingy aus Gummi, wo er nicht entkommen konnte, und gaben ihm jeden Abend Krabben zu fressen. Er arbeitete sehr gut und war vollkommen zahm geworden.

An diesem Film arbeiteten Gary, Dale und Bill mit. Es war darin eine Sequenz vorgesehen, in der unter Wasser eine Pilgermuschel geöffnet werden sollte, um den Kraken damit anzulocken. Das gelang nur allzu gut: Der Krake schnellte hervor, sobald er die Pilgermuschel sah, und packte sie heftig, während die Taucher sie zu verteidigen suchten. Daraus entstand eine ganz schöne Balgerei, und natürlich hat der Krake gewonnen. Er war ja nicht dumm.

In der Gegend von Keystone Jettey war eine Zeitlang ein Unterwasserzoo eingerichtet. Taucher führten die Besucher. Ich habe das zwei Jahre lang gemacht. Die Hauptattraktion bestand darin, daß man einen großen Kraken vor das Bullauge führte, durch das das Publikum hindurchsah. So mußte einer gefangen und in einem Loch angesiedelt werden. Weil er aber neu war, war er eher widerspenstig.

Joanne Duffy, begleitet von ihrem Lieblingskraken.

Schließlich gewöhnte ich mich an ihn, und er gewöhnte sich an mich. Es war nicht sehr schwer, ihn aus seiner Höhle herauszuholen. Schließlich hatte er nicht einmal mehr Angst, sondern arbeitete sehr gut mit. Das erleichterte meine ermüdende Tätigkeit. Nach zwei oder drei Malen hatte er verstanden, daß ich ihm nichts Böses tun wollte, und war sehr gelehrig geworden.
Dabei habe ich Intelligenz und Urteilskraft der Kraken schätzen-

gelernt. Offensichtlich sind sie durchaus fähig zu denken, ja sogar zu urteilen und Schlüsse zu ziehen. In den zwei Jahren, die ich im Unterwasserzoo verbrachte, konnte ich in Ruhe beobachten, auf welche Weise sie abschätzten, wieviel Zeit vergangen war. Im allgemeinen gab es alle zwanzig Minuten Führungen für die Besucher, und an Tagen mit großem Zustrom wurde dieser Abstand genau eingehalten. Der Krake benahm sich, als ob er das wüßte. Wenn ich tauchte und zu seiner Höhle kam, war er bereit, herauszukommen. Er krümmte sich selber mit wahrer Routine. Jeder Taucher führte ihn auf seine Art zu dem Bullauge, an dem ihn die Besucher betrachteten. Nachdem ich ihn zweimal hingebracht und dabei gehalten hatte, kam er von selber. Ich brauchte ihn nur ein wenig an den Armen zu kitzeln, dann stieg er ganz allein zu der Luke hinauf. Danach begleitete ich ihn zu seiner Höhle zurück. Wir belohnten ihn nicht gleich nach seiner Nummer. Wir gaben ihm ständig Krabben und Muscheln zu fressen, aber das Futter hing nicht von dem guten Willen ab, den er beim Spielen seiner Rolle zeigte. Er tat wirklich, was er wollte.«

»Aber Joanne, gehorchte er, weil er an Ihnen hing? Oder mochte er nicht vielmehr, daß man sich ihm näherte und ihn streichelte?«

»Sicher mögen es die Kraken, daß man sie sanft streichelt. Die Taucher müssen sehr achtgeben. Im Unterwasserzoo gab es mehrere Taucher, und die Kraken hatten für bestimmte eine Vorliebe. Faßte ein Taucher sie zu grob an, so war es nachher nicht leicht, die Kraken zu ihrem Auftritt zu veranlassen. Es konnte auch vorkommen, daß sich ein hart behandelter Krake im Augenblick sehr gelehrig zeigte. Das kam ganz einfach daher, daß er in einem schlechten Zustand war. Es kann sicher keine Rede davon sein, daß sie geschlagen oder gekniffen worden wären, aber wenn man sie ein bißchen schlecht behandelt, können sie einen wirklichen Erschöpfungszustand erreichen.

Selbst ein Krake von der Größe der unseren ist ein sehr sensibles Lebewesen mit einem empfindlichen, hochentwickelten Nervensystem. Er kann von echten Nervenanfällen heimgesucht werden. Wenn man sich grob gegen ihn zeigt, kann man sein Nervensystem derart durcheinanderbringen, daß er diesen Schock nicht überlebt.

Im Zorn wechselt er sehr häufig die Farbe. Wenn man zum Beispiel einen Kraken auf dem Grund überrascht und ihm einen Klaps in der Kopfregion gibt, wird er zuerst weiß, dann ziegelrot; das ist die Farbe des Mißfallens. Es dauert kaum zwei Sekunden, bis der ganze Körper die Farbe wechselt. Um sich zu schützen, legt das Tier seine Arme über dem Kopf wie eine Mütze zusammen und ergreift in dieser Haltung die Flucht.«

»Meinen Sie nicht auch, daß Mädchen normalerweise eine instinktive Abneigung gegen diese schleimigen, klebrigen Kreaturen haben? Haben Sie nie so etwas verspürt, Joanne? Und die Tintenwolken?«

»Niemals. Ich weiß nicht genau, warum. Nur das eine weiß ich sicher, daß sie die schönsten Geschöpfe des Meeres sind. Selbst wenn sie sich nicht rühren, sehen sie unter Wasser wunderschön aus. Ich habe niemals den körperlichen Widerwillen gefühlt, den die meisten Leute angeblich spüren, wenn es um Polypen geht, wahrscheinlich einfach deshalb, weil sie sie niemals im Wasser angerührt haben. Man muß sie in ihrer eigenen Umwelt beurteilen.

Was aber die Tintenwolken betrifft, so ist schwer zu sagen, ob sie häufig oder selten sind. Das hängt sehr von den Umständen und von den Kraken ab. Hat man es mit einem Kraken zu tun, der einen nicht kennt, so darf man zuerst mit einem tüchtigen Tintenstrahl rechnen, vor allem, wenn sich das Tier sehr angriffslustig zeigt. Es wird um sich schlagen, scharlachrot werden und seine Tinte verspritzen. Wenn man es aber festhält, versucht es nicht mehr zu entkommen, ganz egal, wieviel Tinte es abläßt oder wie groß sein Zorn ist. Es beruhigt sich bald, und der Tintenstrahl hört auf.

Man spricht auch viel von den Bissen der Kraken und ihrem tödlichen Gift. Ich weiß, daß es häufig zu Zweikämpfen zwischen Muräne und Krake kommt, weil sie sich oft um die gleiche Höhle streiten. Aber das habe ich noch nie gesehen. Dagegen konnte ich einen Kampf zwischen Krake und Dorsch beobachten, der unentschieden ausging. Jeder zog ab; aber es schien mir, daß der Dorsch keinen Biß empfangen hatte. Jedenfalls schien er in keiner Weise gelähmt.

Es gibt nur eine Art, deren Gift für den Menschen tödlich ist, und zwar in den australischen Gewässern. Wenngleich die Sepien und Kalmare kräftig beißen, so ist das bei den Octopoden nicht der Fall. Es fällt ihnen gar nicht so leicht, denn ihr Schnabel befindet sich zwischen ihren Armen an deren Basis. Sie müssen sich daher an ihr Opfer heften und es bis an ihren Schnabel ziehen. Mit einem Taucher ist das nicht so einfach. Wenn man einen Kraken hält und er einem die Arme auf den Körper zu pressen beginnt, so tut er dies offensichtlich, weil er einen wie eine Beute lähmen möchte. Dann muß man mit der Hand unter ihn greifen und versuchen, ihm die Arme zurückzubiegen, um ihn in eine horizontale Lage zu bringen. Er wird seinen Sipho in Gang setzen und schlagartig davonschwimmen. Im übrigen fällt es ihnen viel leichter, sich mit ihren Armen zu verteidigen, als zu beißen; und das tun sie auch. Aber bei Kraken, die an uns gewöhnt sind, kommt das nicht vor.«

In diesem speziellen Punkt, was die Bisse betrifft, sind wir nicht ganz der gleichen Meinung wie Joanne. Sicher konnten wir uns davon überzeugen, daß die Kraken nicht bissen, aber niemand in unserer Crew glaubt deshalb, daß sie es nicht könnten. Mehr als einmal fanden sich Delemotte oder Michel Deloire mit ihrer Hand, ihrem Arm oder sogar ihrem Gesicht in der Nähe eines Schnabels, der auf jeden Fall schauerlich aussieht. Der Krake kann auf den Taucher kriechen, und sein Mund dürfte sich dann vollkommen im Kontakt mit der Haut befinden. Oder das Tier nimmt die Haltung an, die wir »Blume« nennen und oft fotografiert haben; alle seine Arme entfalten sich, auch der Mantel ist weit geöffnet, und es läßt seinen Schnabel sehen. Er sieht aus wie eine schreckliche Waffe. Und dennoch gebraucht der Krake ihn nicht. Joanne hat recht: Niemand von uns ist beim Tauchen gebissen worden, und wir haben auch in Seattle von keinem derartigen Unfall gehört. Das ist ein kleines Geheimnis. Vielleicht haben die Kraken schließlich darauf verzichtet, ihren Schnabel gegen ihre Feinde einzusetzen. Sie haben in der Tat etwas Besseres – ein lähmendes Gift mit durchschlagender Wirkung, das von ihren Speicheldrüsen abgesondert wird. Dieses Gift spritzen sie nicht immer mit ihrem Schnabel ein. Sie brauchen nicht zu beißen, denn mit ihren Armen bringen sie ihre Beute unter dem Mantel ganz nahe an ihr Maul heran und lassen ihr Gift darauffließen – kurz, sie »speien« es aus. Und von dieser wirklich ernsthaften Gefahr hat Victor Hugo niemals gesprochen.

Andere Arten aber gebrauchen tatsächlich ihren Schnabel, um ihr Opfer anzugreifen. Eines steht fest: Die Sepien beißen. Albert Falco besteht darauf. Er hat gesehen, wie ein Taucher ziemlich böse von einer Sepia gebissen wurde.

»Aber«, fügt er hinzu, »ich habe nie gesehen, daß ein Polyp jemanden gebissen hätte, und ich habe auch niemals von einem derartigen Unfall gehört.«

Wir wollten wissen, wie Joanne ihre Lieblingskraken erkennt, jene Tiere also, mit denen sie freundschaftlich verbunden ist.

»Ach«, meinte sie, »sie sehen sich nicht gleich. Sie haben nicht dieselbe Größe, sie wohnen nicht in der gleichen Höhle, die Fangarme sind länger oder kürzer. Viele tragen Narben von Kämpfen, die sie mit anderen Kraken ausgetragen haben. Eine andere Frage ist, wie sie die Taucher erkennen können; denn das steht fest, sie erkennen sie. Und dabei trägt jeder Taucher die gleiche oder beinahe die gleiche Kombination. Aber jeder hat seine eigene Art zu schwim-

Die Kraken von Seattle bringen es auf eindrucksvolle Maße: Sie erreichen 10 Meter Gesamtlänge und können über 60 Kilogramm schwer werden.

men, sich im Wasser zu halten, und das muß schon einen bedeutenden Hinweis darstellen. Nicht alle Taucher sind gleich leistungsfähig oder gleich geschmeidig im Wasser. Und eines ist ganz wichtig: die Art, wie man sich ihnen nähert, wie man sie anfaßt, am Kopf oder am Mantel. Vor allem, wenn man sie zu packen versucht. Wenn ich einen Kraken holen will, den ich noch nie angerührt habe, dann brauche ich eine gewisse Zeit, und es wird mir vielleicht nicht aufs erstemal gelingen. Aber ich habe einen Lieblingskraken, der es

Nur mit viel Geduld und Einfühlungsvermögen kann man sich den Kraken nähern, ohne sie zu erschrecken.

geschehen läßt. Ich erkenne ihn an seiner Wunde auf dem Mantel, einem weißen Fleck, der nie die Farbe wechselt, als ob die Haut abgenützt wäre.«

»Ist das ein Männchen oder ein Weibchen?«

»Ein Männchen, das sieht man an den Saugnäpfen. Von einer gewissen Größe ab trägt das Männchen einen oder mehrere Saugnäpfe, die viel größer sind als die anderen und ganz weiß erscheinen. Die Hochzeit findet aber nicht in der Bucht von Seattle statt. Die Kraken ziehen im April und Mai in tiefere Gewässer, wo sie sich paaren. Ich habe sie niemals dabei beobachtet. Sie kommen im Oktober oder November zurück. Ich glaube aber keinesfalls, daß sie nach der Fortpflanzung sterben. Sicherlich paaren sie sich mehrmals im Laufe ihres Daseins. Es braucht Zeit, bis ein Kopffüßer ein Gewicht und eine Größe wie diese erreicht, bis zu 100 Kilo. Wir haben ihnen zwar Marken angeheftet, aber wir erfuhren dennoch nicht, bis zu welchem Alter sie es bringen können.

Manchmal frage ich mich, was ich eigentlich für die Kraken empfinde. Das ist kompliziert. Was ich an den Kraken liebe, ist, daß sie offensichtlich intelligente und empfindsame Wesen sind und dennoch ganz anders als wir. Man fühlt ihnen gegenüber mehr Ergriffenheit als Sympathie. Es handelt sich eher um Faszination als um gegenseitige Freundschaft. Das ist ganz physisch zu verstehen... Und ich wünschte auch, sie zu beschützen, zu verhindern, daß sie gequält werden, daß sie in ihrer natürlichen Umwelt weiterleben können, ohne daß zu viele Menschen sie ärgern... Um die Wahrheit zu sagen, ich fühle mich stark angezogen von allem, was im Meer lebt. Ich habe meine biologischen Studien am College für Fischerei an der Universität Washington gemacht. An Weihnachten werde ich mein letztes Examen ablegen und hoffe dann, für das staatliche Fischereiamt zu arbeiten, speziell im Forschungslaboratorium von Seattle. Aber es ist für eine Frau besonders schwer, eine derartige Laufbahn einzuschlagen, und man hat unter einer systematisch diskriminierenden Opposition zu leiden. Es bestehen zu viele Vorurteile darüber, was eine Frau tun oder lassen sollte.

Angesichts dieser Aufstiegsschwierigkeiten empfindet unsere Freundin Joanne große Sympathie für die Bewegung der Frauenemanzipation. Sie verwahrt sich aber dagegen, als Extremistin zu gelten; lieber möchte sie realistisch und vernünftig sein. Aber wenn sie mit ihren Kraken fertig wird oder ihre Examina besteht, hat sie das Gefühl, sie hilft mit, den Beweis zu erbringen, daß die Frauen es durchaus mit den Männern aufnehmen können.

Trotzdem denkt sie nicht daran, auf das Glück, auf die Liebe, auf das Leben zu zweit zu verzichten. Als wir sie fragten, was sie bei einem Mann zu finden wünsche, antwortete sie:

»Einen, den ich bewundern kann, einen, der sportlicher, stärker ist als ich, der besser taucht als ich und der ein Karatechampion ist.« Nun, das schließt mindestens 91 Prozent der Männer aus, denn die meisten sind »Kohlköpfe« – ein Ausdruck, den sie von Montana mitgebracht haben muß.

Joanne möge uns verzeihen, aber sie scheint uns nicht unbedingt ein Ausnahmefall zu sein. Wir glauben, daß wir sogar die Motive für ihre Freundschaft mit den Polypen entdeckt haben. Wenn die griechische Mythologie den Kampf mit der Hydra von Lerna unter die Taten des Herakles aufgenommen hat, so deshalb, weil sie im Kampf gegen dieses Ungeheuer mit seinen erbarmungslosen Fangarmen das Sinnbild der Männlichkeit gesehen hat. Für eine Adeptin der Frauenbefreiung wiegt ein Krake wohl eine Hydra auf, die übrigens ebenfalls über ein gefährliches Gift verfügte.

# 4 Kampf um eine Amphora

Die Fangtöpfe – Die Mauer – Judo – Ein guter Schauspieler –
Menschenart – Menschenaugen – Vagabundenleben – Spuren
der Antike

Die Kraken von Seattle haben eine beachtliche Größe, und die
Szenen, die wir mit ihnen gedreht haben, waren sehr eindrucksvoll.
Leider aber war ihre Reaktion gering, wenn wir sie im offenen
Wasser hielten.
Als wir zu den Mittelmeerpolypen zurückkehrten, erschienen uns
diese plötzlich sehr klein, lieferten uns aber glänzende Vorführungen ihres ausgesprochen aktiven Verhaltens. Zu dieser Zeit kreuzte
die *Calypso* noch im Pazifik. Deshalb betraute ich Falco und mehrere andere Taucher mit einem Forschungsauftrag und stellte ihnen
unser Schiff aus Marseille, einen alten umgebauten Fischdampfer,
zur Verfügung. Die *Espadon*. Für das Drehbuch war unser Kameramann Michel Deloire verantwortlich.
Albert Falco, der seit 20 Jahren mit uns taucht, ist in der Gegend von
Marseille großgeworden und kennt den Meeresgrund dieser ganzen
Küste bestens. Er hat die kleinste Barschhöhle erforscht, und er
weiß, wo man die Polypen findet. Unter seiner Leitung fanden die
ersten Taucheinsätze vor einer kleinen Insel statt, die den Eingang
zum Hafen von Marseille beherrscht, der Insel Riou. Das ist eine
historische Stätte. Seit den Griechen aus Phokäa, 500 Jahre vor
Christi Geburt, folgte vor dem »alten Hafen« Schiffbruch auf Schiffbruch. Die Taucher, die diese Ecke kennen, finden auf dem Grunde
dieses Wassers die Spuren römischer Wracks ebenso wie die
schlimmeren Blindgänger und Granaten, die der letzte Weltkrieg
hinterlassen hat.
Falco wußte das alles. Er wußte vor allem, wie man die zahlreichen
Polypen findet, die sich unsichtbar machen können, da sie sich in
die kleinste Vertiefung schmiegen und infolge ihrer außergewöhn
lichen Befähigung zur Mimikry die Farbe des Untergrundes annehmen können.

Aber die Fischer des Südens sind beinahe ebenso schlau wie die
Polypen. Um sie zu fischen, wenden sie eine uralte Methode an, die

von den Griechen und Römern übernommen wurde, wobei diese sie wiederum von den alten Ägyptern entlehnt haben: Die Fischer setzen einen Rahmen unter Wasser, an dem zehn Tontöpfe befestigt sind. Da sich die Polypen gerne in kleinen Gefäßen verstecken, können die Fischer ihr Fanggerät zuweilen mit je einem Polypen in jedem Fangtopf einholen.

Nachdem die *Espadon* die Hafeneinfahrt passiert hat, fährt sie am Château d'If entlang, das durch Alexandre Dumas' Roman »Der Graf von Monte Christo« berühmt geworden ist. Nicht weit von dort hat ein Polypenfischer in seinem »pointu«, einem vorn und hinten spitz auslaufenden Boot, eine solche Vorrichtung ins Wasser gelassen. Die *Espadon* stoppt, und die Taucher können sehen, daß er einen guten Fang gemacht hat: Fast jeder Topf hat einen Bewohner gefunden. Der Fischer packt diesen schnell und tötet ihn durch einen Biß an der Augenbasis. Das ist ein klassisches Mittel. Es mag abstoßend erscheinen, aber es wirkt sofort und ist damit viel weniger grausam, als wenn man die Polypen an der Luft ersticken läßt. Das Tier hat gar keine Zeit zu leiden. Dieser Biß, der übrigens eine gute Kenntnis der Anatomie des Tieres verrät, soll das Gehirn zerstören. Man kann auch die »Kalotte«, also den Mantel, umdrehen; damit werden die Kiemen der Luft ausgesetzt, und das Tier erstickt. Außerhalb des Wassers kann ein Polyp noch eine Stunde leben, und das bedeutet für ein Tier mit einem so hochentwickelten Nervensystem einen langen, qualvollen Todeskampf. Die *Espadon* geht vor der Insel Riou vor Anker. Falco, Deloire und Genest ziehen ihre Ausrüstung an und gehen mit Lampen und einer Unterwasserkamera an die Arbeit.

Zunächst wollten die Taucher beobachten, wie ein Polyp darauf reagiert, wenn man die Mauer seiner Behausung zerstört. Dazu wählten sie den größten Polypen aus. Sie beseitigten die Steine, die den Eingang zu seiner Höhle versperrten, und richteten eine ferngesteuerte Kamera auf einem Stativ ein. Nachdem sie sich entfernt hatten, mußten sie eine Stunde warten, bis sie dann sahen, wie der Polyp endlich einen Arm aus seinem Loch streckte. Aber er blieb vorsichtig im Inneren und dehnte nach und nach seine Arme auf eine unglaubliche Länge, um die Materialien zu erreichen, die sich noch in seiner Nähe befanden.

Mit dem Ende eines Armes tastete er nach einem Kiesel. Er befühlte ihn, um seine Größe zu erkennen und sein Gewicht abzuschätzen. Dann hielt er den Arm ausgestreckt und ließ den Stein von Saugnapf zu Saugnapf gleiten, bis er ihn vor sich gebracht hatte. Nun baute er mit Hilfe eines anderen Armes seine Mauer wieder auf, die genauso aussah wie die von den Tauchern zerstörte.

Das Wohnungsproblem ist für die Polypen von überragender Bedeutung. Ihr Leben hängt davon ab, daß sie einen Unterschlupf finden. Sie können sich nicht gegen Zackenbarsche und Muränen verteidigen, ihre schlimmsten Feinde. Daher müssen sie eine Zuflucht finden, die ihnen allein das Hineinschlüpfen ermöglicht, so daß die großen Raubtiere sie dort nicht erreichen. Von hier aus gehen sie auf Erkundungsgänge, fangen ihre Beute oder suchen ein Weibchen.

Topfscherben sind ideale Wohnungen für die Polypen, und sie streiten sich darum in Kämpfen auf Leben und Tod, die nun erstmals im offenen Wasser gefilmt werden konnten.

Und so spielte sich das Ganze ab: Michel Deloire brachte den Boden einer Amphora, der einen hervorragenden Unterschlupf bilden konnte, und stellte ihn in einer Gegend, in der ziemlich viele Polypen beisammen waren, auf den Grund. Das war vor Riou bei sehr schönem Wetter in etwa 10 bis 15 Meter Tiefe. Zwischen zwei großen Polypen entspann sich ein grimmiger Kampf um den Besitz dieser Amphora. Michel Deloire und seine Kameraden blieben fünf Stunden im Wasser, um das Ringen von Anfang bis Ende zu filmen. Man mußte ihnen eine Preßluftflasche nach der andern hinunterreichen.

Lange Zeit war der Kampf völlig unübersichtlich. Es war ein Handgemenge, bei dem sich sechzehn Arme ineinander verflochten. Man ahnte Kniffe, hinterhältige Angriffe, Paraden. Beiden Polypen gelang es, der Umklammerung durch den andern auszuweichen. Es handelte sich um Tiere von gleicher Größe und Stärke. Die ganze Taktik besteht darin, daß versucht wird, dem Gegner einen Arm in das Innere seines Mantels zu stecken; aber jeder verteidigt sich gut und pariert mit seinen Armen. Der Besiegte wird ersticken. Er verliert seine Farbe, während der andere scharlachrot ist. In der von Deloire gefilmten Szene ist es dem Sieger sogar gelungen, einen Arm durch den Sipho seines Gegners zu stecken, so daß das Ende wieder heraussah.

Dieser nimmt eine gräuliche Färbung an. Erwürgt, erstickt, dem Sterben nahe, wird er völlig weiß.

Die Taucher, die den Kampf ausgelöst haben, trennen voll Mitleid die Streitenden, damit das Opfer nicht stirbt, und legen jeden auf eine andere Seite. Während der Sieger den im überlegenen Kampf eroberten Amphoraboden in Besitz nimmt, flüchtet sich der Besiegte, von dem Gefecht gezeichnet, in einen alten rostigen Kübel.

Handelt es sich hier wirklich um einen Kampf zur Verteidigung des

Reviers, wie man in der Tierwelt unzählige kennt? Das ist nicht sicher. Der Fisch verteidigt seine territorialen Gewässer, aber der Polyp verteidigt anscheinend nur seine Behausung. Er schlägt sich, um den Schlupfwinkel, den Zufluchtsort, das lebenswichtige Versteck zu behalten, wo er sich geschützt fühlt, nicht so sehr für ein Jagd- oder Paarungsgebiet. Er braucht Mauern oder gar Felsen, um darin seinen empfindlichen Körper unterzubringen wie in einer Schale. Aber bei den Polypen gibt es oft Wohnungskrisen. Dann sieht man sie ruhelos umherwandern auf der Suche nach einer Höhle, nach irgendeiner Vertiefung, in die sie hineinschlüpfen können und eine Mauer bauen, die ihnen Sicherheit bietet.

Die Polypen nehmen nicht nur gewaltige Anstrengungen auf sich, um ihre Wohnstätte zu befestigen, sie bemühen sich auch, sie sauberzuhalten, ja, sie sogar bequem einzurichten. Im Inneren glätten sie den Sand und heben ihn aus; sie spritzen dazu Wasserstrahlen aus ihrem Sipho. Vor allem aber sind sie darauf bedacht, alle Abfälle aus ihrem Schlupfwinkel herauszuschaffen. Sobald sie ihre Mahlzeit beendet haben, schieben sie mit ihren Armen die Gehäuse und Chitinpanzer nach draußen. Ja, an diesen vor dem Eingang aufgehäuften Resten kann man eine Polypenwohnung eigentlich erkennen.

Mit Sicherheit sind die Polypen keine geselligen Tiere. Obwohl sie sich als Nachbarn niederlassen, leben sie getrennt, außer in der Paarungszeit. Anscheinend wollen sie alleine leben. Sobald sich ein anderer Polyp ihrem Platz nähert, fangen sie zu raufen an, oder sie beschränken sich auch darauf, einen Arm vorzuschnellen, so daß der Eindringling sich entfernt.

Falco brachte Polypen in die Nähe einer bewohnten Behausung, aber diese weigerten sich, dort zu bleiben. Sobald sie ihre Artgenossen wahrnahmen, entfernten sie sich.

»Auf einer Strecke von etwa 200 Metern kann man im Meer 10 bis 15 Polypen finden«, bemerkt Falco, »aber sie sitzen 20 bis 30 Meter voneinander entfernt. Das ist ihre gesellschaftliche Distanz.«

Falco glaubt auch, daß sie jagen, ohne ihr Haus zu verlassen, außer vielleicht bei Nacht. Aber sie haben keine sehr regelmäßigen Gewohnheiten. Denn am Abend kann man Polypen auf dem Sand oder auf Kieseln und Algen spazierengehen sehen, doch genauso findet man welche in ihrem Loch. Wahrscheinlich begeben sie sich

Ein Polyp vor der Insel Riou läßt sich alles gefallen und versucht nicht einmal zu entkommen.

dann auf Beutesuche, wenn sie Hunger haben und in Reichweite nichts vorbeikommt. Sie fangen am liebsten Krabben und andere Krebstiere – Garnelen sind etwas zu schnell für einen Polypen.

Diese häufige Ortsveränderung der Polypen brachte eine Unannehmlichkeit mit sich: Wenn Albert Falco und Michel Deloire tauchten, um die verschiedenen Folgen des Filmes zu drehen, hatten sie es fast niemals mit den gleichen Polypen zu tun.

»Das fällt weniger ins Gewicht, als man denkt«, behauptet Falco. »Erstens sind gewisse Tiere begabter als andere. Wir haben sie sehr schnell herausgefunden und uns nur mit diesen befaßt. Wir haben auch gelernt, wie wir ihnen Vertrauen einflößen und sie beruhigen können. Wesentlich ist, daß ein Polyp einen Unterschlupf hat; wenn nicht, bekommt er Angst, sucht sich zu verbergen, und man kann nichts mit ihm anfangen. Aber sobald er ein Loch gefunden hat, fühlt er sich geschützt. In wenigen Minuten hat er es verstanden, daß man ihm nichts Böses tun will. Er gewinnt sehr schnell das Gefühl der Sicherheit. Dann kommt er sogar halb aus seiner Höhle heraus; selten verläßt er sie ganz. Ist er ein ›gelehriger Schüler‹, so entwickelt er eine seltsame Neugier für Taucher, und man hat den Eindruck, daß er sie belauert.

Wenn man eine Krabbe vor seine Behausung legt – und wir haben das natürlich sehr oft getan –, so denkt er nur noch daran, wie er sie schnappen könnte. Er wechselt die Farbe. Man sieht sein Auge auf die Beute geheftet – fast scheint es, als denke er nach. Er schaut und trifft offensichtlich dann ganz plötzlich eine Entscheidung. Wenn er spürt, daß der Taucher in der Nähe ist, schnellt er einen Arm heraus, ergreift die Krabbe und holt sie zu sich heran; aber es kommt auch vor, daß er sie vor seiner Tür verspeist, wenn er Vertrauen hat.

Manchmal gleitet er geschmeidig auf dem Grund bis 15 oder 20 Zentimeter vor die Krabbe… Plötzlich sammelt er sich, stürzt sich auf die Beute, bedeckt sie mit der wie ein Sack gebildeten Spannhaut zwischen seinen Armen und zieht sie zu seiner Behausung. Bei dieser ganzen Operation wechselt er die Farbe, wird dunkler, zeigt Körnungen und Flecken. Man ahnt den Konflikt zwischen dem Gelüst, das ihn zur Annäherung reizt, und dem Mißtrauen, das ihm den Rückzug in sein Loch nahelegt. Dieser Zwiespalt äußert sich im raschen Wechsel der Farben ebenso wie in einer Anspannung der Muskeln am ganzen Körper.«

Es ist wirklich recht leicht, mit den Polypen zu arbeiten. Sie sind viel zutraulicher, als man es sich vorstellt.

»Ich war beim Tauchen um Marseille Polypen begegnet, aber ich hatte niemals ernstlich versucht, an sie heranzukommen«, erzählt Falco. »Und ich muß zugeben, daß ich gar nicht geglaubt hätte, wieviel man mit ihnen machen kann. Ich dachte, wenn sie uns im Wasser sähen, dann würden sie Angst bekommen, sich in ihrem Loch verstecken und es nicht wieder verlassen. Aber das ist durchaus nicht der Fall. Wir konnten Szenen filmen, an die ich nicht im geringsten gedacht hätte. So bringt es ein Polyp in seiner Höhle fertig, mit Hilfe eines mannigfaltigen Gestenspiels seine Beute anzulocken. Er macht sich vor seiner Behausung zu einer Kugel; er verdreht seine Arme nach allen Richtungen. Wahrscheinlich ziehen diese Bewegungen die Krebstiere an. Wenn diese List nicht verfängt, wendet er eine andere Taktik an. Der Polyp ist ein schlaues Tier und versteht es, seine Beute zu locken.«

Ein Tuch, das bewegt wird, ein glänzender Gegenstand – all das zieht ihn an. Aber er nähert sich immer sehr vorsichtig und tastet den Gegenstand zuerst mit der Spitze eines Armes ab. Sehr schnell gewöhnt er sich daran, das Futter, das man ihm bringt, aus der Hand zu nehmen.

Wenn man zuschaut, wie er eine Krabbe verspeist, so erlebt man ein außergewöhnliches Schauspiel; aber es ist schwer zu beobachten, denn der Polyp versucht sofort, die Krabbe unter seiner Spannhaut zu verbergen. Dann sieht man nicht mehr, was weiter passiert. Aber es ist uns gelungen, bestimmte Polypen zu fangen und in jenem Augenblick umzudrehen. Wir wissen, wie sie vorgehen. Ein Polyp kann 240 Saugnäpfe pro Arm haben, je nach Größe, insgesamt also 1920. Das sind entsetzliche Waffen. Experimente in der zoologischen Station von Neapel haben gezeigt, daß ein *Octopus vulgaris* von 1,320 Kilo einen Zug von 18 Kilo ausüben kann. Das Opfer hat daher kaum eine Möglichkeit zu entkommen. Unter der Schwimmhaut steckend, das auf der Bauchseite liegende Gesicht dem Schnabel zugewendet, bekommt das Krebstier aus ganz geringer Entfernung gleich zu Anfang eine Ladung Gift aus den Speicheldrüsen des Polypen ab. Dieses Gift, das »Cephalotoxin«, kann ein Kaninchen töten. Das Beutetier ist beinahe augenblicklich gelähmt. Ein Polyp kann sich an eine Languste wagen, die größer als er ist, und sie mit seinem Gift bewegungslos machen, ohne sie mit seinem Schnabel unmittelbar zu berühren. Der Polyp wartet bis zu zwanzig Minuten, ehe er die Krabbe zu fressen beginnt – fürchtet er vielleicht die Wirkung seines eigenen Giftes? Er öffnet das Krebstier mit seinem Schnabel an dem Gelenk zwischen Kopfpanzer und Bauchhöhle (wie wir selbst es auch tun) und verzehrt zuerst die Weichteile.

Ein Taucher quartiert einen Polypen aus, der in einem Amphorenfragment wohnt.

Die Armspitzen dringen in die kleinsten Gelenke an den Beinen ein, und von einem Saugnapf zum andern wird dann das Fleisch bis an das Maul des Polypen befördert. Er entleert das Krebstier vollkommen und schiebt die fleischlosen, aber gänzlich unversehrten Panzer vor seine Behausung. Es war bisher nicht möglich, in den Speicheldrüsen des Polypen Enzyme festzustellen, die ihm das Einnehmen seiner Beute erleichterten – ein umstrittenes Problem. Wahrscheinlich verwendet er eine Flüssigkeit, mit der er das Fleisch aufweicht.

Es ist auch möglich, daß sich ein Teil der Verdauung bereits außerhalb seines Körpers vollzieht. Eine mittelgroße Krabbe ist in einer halben Stunde verschlungen und vollkommen ausgeräumt. Um eine Languste zu entleeren, braucht er mehr Zeit, gut einen Nachmittag, aber die Verdauung geht sehr langsam vor sich, sie dauert 18 bis

Die Taucher untersuchen ein von Polypen bewohntes Unterwasserlabyrinth in der Bucht von Sormiou.

24 Stunden. Die Spitze eines Polypenarmes ist sehr fein und äußerst empfindlich, wie ein Peitschenriemen. Sie kann überall eindringen und liefert dem Tier sicher ganz präzise taktile Informationen.

Das Mundsystem inmitten des Kranzes von Fangarmen ist sehr kompliziert. Es umfaßt zwei hornartige Kiefer, deren unterer den oberen überdeckt. Dieser gleichsam umgekehrte »Papageienschnabel« ist unter den beiden Lippen verborgen. Weiter gehören dazu eine »Radula«, die sich aus aufeinanderfolgenden Reihen von je fünf Zähnen zusammensetzt, und schließlich die Raspelzunge; diese wird durch einen Knorpel verstärkt, an dem die Muskeln ansetzen.

Die Stachelhäuter – Seesterne, Seegurken oder Seewalzen und Seeigel – sind für das Gift des Polypen völlig unempfindlich; sie scheinen es zu neutralisieren. Wir haben einem Polypen einen Seestern gebracht, und er hat ihn nicht angerührt. Warum sollte er auch? Die Erfahrung hat ihn gelehrt, daß er nicht freßbar ist, und außerdem bewegt er sich nicht.

Die Taucher waren vor allem für den Blick der Polypen empfänglich. Es ist allgemein bekannt, daß unter den Wirbellosen die Kopffüßer, was das Auge anbelangt, den höchsten Grad der Vollendung erreicht haben. Ihr Auge kommt fast dem menschlichen Auge gleich. Es weist wie bei den Wirbeltieren ein Lid, eine Regenbogenhaut, eine Linse und eine Netzhaut auf. Diese Worte reichen aber nicht aus, um das seltsame Gefühl wachzurufen, das man empfindet, wenn man dem Blick eines Polypen begegnet. Ich glaube, zuerst wird man sich bewußt, daß man mit einem sehr klaren Blick konfrontiert ist, viel ausdrucksvoller als der irgendeines Fisches oder selbst eines Meeressäugetieres.

Dieses Auge ist bei den Wirbellosen ganz außergewöhnlich. Wenn es auch mit dem der Wirbeltiere die wesentlichen Strukturen gemeinsam hat, so weist es doch eine Besonderheit auf, die zweifellos dem Blick seine Seltsamkeit verleiht: Die Pupille erscheint als ein schmales schwarzes Rechteck, das die Mitte des Auges einnimmt.

Wahrscheinlich kommt dadurch ein weniger genaues Bild als durch das menschliche Auge zustande, denn die Sehzellen sind nicht so zahlreich, dafür aber größer; so entsteht auf der Netzhaut des Kopffüßers ein weniger geschlossenes, gröberes Mosaik als auf der menschlichen Netzhaut.

Verhält sich der Polyp ruhig, so stehen seine Augen nicht hervor; sie sind unbeweglich, ein bißchen starr, von diesem schwarzen Strich versperrt, der die Zugehörigkeit des Tieres zu einer anderen Empfindungswelt zu kennzeichnen scheint. Zeigt sich aber ein Beutetier oder beunruhigt den Polypen ein sich nähernder Taucher, so richtet er sich auf und stellt seine Augen hoch wie Periskope. Sie sind beweglich und können in verschiedene Richtungen blicken. Dieser Blick ist nicht nur lebhaft, neugierig, sondern in diesem ziemlich großen, sehr tief gefärbten Auge liegt auch eine wahre Schönheit.

Diese Sehschärfe wird durch die Netzhaut und die Struktur der bemerkenswert hochentwickelten Zäpfchenzellen gewährleistet – für den Polypen ein wichtiges Schutzinstrument, denn mit ihrer Hilfe kann er die Außenwelt von der Tiefe seines Loches her beobachten. Das soll aber natürlich nicht heißen, daß er sich niemals ins offene Wasser wagt oder nicht gelegentlich seine Wohnstatt wechselt.

Falco ist überzeugt, daß die Polypen nicht wirklich seßhaft sind. Sie lassen sich nicht in einem Loch nieder, um dort zu bleiben, ohne sich von der Stelle zu bewegen. Sie bleiben vielleicht einen oder zwei Tage, dann gehen sie auf Nahrungssuche und kommen nicht immer zu ihrer ursprünglichen Wohnstätte zurück. Finden sie ein anderes Haus leer, so dringen sie für einige Zeit dort ein. Kurz, sie brauchen überall, wo sie hinkommen, einen Unterschlupf. Dort können sie stundenlang bleiben, selten aber für eine Woche. Michel Deloire und Falco fanden ausgezeichnete Behausungen leer und verlassen, obwohl sie einen Tag vorher besetzt gewesen waren, und sie sahen, daß sie eine ganze Woche ohne Besitzer blieben.

Man kann sie bei 50 Zentimeter Wasserstand genausogut antreffen wie in 20 Meter Tiefe, in den Algen oder auf felsigem Grund, in einer Konservendose oder in einer Amphora.

Sie lieben die ruhige See. Da sie meist in geringer Tiefe leben, sind sie empfindlich für die Dünung, denn diese verlagert die Kiesel an ihrer Behausung und wühlt Schlamm oder Sand auf, so daß er störend in ihren Mantel eindringt. Im Winter oder auch wenn schlechtes Wetter heraufzieht, gehen sie tiefer hinunter, um ihre Ruhe zu haben.

Als ein plötzlicher Wind aufkam und das Wetter zu schlecht wurde, schickte die *Espadon* ihre Taucher vor Morgiou, in den neben Sormiou liegenden Buchten, ins Wasser. Auch die Polypen suchten dort Zuflucht, und wir fanden sie in den geschützten Zonen.

Bei schönem Wetter lag einer der besten Plätze für die Polypen vor Riou, an einer Stelle, die man »die Sandgrube« nennt. Das ist ein eingestürzter Deich, der vermutlich aus dem Ersten Kaiserreich stammt. Dort findet man unglaublich viele ganz kleine Polypen, die überall in geringer Wassertiefe spazierengehen. Und in 10, 12, 15 Meter Tiefe waren die Polypenwohnungen deutlich sichtbar.

Südlich der Insel Riou, auf das offene Meer zu, hat Falco 300 oder 400 Meter von der »Sandgrube« entfernt in 40 bis 50 Meter Tiefe an den Klippen entlang eine ganze Reihe von Wohnungen gefunden. Anscheinend werden sie von den Polypen nur bei schlechtem Wetter benutzt. Vor einer dieser Behausungen sah Bebert mehrere Maschi-

Die Behausung des Polypen mit der Kiesel-Befestigung.

Polyp auf römischen Amphoren vor der Insel Riou.

nengewehrkugeln, die ein *Octopus* als Schutzwall für sich aufgereiht hatte.

Während der Arbeit für diesen Film über die Polypen haben wir auf unseren langen Erkundungszügen unter Wasser das Vorgelände von Marseille in der Tiefe durchstreift.

Wir glaubten es gut zu kennen, aber diese Verfolgung der Polypen brachte uns einige unerwartete Funde ein.

Wir hätten nicht gedacht, daß dieser Grund so reich an historischen Souvenirs ist. Und dennoch liegt das antike Wrack vom Grand Congloué, an dem wir fünf Jahre lang Ausgrabungen vorgenommen haben (vgl. »Silberschiffe«), ganz in der Nähe der Insel Riou.

In Posidonienfeldern verborgen oder halb im Sand vergraben liegen dort Anker aus allen Epochen – Material genug für eine Geschichte der Ankerplätze seit 3000 oder 4000 Jahren. Diese Geschichte beginnt mit den flachen dreieckigen Steinen, die mit Löchern zum Durchstecken von Holzstücken durchbohrt sind nach einem System, das auf die Phönizier und die alten Griechen zurückgeht. Sie reicht bis zu den schweren bleiernen Ankerstöcken der Römerzeit und selbst zu den ganz modernen Stockankern oder den Draggen der Fischer.

Mit den Amphoren und Töpferwaren, gleich, ob von Polypen, manchmal auch von Muränen bewohnt oder nicht, ließe sich ein Museum der antiken Keramik einrichten. Aber wir konnten uns nicht den Kopffüßern widmen und gleichzeitig archäologische Forschungen betreiben. Da wir nicht in der Eile Schichten durcheinanderbringen wollten, die vielleicht später kostbare archäologische Hinweise liefern können, ließen wir alles an seinem Platz, nicht ohne manchmal voll Bedauern auf solch einen vielversprechenden Grabhügel oder Tumulus zu blicken, dessen Standort wir vielleicht nie wieder finden können.

Die Bucht von Morgiou ebenso wie die von Sormiou, wo die *Espadon* vor dem aufkommenden Wind Schutz fand, muß gewiß schon phokäischen, etruskischen, griechischen oder römischen Schiffen als Zuflucht gedient haben, wenn es ihnen nicht gelang, den Hafen von Marseille zu erreichen, der noch nichts anderes war als der Ankerplatz des antiken Lacydon. Aber das Wetter wechselt im Mittelmeer sehr schnell, und man kann niemals darauf vertrauen, daß man vor allen Überraschungen sicher ist. Falco hat in der Nähe der Insel Plane einen sandigen Grund mit Seegräsern gefunden, der lange Zeit für einen idealen Ankerplatz gegolten haben muß, der aber unhaltbar wird, sobald der Mistral aufkommt. Das war für uns ein ausgezeichnetes Unterwasserstudio, denn der Grund ist mit zerbrochenen Amphoren übersät.

Viele antike Schiffe müssen dort versunken sein. Aber verglichen mit der Geschichte des Lebens auf der Erde ist die Geschichte der Menschen sehr kurz, selbst wenn man sie auf so frühe Epochen zurückverfolgt, und ganz sicher haben schon lange vor der Gründung

Phokäas kleine Höhlen in den kalkigen Klippen von Sormiou und Morgiou den Vorfahren der Polypen, die wir dort sahen, Schutz geboten. Die Wohnstätten der Tiere entwickeln sich zwar langsamer, sind aber auch dauerhafter als die Wohnstätten der Menschen.

Man darf dabei jedoch nicht vergessen, daß unsere Mittelmeerpolypen ihren Platz wechseln und daß die Aussicht, sie anzutreffen, sich von Jahreszeit zu Jahreszeit ändert.

Dieser Platzwechsel vollzieht sich in vertikaler Richtung. Er wurde besonders von Frau Mangold im Arago-Laboratorium von Banyuls-sur-Mer untersucht, die uns auch beim Drehen unseres Filmes über die Polypen bereitwillig beraten hat.

Große Exemplare, die aus der Tiefe emporsteigen, kann man im Februar/März an den Küsten in geringer Tiefe antreffen. Die Männchen kommen vor den Weibchen an, um ihre Liebesromanze zu erleben.

Andere, jüngere Polypen trifft man im März/April in den flachen Gewässern. Sie verlassen sie erst im September/Oktober und gehen dann in eine Tiefe von 20 bis 100 Metern.

Offensichtlich werden die Polypen durch Stürme, vor allem durch die an den südlichen Küsten Frankreichs besonders heftigen Oststürme, dazu angeregt, die Ruhe der Tiefe zu suchen. Ein bewegtes Meer vertragen sie tatsächlich schlecht. Ist im Winter das Wetter ausnehmend milde, so kommt es vor, daß die großen Polypen ihre vertikale Wanderung nicht vollenden. Man findet sie dann an der Küste auf dem Grund, und nur die jüngeren oder schwächeren Exemplare suchen die Tiefe auf.

Die Kopffüßer haben überhaupt kein Organ, nach dem sich ihr Alter bestimmen ließe, wie das bei den Fischen mit Hilfe der Otolithen oder der Schuppen der Fall ist. Allein nach der Größe kann man sich eine Vorstellung vom Alter der Polypen machen. Dieses Problem ist aber noch lange nicht gelöst. Experimente haben ein stark beschleunigtes Wachstum von *Octopus vulgaris* nachgewiesen, wenn reichlich Nahrung vorhanden war. Der Experte A. Naef hat festgestellt, daß sich das Gewicht eines Polypen in einer Woche verdoppeln kann, wenn er ausreichend ernährt wird. Die Annahme, daß die größten Polypen die ältesten seien, dürfte damit falsch sein. Ihr außergewöhnliches Wachstum wird wohl in erster Linie auf die Ernährung zurückzuführen sein.

»Wenn man auch mit dem Alter übertrieben hat, das man den großen Kopffüßern zuschrieb«, sagt Frau Mangold, »so halten wir es doch für wahrscheinlich, daß zum Beispiel der von J. B. Verany gefundene Polyp, der 25 Kilo wog, älter war als die Mehrzahl seiner Artgenossen. Wenn das Durchschnittsalter einer Population 18 Monate bis 2 Jahre beträgt, so sind die großen Exemplare 4 oder 5 Jahre alt. Nach P. Pelseneer soll das Höchstalter des *Octopus vulgaris* 10 Jahre betragen.«

Zahlreiche Beobachtungen beim Tauchen werden uns eine zuverlässige Bestandsaufnahme der Polypen und eine genaue Übersicht über ihr Alter und ihre Lebensdauer ermöglichen. Auch die Studien bei der Aufzucht werden sichere Hinweise ergeben.

Eine andere Art, die *Eledone*, die im Unterschied zu *Octopus* mit seinen zwei Reihen von Saugnäpfen je Fangarm nur eine aufweist, richtet ihre Behausung stets viel tiefer ein als *Octopus*, bei etwa 50 Metern. Frau Mangold hat sogar im Mittelmeer Eledonen in viel größerer Tiefe aufgefischt, nämlich *Eledone moschata* oder Moschuspolyp, vor der algerischen Küste bei 250 Metern. Aber im Fischereigebiet von Port Vendres hat man kein Exemplar tiefer als 100 Meter angetroffen. Die größten dieser Tiere, die ihren Namen ihrem eigentümlichen Moschusgeruch verdanken, hatten eine Länge von 40 Zentimetern.

Falco hat in der »tauchenden Untertasse« Polypen bei 80, 100 Metern und noch tiefer gesehen; sie waren in den Schlamm eingegraben. Er sah nur ihre Arme und ihre glänzenden Augen. Fühlten sie sich gestört, so richteten sie sich auf und nahmen eine glockenförmige Stellung ein.

Die Eledone ist geselliger, aber weniger seßhaft. Sie ist kleiner als *Octopus*, und man sieht sie nach Falcos Aussagen selten die Farbe wechseln. Vielleicht deshalb, weil sie auf sandigem oder schlammigem Boden lebt und sich nicht in ständigem Wechsel der Farbe von Felsen, Posidonien oder Algenfeldern anpassen muß.

Beim Tauchen vor Marseille war Genest der große Spezialist für die zehnarmigen Sepien. Es ist schwer zu sagen, warum wir für den Tintenfisch *(Sepia officinalis)* weniger Sympathie empfanden als für den *Octopus vulgaris*. Tatsache ist, daß wir ihm in unserem Film nicht eine einzige Sequenz widmeten und daß wir von ihm nur wenige Unterwasseraufnahmen haben.

Aber daran ist der Tintenfisch vielleicht selbst ein wenig schuld: Er hat kein Haus und streift in Wasserpflanzen oder auf Sandgrund herum, auf der Suche nach einem Opfer. Als Genest die Sepien beim Jagen beobachtete, begann er sich für sie zu interessieren. Er beschrieb die Szene sehr gut, und dennoch kamen wir nicht dazu, sie zu filmen.

Die Sepia ernährt sich von Garnelen. Diese sind nun meist zur

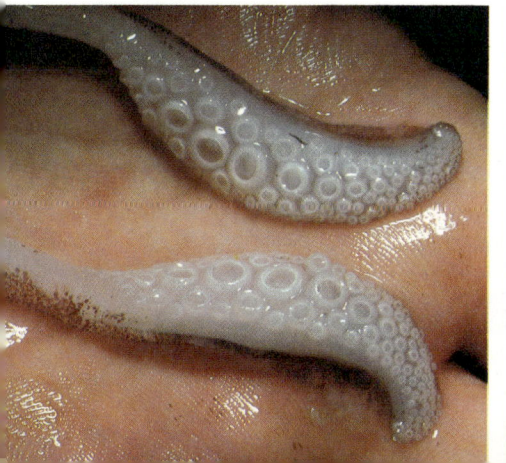

Oben: Die Sepia ist nicht so seßhaft wie *Octopus vulgaris*; man findet sie dicht über dem Boden. Unten links: Das spatelförmige Ende der beiden Fangarme. Unten rechts: Jean-Pierre Genest hält eine Sepia so, daß die beiden Fangarme herunterhängen.

Hälfte im Sand eingegraben. Aber die Sepia hat ein unfehlbares Mittel gefunden, um sie aufzustöbern: Sie bewegt sich auf dem Meeresboden vorwärts und »bläst« mit ihrem Sipho einen Wasserstrahl auf den Sand. Die Garnele flieht hastig, aber die beiden langen Fangtentakel des Tintenfisches strecken sich blitzschnell aus und packen zu. Das ist ein grausames, faszinierendes Schauspiel. So verfährt er auch mit einer Krabbe: Er heftet die Saugnäpfe seiner beiden Fangtentakel an sie und führt sie an sein Maul, wo er sie durch sein Gift bewegungslos macht, genau wie ein Krake.

Genest verstand es, an die relativ wenigen Tintenfische im offenen Wasser heranzukommen, ohne eine Flut von Tinte auszulösen. Vielleicht bestand sein Geheimnis darin, daß er von vorne an sie heranging, so daß sie ihn nach Belieben ansehen konnten, ohne in Verwirrung zu geraten; allerdings beträgt ihr Sichtwinkel beinahe 360 Grad. Wir trafen sie manchmal in Gruppen von zwei oder drei Tieren, offensichtlich unbeweglich, etwa 10 Zentimeter übereinander gestaffelt, mit welligem Flossensaum und großen starren, divergierenden Augen. Dieser durchsichtige Blick und ein etwas drolliges Aussehen hatten Genest dazu verführt, sich zu ihrem Verteidiger zu machen.

Die Sepien genossen bei der Mannschaft kein so hohes Ansehen wie die Kraken. Bei ihnen darf man keine solch lebhafte Tätigkeit der Arme erwarten. Nur ihre beiden größten Fangarme sind stets bereit, emporzuschnellen und auf ein Opfer niederzusausen. Sie haben keine Wohnstatt und bauen auch keine Mauer. Ihr ovaler, etwas abgeflachter Körper ist von einem Flossensaum umgeben, der ihnen meist dazu dient, sich auf der Stelle zu halten, weniger zur Fortbewegung. Wie andere Kopffüßer können sie sich durch Rückstoß bewegen, indem sie Wasserstrahlen durch ihren Sipho ausstoßen. Über die Lebenserwartung der Sepien ist wenig bekannt. Man glaubt, daß sie höher ist als die der Kraken. Sie dürften 4 bis 5 Jahre erreichen.

Ein weiteres Manko in den Augen der Taucher: Der Tintenfisch gibt sich weder Kriechübungen noch den Vorführungen seiner achtarmigen Vettern hin, wenn sie wie Höhlenforscher in einer Ritze verschwinden. Den ganzen oberen Teil seines Körpers nimmt ja ein starrer »Knochen«, der »Schulp«, ein.

Nur in einem einzigen Punkt übertrifft der Tintenfisch den Polypen: in seiner außergewöhnlichen Fähigkeit, die Farbe zu wechseln oder auf seiner Haut mehr komplizierte Muster nachzubilden. Seine Chromatophoren sind nämlich noch beweglicher als die des Kraken, und die Gabe der Mimikry erreicht bei ihm einen hohen Grad der

Vollendung. Mit seiner körnigen oder glatten, weiß, grün und braun geflecken Haut ist er in den Wasserpflanzen so gut getarnt, daß man ihn nur schwer erkennen kann.

Von diesem Talent konnten wir uns ausgiebig überzeugen, als uns Genest einen Tintenfisch an Bord der *Espadon* brachte. Wir hielten ihn ein paar Stunden im Aquarium und setzten ihn dann wieder ins Wasser, nachdem wir sein ganzes Repertoire an Tarnungen bewundert hatten – buntgestreift, braun, schwarz, überlaufen von Zickzackwellen mit goldenen Reflexen.

Man behauptet und lehrt sogar, daß die Sepien in der Küstenzone leben, in geringer Tiefe, auf Sandgrund, wo sie sich halb eingraben und nur ihre großen Augen und die Oberfläche ihres Rückens sehen lassen.

Aufgrund einer persönlichen Erinnerung vermute ich aber, daß die Sepien auch im offenen Wasser leben.

Es war 1948 vor den Kapverdischen Inseln. Die *Elie Monnier*, das Schiff der *Group d'Etudes et de Recherches Sous-marines* aus Toulon, hatte mit dem Suchgerät eine sehr dichte »Phantomschicht« festgestellt, die in 250 Meter Tiefe lag. Gleichzeitig war die *Elie Monnier* an der Oberfläche von zahlreichen Grindwalen umgeben, die sehr müde erschienen. Mir sind sonst nie Grindwale begegnet, die so ganz ohne Reaktionsvermögen waren – sie hatten einfach zuviel gefressen. Einer dieser Wale wurde harpuniert und seziert. Sein Magen enthielt 260 unverdaute Tintenfische und zahllose Schnäbel. Die diffundierende Schicht in 250 Meter Tiefe bestand aus einem ungeheuren Sepienschwarm.

So wie damals hatten wir auf den Fahrten der *Calypso* noch oft Gelegenheit festzustellen, wie wenig wir doch über das Leben in der Tiefe wissen. Wir wissen fast gar nichts über die Arten, die sich in 200 Meter Tiefe und darunter entwickeln. Wir wissen auch nichts über die Anzahl der Individuen, die diese Tiefen bevölkern. Später einmal wird man dank der Unterwassertechnik endlich das wirkliche Meer kennen, diese Wassermasse, die eine große Tiefe und nicht nur eine Oberfläche hat, an der die Tiere nur eben erscheinen. Für fast alle von ihnen läuft das wirkliche Leben unten in der Tiefe ab. Wir und unsere Mannschaft haben die Aufgabe, den Augenblick schneller herbeizuführen, in dem der Mensch leicht und lange genug in der Tiefe leben kann, um zu wissen, was dort vorgeht. Wir wollen Wegbereiter der Zukunft sein, einer Zukunft, die wir selbst sicher nicht kennenlernen werden; aber wir freuen uns, daß andere die schönsten Stunden der Ozeanographie erleben sollen, denn wir fangen gerade erst an, uns mit dem Meer vertraut zu machen.

# 5 Poulpeville

Unter den Steinplatten – Der »Pulpissimus« – Der Scheiben-
wischer – Der Versuch mit dem Glasgefäß – Verhalten und
Dressur – In der Reuse gefangen – Blicke im Meer – Der
Saugnapf als Hand

Alicastre ist eine Bucht an der Küste der Insel Porquerolles. Diese
Unterwasserlandschaft ist ganz anders als die vor der Insel Riou.
Unter dem Wasser setzt sich der Strand in einer Ebene fort, die sich
sanft neigt, und die ziemlich trist wäre, wenn es nicht hier und dort
spärlich verstreute Büschel von Seegräsern gäbe.
Dort hatten wir mit Dumas vor 25 Jahren unsere erste Polypen-
siedlung entdeckt, und ich hatte sie »Poulpeville«, Pulpenstadt,
getauft. Die Behausungen unterscheiden sich ziemlich von denen,
die wir vor Marseille gefunden hatten. Bei Riou, Sormiou oder
Friaul finden die Polypen eine relativ günstige Topographie vor:
Felsen, Klüfte, Höhlen und auch Steine für den Bau ihrer Mäuer-
chen, eventuell antikes Baumaterial wie Amphorenhälse oder Topfscherben. Der flache Strand von Alicastre aber besteht aus Sand
und Schlamm. Man fragt sich, wie die Polypen sich unter derart
ungünstigen Bedingungen niederlassen und überleben konnten.
Nun, sie haben es eben verstanden, aus allem, was sie fanden, ihren
Nutzen zu ziehen.
Offensichtlich gibt es eine vertikale Wanderung oder eine Ortsveränderung der Tiere, die sich nach dem Zustand des Meeres und
nach den Windverhältnissen richtet. Ich habe festgestellt, daß der
Wind in die Bucht eindrang, wenn der Mistral wehte. Er trieb
Abfall und Algen hinein. Sie überfluteten die Wohnungen der
Polypen, und diese waren darüber offensichtlich ganz außer sich,
denn der Polyp hat gerne ein sauberes Haus. Bei Tieren, die auf
dem Meeresboden leben, müssen durch den schwebenden Sand
wohl auch die Kiemen gereizt werden.
Wenn der Mistral kam, verließ der Polyp daher seinen Platz und
ging tiefer. Wenn wieder der Ostwind wehte oder das Wetter schön
wurde, kehrte er in seine Behausung zurück und säuberte sie.
In Alicastre wußten wir immer, wann das Wetter wechseln und
das Meer unruhig werden würde; denn die Polypen verließen die
Häuser von »Poulpeville« stets zuvor, um in eine Tiefe von 25 bis

30 Metern zu gehen. Dort blieben sie, bis sich das Meer wieder beruhigt hatte.

Zum Glück für die Polypen liegen da und dort flache Steine. Sie sind von Menschenhand behauen. Unter jedem von ihnen hat sich ein Polyp angesiedelt. Hinzu kommt, daß diese Unterkünfte in gewissem Abstand voneinander liegen; jedes Tier ist für sich.

Sie haben sich diese Löcher eingerichtet und unter den Platten einen 40 bis 50 Zentimeter langen Gang ausgehoben, in den sie hineinschlüpfen. Sie halten ihre Behausung in Ordnung, sind hinter dem Sand her und werfen Schalen und Panzer hinaus. So kann man gleich erkennen, ob ein Loch verlassen ist oder nicht, je nachdem, ob es ausgeräumt oder voll von Sand und Abfällen ist.

Wir haben die Polypen beim Hausputz beobachtet. Das »Gröbste« nehmen sie mit ihren Fangarmen weg, aber um Sand oder Schlamm hinauszuschaffen, pressen sie Wasserstöße aus sich heraus.

Außerdem erlebt Alicastre jedes Jahr die Ankunft der Touristenschiffe, der Jachten. Der Grund wird zu einem wahren Müllabladeplatz – ein Paradies für die Polypen: Rostige Büchsen, Flaschen, Sandalen, ja sogar alte Autoreifen haben ihnen zum Einrichten ihrer Häuser gedient.

In der Bucht von Alicastre haben wir die aufregendsten Sequenzen unseres Filmes gedreht.

Für die *Espadon* ist Marseille beinahe 6 Stunden von Porquerolles entfernt. Die Bucht von Alicastre ist sehr wenig geschützt, die Tiefe nur gering, und die *Espadon* hat – wenn sie auch leichter manövrierbar ist – beinahe den gleichen Tiefgang wie die *Calypso*. Wir hatten einen Heimathafen gewählt, der ganz in der Nähe liegt: Hyères. Von dort fuhren unser Filmleiter Michel Deloire und seine Leute jeden Tag im Morgengrauen aus. Frédéric Dumas, der sich schon seit 30 Jahren für das Leben der Tintenfische interessierte, hatte sich ihnen angeschlossen. Diese neuen Experimente waren dazu angetan, die Begeisterung, die er seinen Lieblingstieren entgegenbrachte, noch zu steigern.

»Die Bedingungen, unter denen wir drehten, waren schlechter als in Hollywood«, erzählt er, »und bei ähnlichen Anforderungen hätten uns die meisten Filmstars etwas gepfiffen. Man muß bedenken, daß sich unser auserwählter Polyp sechs Tauchern mit zwei Lampenbatterien gegenübersah, drei Kameras auf sich gerichtet – zwei davon surrten –, und daß man ebenfalls wie in Hollywood die gleiche Szene vier- oder fünfmal von vorne begann. Wenn man schon alles für gewonnen hielt, hob Michel Deloire in dem Augenblick die

Ein Taucher betrachtet den Polypen, der in eine Fischreuse geschlüpft ist.

Hand: ›Halt!‹ Die Beleuchtung war ungenügend oder schlecht ausgerichtet, oder man mußte eine andere Perspektive suchen. Alles fing wieder von vorne an.«
Dreimal hatten wir zum Beispiel einem Polypen die Krabbe, die wir ihm gegeben hatten, wegnehmen und die Szene neu beginnen müssen. Er benahm sich sehr gut, denn er hatte verstanden, daß man ihm Futter brachte und keine bösen Absichten hegte. Aber er tat nur das, was er wollte. Wir mußten warten. Es war eine Geduldsprobe.

Taucher und Kameraleute verbrachten dreieinhalb bis vier Stunden unbeweglich im Wasser – im September! Beim Tauchen friert man nicht allzu sehr, wenn man schwimmt; aber hier mußte man völlig unbeweglich bleiben, um den Polypen nicht zu erschrecken. Er sollte ja frei und spontan beschließen, dies oder jenes zu tun. Wir wollten Bilder von dem Tier, die sein natürliches Verhalten zeigten.

In Riou war man niemals sicher, ob man den gleichen Polypen im gleichen Loch wiederfinden würde, während in Alicastre jeder für zwei bis drei Tage am gleichen Platz war. Man konnte sie kennenlernen und die verschiedensten Beziehungen mit ihnen anknüpfen. Wir sahen, daß sie nicht gleichartig reagierten und daß ihr Charakter sehr unterschiedlich sein konnte. Die einen zeigten sich ängstlich, die anderen neugierig und sogar zutraulich.

Der ausgefallenste »Star« war ein Polyp, der größer und offensichtlich auch schlauer war als die anderen. Wir hatten ihn den »Pulpissimus« getauft. Das war ein 4 bis 5 Kilo schweres und beinahe 2 Meter langes Tier, also lange nicht so groß wie die Kraken von Seattle, aber listiger und auch lebhafter.

Sehr schnell brachte er seine Neugier für diese unbekannten Wesen, die Taucher, zum Ausdruck. Allerdings beschränkte sie sich zunächst auf den Versuch, Genest das Atemmundstück abzureißen; er zog es mit zwei Armen hoch und weigerte sich einen Augenblick, es wieder loszulassen. Aber beim dritten oder vierten Besuch kam er aus seinem Loch heraus, um im offenen Wasser aus der Hand zu fressen. An den folgenden Tagen war er schon draußen, wenn Dumas ankam. Normalerweise getraut sich kein Polyp, das zu tun. Was zeigte ihm wohl das Kommen seiner Freunde an?

Es ist absolut sicher, daß der »Pulpissimus« auf diese Besuche wartete. Zwar kann man wohl kaum behaupten, daß er Dumas und die anderen Taucher kannte, aber dennoch hatte er eine Vorliebe für manche und fühlte sich mit ihnen vertrauter.

Das Spiel bestand darin, daß man sich mit kleinen Schlägen der flachen Hand rückwärts bewegte, um ihn in die Gruppe der Taucher zu ziehen. Er schaute sie an, er folgte ihnen – fast bis zur *Espadon*. In diesem Augenblick war er ganz nahe an der Oberfläche. Das war wirklich ein außergewöhnlicher Polyp.

Es kam auch vor, daß er ganz plötzlich Angst bekam, ohne daß man hätte sagen können, warum. Er sauste plötzlich davon, und auch eine verführerisch angebotene Krabbe oder ein verlockender Fisch konnte ihn nicht davon abhalten. Dann steuerte er geradewegs auf sein Loch zu, oder er verschwand sogar im ersten besten Versteck.

Er wohnte nicht unter einer Steinplatte wie die anderen Bewohner von »Poulpeville«, sondern besaß ein hübsches Haus, geräumig und schön ausgehoben, unter einem großen schrägliegenden Blech, das halb in den Sand eingegraben war. Diese Behausung war viel sicherer, weil sie mehrere Ausgänge hatte. So konnte unser kapriziöser »Pulpissimus« auch manchmal mit den Kameras Versteck spielen. Er kam an einer Stelle heraus, während wir ihn an der andern erwarteten.

So verständig er auch war – seine Gefälligkeit gegenüber den Menschen hatte doch Grenzen. Was mag wohl aus ihm geworden sein? Ich habe Angst, daß ihm die Neugierde gegenüber den Menschen, die wir ihn gelehrt haben, schließlich einen bösen Streich gespielt haben könnte. Das geschah am Ende auch mit einem anderen längst verflossenen Freund, dem Zackenbarsch Jojo.

Man darf nicht glauben, daß diese Polypen von Alicastre ausschließlich an ihrer Platte hingen; aber auf diesem Sandgrund hatten sie keinen anderen Unterschlupf.

Frédéric Dumas dachte sich viele Experimente aus, die noch nie an Polypen im Meer ausprobiert worden waren. Damit man die einzelnen, offensichtlich verschiedenartigen Tiere wiederfinden konnte, wurde jedes Haus in »Poulpeville« mit einer kleinen farbigen Boje markiert, die wir Taucherboje nannten.

Der erste Versuch bestand darin, daß man einem für besonders »aggressiv« geltenden Polypen einen Spiegel vorhielt, so, wie wir es mehrere Male mit den Zackenbarschen im Roten Meer und im Indischen Ozean getan hatten. Die Zackenbarsche hielten ihr eigenes Bild für das eines Rivalen, der in ihr Territorium eindrang; wütend stürzten sie sich auf das Glas und zertrümmerten es.

Der Polyp zeigte kein derartig »offensives« Verhalten, aber ein ganz seltsames Benehmen. Einen Augenblick verharrte er unbeweglich und fixierte dabei eindringlich den Spiegel. Dann schnellte er einen Arm vor, streckte ihn über die ganze Breite des Spiegels aus und begann darauf zu reiben oder den Arm wie einen Scheibenwischer hin und her zu schwenken, als wolle er das Bild auslöschen. Er hielt inne, schaute, begann von neuem, sah aus, als würde er nachdenken, kehrte dann verstört in sein Loch zurück und weigerte sich, es noch einmal zu verlassen.

Im Laufe dieser Experimente hatte er eine große Menge Krabben verzehrt, die dem Polypen zur Belohnung geschenkt wurden. Um sie anzulocken und aus ihren Löchern herauszuholen, wollte Dumas ihnen keine lebenden Krabben anbieten, da sonst der Verbrauch zu

Dem Polypen ist es gelungen, eine Languste aus der Reuse zu holen.

groß gewesen wäre, sondern Krabbenfleisch im Wasser zerbrök-
keln. Die Polypen waren durch den Geschmack ihrer Lieblings-
speise angestachelt, und das ergab eine günstige Atmosphäre. Zer-
drücktes Krabbenfleisch, in das Haus eines Polypen gegeben, lockt
ihn an, und er ist bald entsetzlich aufgeregt. Der Geruchssinn ist ja
bei ihm hochentwickelt.
Die Crew verbrachte Stunden damit, Krabben zu zerbrechen, aber
die Taucher amüsierten sich sehr, wenn sie sahen, mit welcher
Geschicklichkeit die Polypen das kleinste Fleischteilchen ergriffen
und von einem Fangarm zum anderen weitergaben. Das Ende jedes

Armes ist eine »Antenne«, deren Wahrnehmungen anscheinend außergewöhnlich fein sind. Der Polyp verfügt über ein Instrument, das mindestens ebenso sensibel und geschickt ist wie die Hand, das aber aus ganz anderen Elementen besteht: keine zum Greifen geeigneten Finger und Daumen – ein System, das gleichzeitig umwickelt und haftet, dabei aber außerordentlich wirkungsvoll ist.
Die beste Szene, die sich Frédéric Dumas ausdachte, sollte zeigen, wozu ein Polyp fähig ist. Man mußte ihm ein schwieriges Problem stellen, zu dessen Lösung er aber durch seine Naschhaftigkeit angeregt wurde.

Der Polyp verschlingt die Languste.

Eines Morgens verläßt die *Espadon* den Hafen von Hyères mit der ganzen Mannschaft, einer lebenden Languste und einem ziemlich großen Glasgefäß, verschlossen mit einem großen Korken, durch den ein kleines Loch gebohrt ist. Vor Alicastre gehen die Taucher ins Wasser. Einer von ihnen trägt das mit Wasser gefüllte Glasgefäß, in das Dumas eine Languste gesetzt hat.

Michel Deloire hat es vorgezogen, sich bei dieser Probe nicht an den stets etwas kapriziösen »Pulpissimus« zu wenden, dessen Verhalten nicht vorauszusehen ist. Die Wahl fiel auf einen weniger großen, ruhigeren, bedachtsameren Artgenossen, »Nummer 2« genannt. Er ist zutraulich und ein guter Bekannter von uns.

Dumas stellt das Glas mit der Languste vor das Haus von »Nummer 2«, die klassische Platte von »Poulpeville«: Sein Eingang ist mit einer alten Flasche befestigt, die einmal Sonnenöl enthalten hat, und auf der ein paar kleine Schwertmuschelschalen schimmern. Der Polyp ist an die Taucher und ihre Gaben gewöhnt und steht schon auf der Schwelle. Er sieht das Glas, das weit genug entfernt ist, daß er es nicht erreichen kann, ohne herauszukommen. Sicher nimmt er auch die Languste darin wahr.

Einen Augenblick zögert er. Kameraleute und Taucher umringen ihn, alle Lampen leuchten auf. Das muß sehr eindrucksvoll für ihn sein. Aber die Versuchung ist groß. Er kriecht, streckt sich, gibt seinen Schlupfwinkel auf – zwei Arme bleiben noch zögernd darin – und ist dann endlich draußen. Die Taucher halten den Atem an.

Plötzlich schnellt ein Arm heraus und saust wie ein Peitschenriemen auf das Glas nieder. Der Polyp erstarrt, ist überrascht. Sein Angriff auf eine so schöne Beute hatte nicht den gewohnten Erfolg: Die Languste ist immer noch da – doch er kann sie nicht erreichen. Wie soll ein Polyp verstehen, was Glas ist?! Er wechselt die Farbe, wird rot… Verlegenheit, Überraschung, Zorn kommen in seiner Pigmentierung zum Ausdruck. Er verbirgt seine Gefühle nicht.

Die ganze Zeit über sagt sich Frédéric Dumas: »Er denkt nach. Er sucht. Was wird er tun? Wird er irgend etwas erfinden?« Und pausenlos drehen die beiden Kameras.

Der Polyp hat sich entschlossen, die Taktik anzuwenden, die stets gegenüber Krebstieren von dieser Größe erfolgreich ist. Er umfaßt das Glas mit seinen Armen, dann bedeckt er es, schiebt sich hinauf, stülpt seinen Mantel darüber. Normalerweise müßte er dann seine Beute durch das Gift in seinen Speicheldrüsen lähmen. Ein wenig beunruhigt bewegt sich die Languste im Glas. Und diese Bewegung kann die Ungeduld des Polypen nur erhöhen; er versucht nun, das Glas in seine Behausung zu ziehen.

»Halt!« bedeutet uns Deloire, indem er die Hand hebt. Alles muß wieder von vorne anfangen. Die Aufnahme ist nicht gut. Genest holt das Glas unter dem Mantel des Polypen hervor, und wir beginnen von neuem mit unserem schwierigen Experiment.

Aber diesmal ist das Tier mißtrauisch. Statt sich auf die Beute zu stürzen, tastet es mit einem Fangarm, dann mit einem andern, langsam diese durchsichtige Kugel ab. Der Arm gleitet herab, geht herum, schiebt sich wieder hinauf und entdeckt den weit herausragenden Korken. Dort hält er inne und tastet – bis er das Loch spürt, das durch den Korken gebohrt ist. Die Spitze des Armes gleitet hinein und erreicht die Languste. Diese Berührung ruft plötzliche Bestürzung beim Angreifer wie bei seinem Opfer hervor. Vor Schreck hat die Languste heftig mit dem Schwanz geschlagen. Der Polyp hat gespürt, daß sie ganz lebendig ist. Aber was tun?

Weitertasten, erkunden, suchen, ziehen? Das ist kein Schauspieler, kein Statist mehr. Da ist eine Intelligenz am Werk, die selbst die Anwesenheit der Menschen vergessen hat. Sein Atemrhythmus wird schneller. Er wechselt unaufhörlich die Farbe. Und trotz seiner Aufregung ist er noch fähig, sein Problem zu »durchdenken«.

Nach langem Zögern legt unser Polyp zwei Arme um den Korken; er strengt sich an, und plötzlich springt der Korken hoch, saust nach oben, daß er einen Augenblick die Arme mit sich zieht, die an ihm kleben. Aber zwei andere Arme wühlen schon im Innern des Glases, reißen die Languste heraus, und sie empfängt den entscheidenden Stoß mit dem Schnabel; dann rührt sie sich nicht mehr. Er trägt sie in sein Loch. Der Polyp kann in Ruhe seine wohlverdiente Beute genießen. Er wird den Nachmittag damit verbringen.

Ich habe diese Szene beschrieben, als hätten sich ihre einzelnen Phasen in nahtloser Folge abgespielt; aber in Wirklichkeit mußte sie mehrmals neu begonnen werden. Sie dauerte mehr als drei Stunden.

»Bei der dritten Wiederholung«, berichtet Dumas, »hat der Polyp an dem Korken gezogen wie ein Könner. Wenn man bedenkt, wie lange man braucht, um einen Hund so einfache Gesten zu lehren wie Pfötchengeben oder Männchenmachen, dann muß man zugeben, daß der Polyp sehr schnell lernt, und vor allem lernt er ganz allein. Man paukt ihm nichts ein, er selber versteht und findet die Lösung seines Problems. Dagegen braucht man monatelang Geduld, um einen Hund dazu zu bringen, daß er tut, was man will.« Das unterscheidet die Dressur vom Experiment mit einem in Freiheit lebenden Tier, von dem man nichts anderes verlangt, als daß

es seine Intelligenz und seine verfügbaren Mittel gebraucht, um sein Verhalten den Umständen anzupassen.

Der Versuch mit dem Glasgefäß ist deshalb besonders bedeutsam, weil man im Film sieht, wie sich der Polyp anfangs auf seine gewöhnliche Angriffstaktik verläßt. Sie besteht darin, daß er sich im günstigsten Winkel aufstellt, um eine Beute zu erreichen, und dann auf sie herabstößt wie ein Sperber. Als er sah, daß er mit Hilfe der traditionellen Technik nichts erreichte, suchte er zu verstehen. Er betastete den Gegenstand, der sich zwischen die Languste und ihn schob. Er fühlte, daß dieser Gegenstand nicht überall eine gleichförmige Berührungsfläche bot. So entdeckte er, daß ein Korken vorhanden und in diesem ein Loch war. Möglicherweise hat er so den schwachen Punkt gefunden, den Punkt, an dem er eindringen konnte, und der ihm zur Berührung mit der Languste verhalf. Von da an hatte er schon mehr als halb gewonnen. Er merkte, daß sich der Korken bewegen ließ, und das nutzte er aus.

Experten wie Packard und Sanders, mit denen wir zusammengearbeitet haben, lehnen es ab, im Hinblick auf dieses Experiment von der »Intelligenz« des Polypen zu sprechen. Ich glaube, daß es nicht so sehr auf Worte ankommt; erstaunlich ist das Ergebnis.

Diese hohe Entwicklung des Tastsinnes muß den Polypen zu vielen Eingebungen verhelfen, wenn sie Verhaltensweisen für unbekannte oder Ausnahmesituationen finden sollen. Sie haben ein ganz spezielles Empfindungsvermögen, denn ihre Haut ist äußerst empfindlich und sogar leicht verletzlich. Es kam mehrmals vor, daß wir sie anfaßten, um sie zum Fotografieren an einen günstigeren Platz zu bringen; und dabei stellten wir enttäuscht und verwirrt fest, daß unsere Hände weiße Flecken auf ihnen zurückgelassen hatten, an denen die Pigmentierung der Haut verlorengegangen war.

Die Fischer klagen oft, daß die Polypen ihre Netze plündern und ihnen die schönsten Fische wegnehmen. Wir wollten sehen, ob diese Anschuldigung begründet sei. So versenkten wir in der Nähe eines Loches von »Poulpeville« ein Netz und hakten selbst darin Fische an. Die Taucher stellten Lampen und Kameras auf und harrten geduldig der Dinge, die da kommen sollten. Der Polyp stieg aus seiner Höhle, kroch auf dem Grund entlang, stemmte sich dann hoch und reckte seine Arme, nahm die Fische ab, die mit den Kiemen zwischen den Maschen gefangen waren, und verzehrte sie in seinem

Ein Taucher bringt ein Glasgefäß mit einer gefangenen Languste nach unten.

Loch. Die Art, wie er vorging, war recht merkwürdig. Es widerstrebte ihm offensichtlich, den Boden zu verlassen. Nur einen Arm schnellte er wie mit einem Peitschenschlag vor und traf damit blitzschnell die Fische, klammerte sich aber noch immer am Meeresgrund fest. Wir hatten sehr oft den Eindruck, daß der Polyp eher ein Kriechtier ist als ein Schwimmer. Es müssen ihn erst Angst oder große Aufregung dazu treiben, daß er sich ins offene Wasser begibt, vor allem aber, daß er den Rückstoßantrieb gebraucht, der ihm dank Mantel und Sipho möglich ist. Er bewegt sich ja dann rückwärts und kann nicht nach vorne sehen. Da seine Augen nach der anderen Richtung gewandt sind, kommt es vor, daß er sich an den Felsen stößt.

In Alicastre ereignete sich ein seltsamer Zwischenfall. Es ist schwer, einen Kommentar dazu zu geben, und so beschränke ich mich darauf, den Hergang zu berichten.
Michel Deloire und Henri Alliet fanden eines Morgens einen toten Polypen auf dem Grund. Er war ganz weiß und arg zerdrückt. Unmöglich zu sagen, was mit ihm passiert war.
Ohne bestimmte Absicht legte Alliet den Kadaver in die Nähe einer Polypenwohnung. Die beiden Filmleute waren sehr erstaunt, als sie den dort hausenden Polypen beinahe augenblicklich herauskommen, den Toten ergreifen und 7 bis 8 Meter weiter wegtransportieren sahen. Danach kehrte er in sein Loch zurück. Warum tat er das? Ein Geheimnis. Man hätte eher gedacht, er würde die Überreste seines Artgenossen auffressen. Das geschieht ja auch im allgemeinen nach einem Kampf.
So gibt es im Verhalten der Polypen ganz entschieden Feinheiten, die sich unserem Verständnis entziehen.
Aber dennoch fällt es uns schwer, von einer »Achtung vor den Toten« bei den Polypen zu sprechen. Ich möchte eine andere Erklärung vorschlagen, die größere Wahrscheinlichkeit besitzt. Geschmack, Geruch und chemischer Sinn sind bei den Kopffüßern stark entwickelt. Möglicherweise gab dieser Kadaver Ausdünstungen von sich, die der Polyp als »unangenehm« empfand. Seine Geste bleibt deshalb nicht weniger überraschend. Sie hat etwas erstaunlich Menschliches. Diesen störenden Kadaver aufzuheben, um ihn von seiner Wohnstatt wegzubringen, setzt eine Reihe von Gedanken, Abwägungen und Entscheidungen voraus, deren nur wenige Tiere fähig sind.
Die Fischer beschuldigen die Polypen nicht nur, daß sie ihre Netze verwüsten, sondern daß sie auch die Langusten fressen, die sich in

ihren Reusen fangen. Auch diese Erfahrung mußten wir selbst machen. Wir wollten im Wasser, beim Tauchen, die Vorgänge verfolgen.

So ließen wir eine Reuse hinunter, in der mehrere lebende Langusten saßen. Wir stellten sie in die Nähe einer Polypenwohnung auf den Grund, so daß der Polyp von seinem Loch aus die Langusten bemerken konnte. Ringsherum hatten wir uns mit unseren Kameras eingerichtet. Wir brauchten nicht lange zu warten. Nach zehn Minuten war der Polyp auf dem Deckel der Reuse und versuchte, seine Arme hineinzustecken, um die Langusten zu erreichen. Dann untersuchte er die ganze Reuse von außen, um den Eingang zu finden. Vor der Öffnung hielt er an. Er muß gespürt haben, daß es eine Falle war. Und wirklich zögerte er einen Augenblick, aber seine Gier war stärker. Er kroch hinein.

Dann kam es zu einer ganz seltsamen Szene. Der Polyp fühlte sich gefangen. Er fand den Ausgang nicht mehr. Eine große Languste versperrte ihm außerdem den Weg. Aber er wagte nicht, sie anzugreifen. Falco mußte mit der Kamera in der Hand zwei Stunden warten. Als er nicht weit entfernt einen kleinen Polypen sah, nahm er ihn in die Hand und ließ ihn ebenfalls in die Reuse gleiten. Wir waren gespannt, was passieren würde.

Als der große Polyp den kleinen kommen sah, sprang er auf ihn und ließ ihn unter seinem Mantel verschwinden. Aber drei Minuten später erschien der Kleine wieder; entweder konnte er entkommen, oder der Ältere ließ ihn laufen. Jedenfalls hatte er es eilig, aus der Reuse herauszukommen.

Dieser Zwischenfall gab unserem gefangenen Polypen offensichtlich seine ganze Kühnheit wieder. Mit einem Schwung stürzte er sich auf die Languste, nahm sie zwischen seine Arme und ließ sie unter seiner Schirmhaut verschwinden. Sie war ziemlich groß und verstand sich zu wehren. Aber plötzlich war sie gelähmt; das Gift hatte gewirkt.

Sobald sie bewegungslos war, wollte der Polyp sie herausschleppen. Unmöglich, die Öffnung zu finden, die Beute paßte nicht hindurch! Er fühlte sich auch selbst blockiert. Der Polyp ist jedoch ein Tier mit sehr lebhaftem Freiheitssinn. Wir sahen, wie er äußerst verwirrt wurde, vor Angst die Farbe wechselte, sich aufblies, sich streckte bei dem Versuch, den Durchgang zu erzwingen. Es gelang ihm nicht. So kehrte er zu seiner Languste zurück, saugte ein bißchen daran, dann ergriff ihn wieder panische Angst, und er versuchte zu entkommen, als ob er nicht glauben könne, daß er wirklich gefangen war. Aber er war es eben doch. So kroch er in seinem Gefängnis im

Kreis herum. Dreimal lief die gleiche Szene ab. Aber die Taucher waren durchfroren, die Kameras mußten neu geladen werden, es wurde Abend, und wir mußten wohl oder übel darauf verzichten, den letzten Akt dieses kleinen Dramas zu sehen.

Am nächsten Morgen, als die *Espadon* an diese Stelle zurückkam, war die Reuse noch da. Sie enthielt nur den leeren Panzer der Languste, aber dem Polypen war die Flucht gelungen. Er war in sein Loch zurückgekehrt und richtete einen Blick auf die Taucher, in dem sie Ironie zu lesen glaubten.

Der Polyp zieht den Korken heraus.

Der Polyp macht sich über die Languste her.

Falco, Dumas, Deloire – alle sprechen von diesen Polypenblicken, vor allem bei den Polypen, denen man Probleme stellt oder auf die man bei den Versuchen trifft. Gewiß kann das Tier Objekte und Umwelt mit seinen Fangarmen erforschen, abeɪ es schaut auch, und vor allem beim Schauen faßt es seine endgültige Entscheidung. Man möchte fast sagen: Es versteht mit Hilfe des Gesichtssinnes.

»Ich habe Unmengen Fische gesehen und bin ihrem Blick begegnet«, erzählt Falco. »Es sind immer die gleichen Augen: rund, starr, ohne einen wirklichen Funken, der eine Empfindung auslösen könnte. Man weiß nicht einmal, ob sie überhaupt sehen. Sie sind empfindlicher für das, was ihre Seitenlinie anzeigt. Wenn ich die Augen eines Polypen forschend betrachtete, hatte ich dagegen sehr oft den Eindruck, daß er ›dachte‹. Man spürt, daß er das Objekt sieht, es aufs Korn nimmt, daß in ihm etwas vorgeht. Um diesen Eindruck noch zu verstärken, bringt er seine Gefühle durch Farbveränderungen zum Ausdruck. Häufig zeigt dieser Wechsel sein verzweifeltes Bemühen um eine bestimmte Beute.«

Alles, was sich bewegt und weiß oder farbig ist, lockt ihn an. Wenn der Taucher sich ganz langsam nähert, wenn er mit seiner Hand oder einem weißen Tuch winkt, dann geht der Polyp nicht etwa tiefer in sein Loch, sondern läßt seine Augen sehen, beginnt sie hervorzustrecken und sanft in einer flachen Kreisbahn spielen zu lassen. Jedes Auge kann einen anderen Ausschnitt überblicken – sie sehen einfach alles.

Wir wollen noch darauf hinweisen, daß es unserer Freundin Anig Toulmony gelungen ist, Polypen zu hypnotisieren. Sie blickt ihnen fest in die Augen und läßt sie dadurch in ihrer Bewegung erstarren; ihr Blick bleibt einzig auf sie geheftet – verständlich, daß sie dieses hübsche Mädchen gerne anschauen.

Man sollte dabei nicht vergessen, daß bei allen höheren Wesen nicht das Auge sieht, sondern das Gehirn. Der Bildeindruck auf der Netzhaut ist nur das Anfangsstadium des Sehens. Das Bild muß noch an das Gehirn übermittelt werden, wo es »verarbeitet« wird. Man darf annehmen, daß diese Auswertung hinreichend gesichert ist, wenn das Tier durch seine Reaktionen zu erkennen gibt, daß es sehr wohl versteht, was man ihm zeigt.

Wenn sich ein Polyp für das interessiert, was man ihm vorlegt, wird sein Blick intensiver. Er streckt einen Arm vor, dann noch einen. Er versucht das, was er sieht, zu berühren. Nur wenn er nicht besonders zutraulich geworden ist, hält er sich so lange wie möglich mit zwei oder drei Fangarmen an seinem Unterschlupf fest: Sein Schutzbedürfnis ist stärker als seine Neugier.

Die Beobachtungen der Taucher stimmen in einem Punkt ausdrücklich überein: Entgegen bisherigen Behauptungen hat es den Anschein, daß die Arme differenziert sind, und daß darum auch nicht jeder Arm alle Aufgaben erfüllen kann. Vielmehr sind die beiden sogenannten dorsalen Arme in der Achse der Augen Forschungs- und Fangarme; mit ihnen tastet und greift das Tier. Alle Arme können beträchtlich verlängert werden. Alliet schätzt, daß der Spielraum bei einem Polypen mittlerer Größe von 2 bis 3 Kilo Gewicht etwa 10 bis 12 Zentimeter beträgt. Gleichzeitig verringert sich der Durchmesser, und die Arme werden vor allem am Ende sehr fein. Er arbeitet auch mit den beiden neben den dorsalen liegenden Armen. Mit ihnen erhascht er Steine oder Krabben. Außerdem ist er in der Lage, die Bewegungen, die man als »offensiv« bezeichnen könnte, wunderbar zu koordinieren – dank einem Koordinationszentrum im Gehirn, das ihm eine Entscheidung über sein Verhalten in einer widersprüchlichen Situation ermöglicht, so, wenn zum Beispiel ein Arm eine Krabbe ergreift, ein anderer dagegen einen nicht ganz geheuren Gegenstand abtastet.

Die bauchwärts gelegenen oder ventralen Arme scheinen eher zum Verankern bestimmt. Der Polyp ist darauf bedacht, sich stets einen Haltepunkt am Felsen oder an seiner Grotte zu sichern. Dieser Kontakt gibt ihm Kraft und Sicherheit. Er weiß, daß er im offenen Wasser viel leichter verletzbar ist. Wenn er sich an einem festen Punkt anklammert, ist er viel stärker.

Genest streckte gern einem zutraulichen Polypen sachte seinen nackten Arm hin. Er blieb lange genug unbeweglich und erreichte so, daß das Tier einen Arm und dann noch einen vorschnellte. Seine Saugnäpfe tasteten, bewegten sich weiter, zogen an Genests Arm, als wollten sie ihn ins Loch bringen; er aber rührte sich nicht. Mit der anderen Hand hielt er – stets in einiger Entfernung – dem Polypen ein Stück von einer Krabbe oder einem Fisch hin, bis sich das Tier zum Herauskommen entschloß. Genest mußte viel Geduld aufbringen und äußerst langsame Bewegungen machen.

Er erreichte schließlich, daß sich der Polyp auf ihm niederließ. Er schlüpfte manchmal zwischen seinen Rücken und die Flaschen oder setzte sich oben auf seinen Helm oder seine Maske. Auf diese Weise brachte Genest einen Polypen an Bord der *Espadon*, ohne ihn anzufassen.

Man kann eben sehr viel mit einem Polypen machen, wenn man es versteht, mit ihm umzugehen.

Im offenen Wasser kann man mit ihm spielen, aber das braucht viel Zeit, und man muß ganz sachte dabei vorgehen. Frédéric Dumas hat sich darin immer besonders geschickt gezeigt.

Aber wenn man eine solche Begegnung nicht verderben will, muß man dem Polypen im richtigen Augenblick gestatten, daß er sich ruhig zurückzieht, wenn er genug hat. Er kriecht wieder in sein Loch, denn er weiß, daß er dort geschützt ist, und fühlt sich wieder geborgen nach einer Erfahrung, die für ihn etwas ganz Außergewöhnliches sein muß. Der Kontakt mit diesen Ungeheuern, den Tauchern, muß ihn erschrecken und zugleich seine Neugier befriedigen, aber es ist wunderbar, wie schnell er sich daran gewöhnt.

# 6  Ein allzu früher Tod

Das eleganteste Meerestier – Herrscher des Meeres – Eindrucksvolle Waffen – Ein Gehirn mit 500 Millionen Zellen – Die beiden Scheiben – Drei Jahre Lernzeit

Falco sah, wie ein Polyp außergewöhnliche Gebärden machte. Auf dem Boden seiner Höhle dehnte er einen Arm und schwenkte ihn sacht. Man konnte die leise wiegenden Saugnäpfe als weiße Flecken im Wasser erkennen. Es war nicht das erstemal, daß Bébert beim Tauchen einen Polypen bei dieser geheimnisvollen Beschäftigung überraschte, und er hatte einen Verdacht.
Um die Richtigkeit seiner Vermutung zu bestätigen, suchte er eine kleine Krabbe und setzte sie etwa 20, 30 Zentimeter von der Behausung des Polypen entfernt auf den Grund. Dann zog er sich etwas zurück, um zu sehen, was geschehen würde. Auge in Auge, durch das Eingreifen Falcos sicher verwirrt, rührten die Krabbe und der Polyp sich nicht. Dann begann sich der Arm ganz sachte zu wiegen und schwenkte dabei im Wasser die weißen Scheiben der Saugnäpfe. Plötzlich sauste die Krabbe los und lief, so schnell sie ihre Beine trugen, gerade auf den Arm zu. Noch bevor sie ihn erreichte, war sie mit dem Lasso gefangen, geknebelt, verschwunden unter dem Mantel. Der Polyp fischt nämlich Krabben wie wir selbst, indem er einen weißen Gegenstand schwenkt. Viele Meerestiere stürzen sich auf das, was sich bewegt und einen hellen Fleck bildet. Aber woher weiß der Polyp das?
Einer von uns beobachtete eine Szene, die vielleicht noch mehr überrascht. Er hatte eine große, grünlichweiße Melone ins Wasser geworfen, nachdem er ein Stück davon abgeschnitten und für ungenießbar befunden hatte. Die Melone trieb dahin, aber plötzlich sah man sie rollen, schwanken, Arme umschlangen sie und zogen erfolglos daran. Unter Wasser spielte sich die Szene folgendermaßen ab: Der Polyp war kleiner als die Melone. Er mühte sich ab, um sie auf den Grund zu ziehen, aber da er sich nirgends festklammern konnte, rollte sie mit ihm; es war eine nutzlose Balgerei. Da entschloß er sich, sie an die nahegelegene Küste zu bringen. Er begann sie zu ziehen, indem er sich durch Kontraktion der Membrane stoßweise vorwärtstrieb. Sobald er mit einem Arm am Felsen fest-

geklammert war, konnte er die Melone hinunterdrücken – doch sie rollte, entwischte ihm und sprang an die Oberfläche wie ein Ballon. Mit viel Geduld konnte unser Polyp endlich an einem kleinen Felsvorsprung entlang seine Melone hinunterziehen und sie unter einen Überhang zwängen, der vielleicht seine Grotte war.

Mögen die Polypen Melonen gerne, fressen sie sie, wie sie auch harte Eier, die wir ihnen gaben, nicht verschmäht haben? Ich bezweifle das, aber es gibt bei ihnen ein Bedürfnis, zu rauben, und sie sind von einer Neugierde besessen, die sie das in ihre Gewalt zu bringen treibt, was sie sehen und was sie nicht kennen.

Dazu kommt noch etwas anderes, was in diesen beiden Szenen ganz evident wurde. Die Polypen sind Tiere, die überlegt handeln können. Ihr Tun, ja selbst ihre Erfindungen erweisen sich als spontan, wirkungsvoll, zweckmäßig, fast möchte man sie als vernunftbegabte Wesen bezeichnen, als »erfinderisch«.

Wie wir in diesem Kapitel sehen werden, konnten wir in zahlreichen Experimenten feststellen, daß sie in der Lage sind, zu lernen. Aber viele von uns, die sie im Meer aufgesucht haben, sagen, daß sie vor allem fähig sind, zu verstehen.

Man muß wie wir monatelang mit den Polypen gelebt haben, mit ihnen im gleichen Wasser geschwommen sein, dieselben Klippen und Algen gestreift haben, um zu wissen, wie schön die Tiere sind.

Mitten im Wasser entfaltet sich der Polyp wie eine Schärpe, streckt sich, wird rund, schwebt herab wie ein Blatt oder ein Fallschirm, läßt sich sachte auf einem Felsen nieder und nimmt dessen Farbe an. Dann verschwindet er in einer Spalte, die kaum weit genug auch nur für einen seiner Arme zu sein scheint. All das erinnert an Tanz, an Märchenzauber, an spielerische, elegante Gewandtheit.

Dazu kommt allerdings auch, daß der Polyp besser als der Taucher für das Entwischen und Fliehen ausgestattet ist. Warum aber konnten wir uns ihm dann überhaupt nähern, ihn berühren, ihn beruhigen? Seine Gier spielt dabei eine große Rolle. Niemals widerstand er dem Anblick einer Krabbe oder einer Languste, nicht einmal ihrem Geschmack. Aber bei den Beziehungen, die wir zu ihm knüpfen konnten, spielten seine seelischen Eigenschaften eine ebenso große Rolle. Er beobachtet scharf, hat ein gutes Urteilsvermögen und denkt nicht mehr an Flucht, wenn er festgestellt hat, daß man ihm nichts Böses tun will.

Wir haben in diesem Buch immer wieder betont, daß der Polyp ein furchtsames Tier ist, dem es fernliegt, den Taucher anzugreifen. Erst denkt er daran, wie er fliehen, sich verstecken oder so tief wie möglich in seine Höhle kriechen kann. Und das ist auch richtig.

Aber man muß hinzusetzen, daß diese Furcht nicht unbegründet ist. Sie entspringt zunächst Mißtrauen und Vorsicht. Es ist keine instinktive und unsinnige Angst, die lange Zeit vorhalten würde; wenn man ihm nur nichts Böses will, so beruhigt er sich sehr schnell, viel schneller als jedes »wilde« Tier. Diese Besonderheit in seinem Verhalten hat uns die Annäherung sehr erleichtert. In wenigen Tagen, mitunter auch nach zwei- oder dreimaligem Tauchen, war er an uns gewöhnt. Er hatte uns beobachtet und beurteilt. Um einem Landsäugetier Vertrauen einzuflößen, braucht man im allgemeinen viel länger.

Außerdem gehörten wir auch nicht zu seinen gewöhnlichen Feinden. Sicher mußten wir ihm mit unseren Flaschen, unseren Atemblasen seltsam, riesig, bedrohlich erscheinen. Aber ein Taucher gehörte nach seiner Erfahrung nicht in die Klasse der lebensgefährlichen Wesen wie eine Muräne oder ein Zackenbarsch. Der Polyp hatte sich eine günstige Meinung von uns gebildet.

Das ist schmeichelhaft für uns, aber auch für ihn. Es weist auf einen hohen Grad des Verstehens hin, der übrigens durch alles bestätigt wird, was wir über sein Verhalten erfahren haben. Das Bemerkenswerteste an ihm ist zweifellos, mit welcher Geschicklichkeit er das ihm gestellte Problem erfaßt und sich bemüht, es mit seinen physiologischen und psychischen Mitteln zu lösen.

All das zeigte sich ganz klar bei den Versuchen, die wir mit den kleinen Mittelmeerpolypen vor der Insel Riou oder in der Bucht von Alicastre angestellt haben. Manchmal glaubten wir sogar, daß diese Experimente die Möglichkeiten dieser Tiere überstiegen.

Wir brauchen nur daran zu erinnern, was wir mit dem Glas gemacht haben, in dem die Languste saß! Das genügt, um zu zeigen, daß ein Polyp mit ebensoviel Geschick wie ein Wirbeltier – zum Beispiel ein Affe – die Gebärde und das zweckmäßigste Vorgehen finden kann, die es ihm ermöglichen, das zu erlangen, was er begehrt. Das ist für ein Weichtier schon ein erstaunliches Verhalten.

Wir hatten mancherlei Gelegenheit, das festzustellen. Ein Polyp zeichnet sich ja durch lebhafte Neugierde aus und interessiert sich für uns Menschen, wenn wir uns nur für ihn interessieren. »Beinahe wie ein Delphin«, meinte Falco.

Es ist klar, daß man ihm keine so imponierenden Tricks beibringen kann wie den Mörderwalen oder den Großen Tümmlern *(Tursiops truncatus)* in den Meeresaquarien. Aber man kann ihn mitunter auch so weit bringen, daß er richtige Nummern vorführt. Unsere Freundin Joanne gab das erste Beispiel dafür, als sie Taucherin in den »Undersea Gardens« war.

Jean-Pierre Genest
bietet einem Polypen ein
Tongefäß als Unter-
schlupf an.

Ich möchte hier außerdem an die Untersuchungsergebnisse von
Frau Mangold erinnern, die im Laboratorium von Banyuls seit
zwanzig Jahren Polypen großzieht und beobachtet.
»Sie kennen mich sehr gut«, berichtet sie. »Man kann nicht bestrei-
ten, daß zwischen dem Polypen und dem Beobachter eine Bezie-
hung entsteht. Aber wir stoßen auf ein großes Hindernis: Die Art,
wie sie auf unsere Experimente antworten, ist schwer zu interpre-
tieren, weil wir weniger Affinität zu ihnen besitzen als zu einem
Säugetier.«
Stets trat dieser Gedanke ganz klar hervor, bei allen unseren
Taucheinsätzen vor Seattle, Riou und Alicastre: Die Kopffüßer

Der Polyp hat es eilig,
in dieses neue »Haus«
zu kommen.

leben in einer anderen Welt. Nicht nur in der Welt des Meeres, die
wir erforschen können, sondern in einer Gefühls- und Wahrneh-
mungswelt, die nicht die unsrige ist. Die Evolution hat die Kopffüßer zu einem hohen Grad der Vollendung geführt, auf Wegen,
die nicht die unseren sind; sie verlaufen vielmehr parallel zu unsern
und könnten sogar noch weiterführen.
Die Zoologen werden sicher den Kopf schütteln, wenn wir schreiben, daß Kopffüßer »intelligent« sind. Wissenschaftler weigern
sich ja mit großer Hartnäckigkeit, dieses Wort zu gebrauchen. Das
kommt daher, daß wir nicht so genau wissen, was Intelligenz beim
Menschen ist, und es daher schwierig finden, sie einem Tier zuzu-

schreiben. Zumindest ist aber eine Bestandsaufnahme der physiologischen und neurologischen Ausrüstung der Polypen erlaubt sowie der Versuch, zu erkennen, welchen Nutzen sie daraus ziehen.

Mit den außergewöhnlichen Mitteln, über die die Kopffüßer verfügen, hätten sie die Könige des Meeres sein können. Sie sind es nicht, aber sie waren es im Erdaltertum und im Erdmittelalter.
Ein Polyp ist wunderbar ausgestattet. Zunächst verfügt er über Arme und Saugnäpfe, mit denen er allerlei anfangen kann: tasten, greifen, sich anklammern... Das ist ein beträchtlicher Vorteil gegenüber anderen Meerestieren, Fischen, ja selbst Säugetieren. Ein Wal kann seinen Schwanz als Waffe gebrauchen und seine Flosse, um sein Junges zu stützen. Aber all das kommt nicht dem Tasten und Greifen der Fangarme gleich.
Die Polypen könnten nicht nur die Könige des Meeres sein, sondern auch eine schreckliche Gefahr bilden. Außer den Armen haben sie ja einen tranchiermesserscharfen Schnabel und ein mehr oder weniger wirksames Gift. Sie können schwimmen und kriechen, und ihre Augen sind, wie gesagt, höchst vollkommen.
Der Gleichgewichtssinn wird durch zwei »Empfänger« aufrechterhalten, die Statozysten, die in die Kopfknorpel eingebettet sind. Dieses Organ enthält einen teilweise verkalkten Statolithen und ist den halbkreisförmigen Kanälen vergleichbar, die bei den Wirbeltieren die Orientierung jedes Individuums überwachen.
In diesen Statozysten wurden ein »Hörfleck« und eine halbrunde Erhöhung entdeckt, in der der Hörnerv endet. Dieser Hörnerv geht aus der Fußganglienmasse hervor, hat aber (wie bei den anderen Weichtieren) seinen Ursprung in den Cerebralganglien. Können die Polypen also hören? Nein, antwortet die Mehrzahl der Zoologen, vor allem auch Frau Mangold, die diese Tiere so gut kennt.
Wir können hier nur die Beobachtungen anführen, die vielleicht der Überprüfung wert sind. Wenn die *Espadon* die Bucht von Alicastre erreichte und ein Taucher ins Meer sprang, noch bevor das Schiff vor Anker gegangen war, so fand er unseren größten Polypen, den »Pulpissimus«, auf der Schwelle seines Hauses. Er stand bereit und verlangte sein Futter. Falco und Genest – gute Beobachter übrigens – waren stets überzeugt, daß der Polyp das Motorengeräusch der *Espadon* erkannte, die jeden Tag zur gleichen Zeit kam. Aber machte ihn nicht vielleicht der Schatten des Schiffes oder der Taucher aufmerksam?

Besonders entwickelt ist bei den Polypen der Tastsinn. Die Saugnäpfe nehmen sowohl mechanische als auch chemische Empfindungen wahr. Ihre Ränder sind besonders reich an Sinnesorganen – mehrere Tausend pro Quadratzentimeter.

Außerdem registriert die ganze Haut des Tieres Geschmackseindrücke ebenso wie Berührungen. Aber die Kopffüßer verfügen nicht über eine Sprache. Im Unterschied zu zahlreichen Fischen senden sie keine Töne aus, wenn man von bisher noch nicht zu lokalisierenden Geräuschen absieht, die von Kalmaren hervorgebracht wurden.

Dagegen können durch die Pigmentierung, durch Farbveränderungen, Signale zum Ausdruck gebracht und ausgesandt werden. Häufig nehmen die Tiere eine einschüchternde Pose an. Das taten sie oft einem Taucher gegenüber; namentlich bei Genest war es der Fall. Man sah, wie der Polyp sich aufblähte, sich aufrichtete, Volumen annahm, rot wurde – alles Versuche, den Gegner einzuschüchtern. Dieser Polyp vollführte Genest gegenüber das Gebärdenspiel, das er einem anderen Polypen oder einem seiner gewöhnlichen Feinde gegenüber angewandt hätte: dem Zackenbarsch, dem Meeraal, der Muräne.

Am meisten hat uns aber überrascht, daß dieser gleiche Polyp drei Tage später seine Einschüchterungsgebärden aufgab, als er sich nämlich an den Anblick von Genest gewöhnt hatte, der ihm Futter brachte. Das ist sehr wohl eine Verhaltensänderung, die eine Gedächtnisleistung und ein vernunftgemäßes Urteil voraussetzt.

Mit ihrem Nervensystem stehen die Kopffüßer hoch über den anderen Weichtieren, obwohl es deren typische Ganglien einschließt. Ihr »Gehirn« ist von einer knorpeligen Kapsel geschützt, welche die gleiche Rolle wie der Schädel bei den Wirbeltieren spielt. Es hat eine beachtliche Entwicklung durchgemacht und einen hohen Grad an Kompliziertheit erreicht. Man kann darin etwa 30 anatomisch verschiedene Lappen erkennen.

Nach J. Z. Young und M. J. Wells kann das Zentralnervensystem eines *Octopus* mehr als 168 Millionen Nervenzellen aufweisen.

Die Größe der verschiedenen Gehirnlappen schwankt bei den Kopffüßern je nach der Art. Frau Mangold hat einmal 11 Arten von Achtfüßern und 23 Arten von Zehnfüßern verglichen und dabei beobachtet, daß der Größenunterschied bestimmter Lappen in Korrelation mit der verschiedenen Lebens- und Siedlungsweise stand. Somit dürfte es möglich sein, aus der Gehirnstruktur auf die Orte zu schließen, an denen das Tier lebt, und darauf, wie es dort lebt.

Der Polyp rollt sich ein und weigert sich, aus seinem Schlupfwinkel herauszukommen.

Zum Beispiel sind die Sehlappen der Zehnfüßer enorm im Vergleich mit denen von *Octopus.* Unter den Zehnfüßern sind bei den im offenen Meer lebenden Arten wie *Loligo* oder gewissen Hochseekalmaren noch größere als bei den Sepien. Die Lappen an der Basis, welche die Bewegungsabläufe regeln, sind bei den im offenen Meer lebenden Acht- und Zehnfüßern stärker entwickelt als bei denen, die auf dem Grund an der Küste leben.

Allein die Achtfüßer besitzen einen subfrontalen Lappen, der anscheinend eine Rolle für das Erkennen von Gegenständen durch den Tastsinn spielt.

Delemotte hat einen Polypen aus einem Tongefäß herausgeholt, worauf das Tier eine Tintenwolke ausstößt.

Über das Nervensystem der Kopffüßer sind bedeutende wissenschaftliche Forschungen angestellt worden. Mit ihrer Hilfe wird es uns vielleicht eines Tages möglich sein, die Funktionen des menschlichen Gehirns besser kennenzulernen. Der Beginn dieser Forschungen reicht in das Jahr 1936 zurück, als der englische Spezialist J. Z. Young in den Nerven der Achtfüßer das Vorhandensein riesiger Nervenfasern feststellte, deren Durchmesser 50- bis 100mal so groß ist wie der der menschlichen Nervenfasern.

Durch die starken langen Achsenzylinder, die sich im Gehirn der Kopffüßer befinden, und durch die sternförmigen Ganglien wird eine schnelle Induktion des Nervenimpulses gewährleistet, die 20 Meter pro Sekunde erreichen kann. Das ergibt beinahe die gleiche Reaktionsgeschwindigkeit wie bei den Wirbeltieren.

Die Größe dieser Nervenfasern erlaubte eine Reihe von Experimenten, die bahnbrechend wurden für zahlreiche physiologische und elektrophysiologische Untersuchungen. Sie führten zur Entstehung eines neuen Zweiges der Biologie, der Neurophysiologie der Zellen.

Vor allem haben im Laboratorium des C.N.R.S., das im Ozeanographischen Museum von Monaco untergebracht ist, die Doktoren Arvanitaki und N. Chalazonitis über die Riesenfasern der Sepia gearbeitet. Herr und Frau Chalazonitis übertrugen die elektrophysiologischen Untersuchungen, die sie bei den Sepien angewandt hatten, auf ein Experiment an Seehasen *(Aplysiae)*. Dabei entdeckten sie, daß jede Zelle nicht nur ein Ordnungselement ist, sondern gleichzeitig die Funktion eines Senders und Empfängers für Ultrakurzwellen erfüllt. Wenn eine Zelle »spricht«, »horchen« die anderen. So findet im Gehirn ein ständiger »Dialog« statt.

Wenn wir einmal in der Lage sein werden, am menschlichen Gehirn vorzunehmen, was man an dem der Kopffüßer oder der Seehasen praktiziert, werden wir seltsame Dinge erfahren; aber beim gegenwärtigen Stand der Forschungen sind die menschlichen Nervenzellen zu klein für die verfügbaren Apparaturen.

Bemerkenswert ist, daß unter allen Weichtieren allein die Kopffüßer einen dem der Säugetiere analogen Schlafzustand aufweisen. Der Krake schläft täglich; das sieht so aus: Er ist dann unbeweglich, seine Pupillen verengen sich, und seine Atembewegungen werden langsamer.

Auch die Kalmare schlafen; überdies verändert sich dabei ihre Farbe. Während die Häufigkeit der Atembewegungen bei den Polypen von 32 auf 13 pro Minute absinkt, verlangsamen sie sich bei den Kalmaren nicht weiter als von 45 auf 32 pro Minute.

Die Beobachtungen, die wir an unserem Freund, dem *Octopus vulgaris*, im Meer gemacht hatten, sollten durch Laboratoriumsversuche vervollständigt werden. Deshalb bat ich Dr. Geoffrey Sanders von der Universität London, mit uns im Laboratorium des Museums von Monaco zu arbeiten; er hat sich auf das Studium der Lern- und Merkfähigkeit bei den Kraken spezialisiert. Ebenso habe ich Andrew Packard eingeladen, der seit zehn Jahren an den Polypen der zoologischen Station von Neapel arbeitet.

Ich kam mit der *Calypso* nach Neapel. An Bord hatten wir eine ziemlich große Anzahl Polypen, die wir gefangen und ins Aquarium gesetzt hatten. Wir brachten sie gleich in die Becken des Museums. Dann begannen wir mit einer Reihe von Experimenten, die alle gefilmt wurden.

Sanders brachte einem Polypen sehr schnell bei, Schwarz und Weiß zu unterscheiden: Er hält eine schwarze Scheibe ins Becken, der Polyp kommt aus dem Schlupfwinkel hervor, den er eingenommen hat, schleudert einen Arm gegen die schwarze Scheibe und erhält zur Belohnung ein Stück Fisch; das bringt er in seine Behausung.

Wenn man ihm eine weiße Scheibe hinhält, die er noch nie gesehen hat, streckt er den Arm aus, erhält aber einen leichten elektrischen Schlag. Er kehrt verdattert nach Hause zurück.

Dann zeigt ihm Sanders erneut die schwarze Scheibe. Der Angriff kommt noch schneller, und der Polyp erhält seine Belohnung. Nun taucht Sanders wieder die weiße Scheibe ein. Der Polyp schaut, zögert, macht Miene, darauf zuzugehen, dann weicht er zurück — er hat verstanden.

Schon viele Forscher haben zahlreiche Experimente über das Verhalten der Kopffüßer gemacht und ihre Fähigkeit, zu lernen und sich zu erinnern, untersucht. Dabei unterschieden sie zwischen den Eindrücken, die durch den Gesichtssinn, den Tastsinn oder den chemotaktischen Sinn gesammelt werden. Außerdem nahmen sie Beschädigungen am Gehirn oder am Nervensystem vor, um deren Auswirkungen auf das Verhalten des Tieres zu untersuchen. All diese Versuche haben den hohen Grad an rascher Auffassungsgabe und Merkfähigkeit bei den Kopffüßern nachgewiesen.

M. J. Wells konnte beweisen, daß ein Polyp fähig ist, die Größe der Gegenstände zu unterscheiden und zwischen Formen zu wählen, die oft in komplizierter Weise aus Streifen und anderen Mustern zusammengesetzt waren. Dabei mußte das Tier eine schwebende oder vertikale Stellung einnehmen. Bei dieser Gelegenheit bemerkte er, daß die schwarze Linie der Pupille die Tendenz hat, unabhängig von der Neigung des Körpers horizontal zu bleiben.

Erst vor kurzem brachte unser Freund Andrew Packard einen Polypen dazu, daß er ein senkrecht gehaltenes Dreieck von einem waagerechten unterschied. Bemerkenswert ist, daß ein Tier diese Kenntnisse nicht verliert, wenn es sie einmal erworben hat. Es erinnert sich zumindest über mehrere Wochen hinweg daran.

P. H. Schiller erreichte, daß die Kraken im Aquarium einen Durchgang fanden, durch einen Gang liefen, einen Umweg machten, um eine Krabbe zu suchen, die sie durch eine Glaswand wahrgenommen hatten ... Die so trainierten Tiere lösten diese Probleme im Labyrinth auf Anhieb, ohne sich zu irren.

Andere Versuche zeigten, daß blinde Polypen mit Hilfe des Tastsinnes erkennen konnten, ob Dinge freßbar waren oder nicht. Man konnte auch demonstrieren, daß bei den Kopffüßern, die auf dem Meeresboden leben, chemotaktischer Sinn, Geschmack und Geruch eine sehr große Rolle spielen. Aber das Ergebnis ist paradox: Der Mensch ist zu unzulänglich mit den entsprechenden Sinnen ausgestattet, um die Reaktionen der Tiere, an denen er experimentiert, richtig deuten zu können.

Diese Aufzählung von Experimenten soll keine Illusionen erwecken; das Verhalten des Polypen ist vorerst noch kaum hinreichend untersucht worden, viel weniger als das des Delphins, den man bereits für militärische Zwecke einspannen möchte.

Dennoch müssen diese Untersuchungen angeführt werden, so gering ihre Zahl auch ist. Der Leser soll ja zumindest einen Einblick in die außergewöhnlichen Möglichkeiten erhalten, über die die Kopffüßer verfügen, wenn sie ihre Umwelt kennenlernen und erforschen und dann ihr Verhalten danach ausrichten.

Im Laufe ihrer Entwicklung haben die Kopffüßer jedoch weder das Süßwasser noch das Festland erobert. Allerdings können sie aus dem Wasser herauskommen, wie wir häufig mit eigenen Augen gesehen haben. Die Polypen, die wir zum Beobachten oder Sezieren auf die *Calypso* brachten, konnten ziemlich lange außerhalb des Wassers weiterleben, vor allem, wenn man sie besprengte – manchmal bis zu zwei Stunden und darüber. Offensichtlich fürchten sie Licht und Hitze mehr als die Atemnot.

Immer wieder wurde beobachtet, daß sich Kraken ans Ufer wagten, um Krabben auf den Klippen zu verfolgen. Ein derartiger Fall

Einer der Polypen, die in den antiken Amphoren auf dem Grund vor Marseille wohnen.

wurde unter anderem auch von einem deutschen Zoologen der Station Neapel berichtet. Wir selbst konnten feststellen, mit welcher Leichtigkeit und Geschwindigkeit ein aus dem Aquarium entkommener Krake über das Achterdeck der *Calypso* lief, um sich ins Meer zu stürzen. Aber das geschieht im allgemeinen nur dann, wenn das Tier besonders hungrig ist oder um jeden Preis fliehen möchte.

In seinem bemerkenswerten Buch »Brain and Behaviour in Cephalopods« (Gehirnstruktur und Verhalten der Kopffüßer) hat M. J. Wells dem, was er als »Manko der Kopffüßer« bezeichnet, ein Kapitel gewidmet. Er beginnt mit einem Loblied auf sie, das zeigt, wie sie in der Vollkommenheit ihrer Sinnesorgane, vor allem der Augen, manchmal die Wirbeltiere übertreffen oder ihnen zumindest gleichkommen. Worin, so muß man sich fragen, besteht aber dann dieses »Manko«?

Für M. J. Wells beruht dieses »historische« Manko der Kopffüßer auf einer Besonderheit ihres Blutes. Dieses Blut ist nicht rot wie das unsere, sondern farblos durchsichtig bis blaugrün. Zwar hat es ein beachtliches Volumen und wird durch ein kräftiges Herz gepumpt, aber das Atempigment, das den Sauerstoff bindet, ist nicht Hämoglobin, durch das unser Blut seine rote Farbe erhält. Es enthält kein Eisen, sondern Kupfer: Es ist das Hämozyanin. Die Kopffüßer haben sich im Metall »geirrt«, denn als Sauerstoffträger ist Kupfer bei weitem nicht so gut geeignet wie Eisen. Die Kapazität der Absorption von Sauerstoff durch das Blut beträgt bei ihnen alles in allem 3,1 bis 4,5 Prozent gegenüber 10 bis 20 Prozent bei den Fischen, die als Atempigment das Hämoglobin haben.

Das erklärt wohl auch hinreichend, warum die Riesenkraken von Seattle zu ersticken schienen, wenn wir sie zwangen, etwas länger zu schwimmen.

Wenn der Polyp trotz all seiner Waffen, seiner hochentwickelten Nervenzellen, seiner Merk- und Urteilsfähigkeit nicht Herr der Meere ist, so läßt sich dafür vielleicht noch eine andere Erklärung finden als die Zusammensetzung seines Blutes: Er stirbt zu früh.

Seine Lebensdauer ist noch nicht genau bekannt, scheint aber 3 Jahre nicht zu überschreiten. Das genügt zwar, um zu lernen, was er für das Leben im Meer wissen muß, aber eine längere Frist würde seine Erfahrung bereichern und ihn zum Weisen des Meeres machen, der wegen seiner Schläue sicher gefürchtet wäre.

Es ist ziemlich sicher, daß manche Exemplare des *Octopus apollyon* von Seattle die schicksalhafte Frist von etwa 3 Jahren überschreiten und gewiß bis zu 4 oder 5, vielleicht auch mehr Jahre leben. Diese zusätzliche Lebensdauer scheint ihnen aber keine besonderen Eigenschaften einzutragen. Sie sind, ganz wie die anderen, ein wenig träge und rasch außer Atem. Aber die Ergebnisse der Zähmung, die Jerry Brown bei einem dieser großen Kraken versuchte, bleiben noch abzuwarten; erst dann werden wir wissen, ob Alter und Erfahrung bei ihm zu einem besonderen Verhalten geführt haben.

Offensichtlich sterben viele Kopffüßer nach der Fortpflanzung. Das ist zumindest bei den kleinen männlichen und weiblichen Kalmaren wie *Loligo opalescens* der Fall, deren Geschichte wir noch erzählen werden. Es ist auch der Fall bei der Mehrzahl der *Octopus*-Weibchen, die ihr Gelege während der ganzen Entwicklungszeit bewachen und sich dabei erschöpfen.

Das *Sepia*-Weibchen hängt dagegen seine Eitrauben auf und interessiert sich nicht mehr dafür. Es bewacht nicht wie das Polypen-Weibchen sein Gelege. Ist das etwa die Erklärung für seine längere Lebensdauer, die 4 oder 5 Jahre erreicht? Oder hat M. Richard recht, wenn er behauptet, daß das Weibchen unmittelbar nach der Eiablage sterbe, während das Männchen weiterlebe und die Eier bewache?

Vielleicht sollte auch berücksichtigt werden, daß die Kopffüßer von zahlreichen gefährlichen Parasiten befallen werden, die in ihren Kiemen und ihren Nieren sitzen. Es handelt sich dabei vor allem um *Dicyemida*, sehr stark umgestaltete, nur mikroskopisch sichtbare Würmer mit einem komplizierten Kreislauf. Wieder ein Gebiet, auf dem man nicht alles weiß. Würde der *Octopus* länger leben, wenn es gelänge, ihn von seinen Parasiten zu befreien?

Die anatomische Ausrüstung der Acht- und Zehnfüßer ist übrigens für Wirbellose bemerkenswert. Zwei Kiemen – nur *Nautilus* hat vier – sorgen für den Gasaustausch, während durch die Bewegungen beim Ein- und Ausatmen mit Hilfe des Mantels das Wasser in der Mantelhöhle ständig erneuert wird.

Dieses Atemsystem hat keine Ähnlichkeit mit den Ziliarbewegungen der Wirbellosen, die das Wasser strudeln, um daraus Nahrung und Sauerstoff zu ziehen; es steht den Kiemen der Fische viel näher. Nach Pierre P. Grassé handelt es sich »um das Ergebnis einer ökologischen Konvergenz«.

Man kann aber auch mit gleichem Recht sagen, daß die Kopffüßer für die Atmung wie für das Sehen »Lösungen« gefunden haben, die beinahe denen der Wirbeltiere gleichkommen.

# 7 Hautnah

Paraden – Tarnkappe – Die Chromatophoren – Die große Show – Dämonen – Meister Proteus – Die Tinte – Die Wunderlampe

Nach den vielen Stunden, die wir getaucht haben, nach den langen Drehtagen im Mittelmeer ebenso wie im Pazifik, glauben wir nun, daß wir das wunderbare Arsenal an Verteidigungsmitteln recht gut kennen, über das der Polyp verfügt.

Er ist das Chamäleon des Meeres oder, besser, der Proteus, der mythische Heros, der seinen Verfolgern entkam, indem er unablässig seine Gestalt wechselte. »Proteus-Phänomene« werden denn auch die plötzlichen Farb- und Formänderungen genannt, mit denen die Kopffüßer auf die Angriffe ihrer Feinde antworten. Sie sind hervorragende Schauspieler mit einem umfangreichen Repertoire und können viele Rollen spielen. Das verdanken sie ganz speziellen Mitteln, die tatsächlich mit dem Theater verwandt sind: Verkleidung, Schminke, Gebärden, Haltung, Stellungen.

Mit diesen Proteus-Phänomenen haben die Polypen auch den Tauchern gegenüber aufgewartet, ganz wie sie es angesichts von Muränen oder Zackenbarschen tun würden. Diese schalenlosen Tiere können sich nur durch Flucht oder Verstellung retten, und sie sind Meister im Versteckspielen.

Die häufigste und zugleich augenfälligste Reaktion ist die Formveränderung.

Die Polypen, die wir in ihrer Behausung überraschten, in Alicastre ebenso wie in Riou, suchten zunächst sich so tief wie möglich in ihren Schlupfwinkel zurückzuziehen, im Dunkel zu verschwinden. Dann ließen sie sich durch nichts mehr herausbringen.

Wenn man hartnäckig blieb und sie mit Gewalt hervorzuholen versuchte, so wurde daraus nur eine mühevolle Balgerei, bei der man Gefahr lief, sie zu verletzen.

Ist das Versteck eines Polypen nicht tief genug, daß er darin außer Reichweite verschwinden kann, und versucht man, ihn herauszuziehen, so sieht man, wie sich sein Körper entfärbt. Zwei schwarze Kreise zeichnen sich um die Augen ab, Zeichen angstvoller Erwartung. Der Polyp richtet sich auf, zieht die Enden seiner Arme unter sich und wölbt eine Reihe von Saugnäpfen nach außen, so daß man deren weiße Flecken sieht. Diese Flecken wirken um so heller, wenn die Haut an den Armen dunkler wird und sich schwärzlich rot färbt. Es ist beinahe unmöglich, an einen Polypen heranzukommen, der sich so verschanzt. Die Saugnäpfe sind jeglichem Eingreifen entgegengestellt wie bei einer Parade.

Dank seines Muskelsystems ist der Polyp äußerst geschmeidig und kann die verschiedenartigsten Stellungen einnehmen. Die Muskelfasern sind in den drei Dimensionen des Raumes angeordnet. Mit Hilfe dieser kräftigen Muskeln können nicht nur die Arme alle möglichen Bewegungen ausführen oder sich mit der Festigkeit eines Schutzschildes vereinen – die subkutanen Muskeln wirken auch auf die Schirmhaut. Die Saugnäpfe werden von drei verschiedenen Muskeln dirigiert und können gesondert agieren. All diese Einrichtungen zum Greifen stellen für das Tier sehr wirksame Mittel zum Einsatz gegen Feinde dar.

Es gibt auch eine andere Form der Verteidigung, die man als farbige Parade bezeichnen könnte und die von Fachleuten »Wolkenziehen« genannt worden ist. Dunkle Farbwellen laufen vom Kopf aus über den Körper des Kraken – sogar bis zum Ansatz der Arme, wenn sich das Tier aufrichtet.

Bot man unseren Freunden eine Krabbe oder ein Stück Fisch an, so fühlten sie sich angezogen, tasteten sich vorsichtig voran. Aber sie waren stachelig und gefärbt. Man fühlte, wie sie zwischen Versuchung und Angst hin- und hergerissen waren. Das Leben der Polypen und ihr Verhalten werden oft von diesem psychischen Konflikt beherrscht.

Eines Tages hatte Genest einem Polypen von Alicastre eine Krabbe angeboten und machte Miene, sie ihm wieder wegzunehmen. Da richtete sich das Tier auf seinen Beinen auf, blähte seinen Mantel auf, so daß es so groß wie möglich erschien, und wurde rot. Dieses ganze Verhalten der Einschüchterung richtete sich mutig gegen einen Feind, dessen Größe der Polyp dank seinem ausgezeichneten Gesichtssinn abschätzen konnte.

Wir haben auch bemerkt, daß die Polypen, die sich durch Rückstoßantrieb im freien Wasser bewegten, ihre Arme in Schraubenwindungen oder wie ein Komma einrollten, wenn sie sich mehr oder

Ein Polyp hat Flaschen vor seinem Loch aufgehäuft, um sich ein »Haus« zu bauen.

weniger fürchteten, und so nahe wie möglich an ihren Körper legten, als wollten sie sie vor dem Biß eines Zackenbarsches in acht nehmen. Das Schwimmen mit eingerollten Armen vermindert das Risiko. Auch wenn der Polyp sich beunruhigt fühlt, rollt er seine Arme über seinem Kopf ein, um sich zu schützen.

Wird er dagegen nicht verfolgt, dann können sich seine Arme in seinem Kielwasser ausstrecken, so daß er eine vollkommene Stromlinienform aufweist. Hat er keine Angst, zeigt er seine gewöhnliche braune Färbung. Am Ziel seiner Bahn öffnet er sich wie ein Fallschirm und läßt sich sanft nieder, entweder auf einem Felsen – dann nimmt er dessen gemischte, ganz verschiedenartige Farben an: Algen, Ablagerungen, anhaftende Tiere, die von Schwarzgrün bis Dunkelrot reichen – oder auf dem Sand. In diesem Falle wird er heller, manchmal beinahe weiß.

Michel Deloire bemerkte, daß die Farbveränderungen bei den kleinen Polypen oft schneller vor sich gingen und stärker waren als bei den großen. Vielleicht fürchten sie sich mehr, oder sie sind leichter erregbar. Auf alle Fälle sträuben sie sich heftiger.

Die Hauptwaffe zahlreicher Kopffüßer ist die Homochromie, die Tarnfähigkeit, mit deren Hilfe sie die Farbe des Untergrundes annehmen können, auf dem sie sitzen. Sie bringen es darin zu einer derartigen Vollkommenheit, daß ein ungeübtes Auge sie nur äußerst schwer entdecken kann. Dazu kommt noch, daß sie meist unbeweglich bleiben, um sich nicht zu verraten. In Marseille, wo unsere Crew mit dem Film über die Polypen begann, behaupteten die meisten Taucher, daß es überhaupt keine gäbe oder daß es zumindest keine mehr gäbe. Tatsächlich tarnen sich die Polypen so gut, daß man Seite an Seite mit ihnen schwimmen kann, ohne sie zu sehen. Großaufnahmen zeigen gerade noch die beiden Augen; der ganze Körper verschmilzt mit der Umgebung.

Albert Falco war freilich seit seiner Kindheit daran gewöhnt, sie auszumachen, und er konnte sie sehr gut erkennen.

In Riou und in Porquerolles haben wir mehrmals die Erfahrung gemacht, in welch erstaunlichem Maße die Polypen in der Lage sind, die Farbe des Untergrundes anzunehmen, auf dem sie sich befinden. Wir legten weiße Plastikplatten ins Wasser und setzten einen Polypen darauf; beinahe augenblicklich wurde er völlig weiß.

Die eindrucksvollsten Ergebnisse aber haben wir mit einer Sepia erzielt. Um das Experiment zu erschweren, legten wir verschiedene Platten auf den Grund, auf die geometrische Muster gezeichnet waren, einfache schwarze Streifen, dann Rauten und schließlich ein Schachbrett. Der Polyp gab auf seinem Körper die Streifen und Quadrate ganz exakt wieder, außer wenn sie größer als 10 Zentimeter waren. Wir konnten nicht feststellen, ob diese Mimikry, die wir ihm in schnellem Rhythmus abverlangten, ihn ermüdete. Jedenfalls erweckte sie bei der ganzen Mannschaft Bewunderung.

»Im Wasser ist das ein außerordentlich schönes, herrlich graziöses Tier«, meint Michel Deloire. »Man braucht ihn nur zu sehen, dann muß man ihn einfach lieben. Es ist besonders faszinierend, wenn er die Form eines Deltas annimmt und seine Arme einbiegt, um den Boden zu glätten ... Er kann nicht nur die Farbe wechseln, sondern je nach der Beschaffenheit des Geländes auch Tempo und Bewegungsweise. Ist der Grund eben, dann stößt er Wasserstrahlen aus. Kommt er an Felsen, so setzt er alle seine Arme in Gang. Auf sandigem Grund läßt er zwei oder drei davon abgebogen.«

Michel Deloire hat mehrere Folgen gedreht, die die Metamorphosen seines Lieblingstieres zeigen. So verfolgte er etwa zehn Minuten lang einen Polypen, der von den Felsen auf die Posidonien überwechselte, von den Posidonien auf den Sand, vom Sand ins offene Wasser. Und jedesmal änderten sich Bewegungsweise, Form und Farbe.

Diese »Proteuskünste« sind offenbar nicht ausschließlich an den Gesichtssinn gebunden. Es scheint, daß der Polyp die Farben der Umgebung nicht zu sehen braucht, um sie zu imitieren. Ein blindes Tier nimmt weiterhin die Farben des Untergrundes an, auf den man es setzt. Und selbst die Haut eines sterbenden Polypen kann noch eine Zeitlang die Farbe je nach der Umgebung wechseln. Wir konnten diese Erscheinung filmen. Es genügt, daß die Farbzellen, die Chromatophoren, noch leben.

Dennoch hat die Blindheit außerordentlichen Einfluß auf das Verhalten des Polypen. In verschiedenen Laboratorien sind alle mehr oder weniger grausamen Experimente versucht worden. Man hat die Tiere ganz oder auf einem Auge geblendet, die Sehnerven durchgeschnitten, ja sogar die Ganglien im Gehirn entfernt ...

Diese Farbenspiele beruhen auf Farb- oder Pigmentzellen, den Chromatophoren. Der Polyp hat davon zwei verschiedene Arten, die je nach ihrer Ausdehnung zahlreiche Farben aufweisen. Die dunklen reichen von Schwarz bis Rotbraun, die helleren von Rot bis zu einem blassen Gelborange.

Beim Tintenfisch sind die Chromatophoren in drei Schichten übereinandergelagert: eine Oberflächenschicht mit lebhaft gelben Pigmenten, eine orangerote mittlere Schicht und eine tiefliegende dunkle Schicht. Das Zusammenspiel der drei Schichten ermöglicht die Nachahmung aller Farben, je nachdem, ob eine Schicht die anderen verdeckt oder freigibt.

Diese Farbelemente werden durch »Flitterzellen«, die Iridozyten, verstärkt, die durch Brechung Grün oder Blau ausstrahlen und Weiß durch Reflexion.

Dieses empfindliche und höchst vollkommene System weist eine äußerst subtile Feinstruktur auf. Der Polyp besitzt beim Ausschlüpfen nur 70 Chromatophoren, aber das ausgewachsene Exemplar hat eine oder zwei Millionen. Auf der Oberseite des Körpers, die damit am reichsten versehen ist, befinden sich 100 bis 200 pro Quadratmillimeter. Diese Organe wachsen nicht mit dem Tier, ihre Ausdehnung bleibt stets gleich.

Jedes Chromatophor ist sternförmig an glatten Muskelfibrillen aufgehängt. Ziehen sich diese Fibrillen gleichzeitig zusammen, so »ziehen« sie auch an der Membrane der Zelle. Diese kann sich auf das Fünfzehn- bis Zwanzigfache ihres Durchmessers vergrößern. Die Pigmente werden sichtbar und weisen so eine dominierende Farbe auf.

Je stärker sich die Muskeln zusammenziehen, desto mehr erweitert sich die Zelle. Entspannt sich der Muskel, so »schnurrt« der Chromatophor von neuem zusammen und zeigt dann nur ein Minimum an Farbe. Um so reagieren zu können, muß die Membrane des Chromatophors außergewöhnlich elastisch sein. In der Tat kann sie denn auch ihr Volumen verdoppeln bis versechzigfachen.

Das Ausdehnen oder Zusammenziehen der Chromatophoren wird durch vielerlei Reize bewirkt. In erster Linie scheinen sie vom Licht beeinflußt zu werden.

Ganz egal, auf welcher Körperseite der *Octopus* ruht – der Teil seines Körpers, der den Untergrund berührt, zeigt immer ein helleres Aussehen als die Oberseite. Das ist keine Frage der Beleuchtung, sondern des Kontakts. Bestimmt hängt die Tätigkeit der Chromatophoren mit den Saugnäpfen zusammen, an denen ja die Tastorgane sitzen. Sie spielen dabei eine ganz bedeutende Rolle.

Schließlich tragen noch chemische Substanzen zu den Farbveränderungen bei. Das dem Adrenalin nahestehende Tyramin und das dem Azetylcholin verwandte Betain beeinflussen die Reizzeit und wirken auf die Muskelfasern, welche die Chromatophoren

Im offenen Wasser wirken die Bewegungen dieser Polypen äußerst elegant.

regulieren. Gespeichert wird das Tyramin in den hinteren Speicheldrüsen. Es genügt, diese Drüsen zu entfernen, und der verwickelte Mechanismus der Chromatophoren fällt aus. Die merkwürdige Fähigkeit der meisten Kopffüßer, ihre Farbe zu wechseln und sich so zu »verkleiden«, untersteht somit einer doppelten – nervösen und humoralen – Kontrolle.

Jedes Chromatophor besitzt mehrere Verzweigungen von Nervenfasern, die eine ganze Skala unterschiedlich ausgedehnter und kombinierter Chromatophorengruppen regeln. Die Zellkörper dieser Nervenfasern – etwa 150000 beim ausgewachsenen Tier – liegen im unteren Teil des Gehirns, im »Unterschlundganglion«.

Die Unebenheit der Haut rührt von Papillen her, die am Kopf und am Mantel stärker entwickelt sind. In ihnen konzentrieren sich die Iridozyten.

Diese Iridozyten sind winzige Zellen, die, in dachsparrenartige Fächer eingelagert, eine Reihe von reflektierenden Plättchen enthalten.

Diese Plättchen bestehen aus Mikrokristallen des Guanin. Das Guanin ist ein Stoff, den man ebenfalls bei den Fischen findet. Es verleiht ihnen am Bauch oder manchmal auch an der Schwimmblase einen silbernen Glanz. Die Guaninplättchen bilden winzige Spiegel und Prismen, die das Licht brechen und in den Regenbogenfarben schillern.

Wir möchten natürlich wissen, wie dieser empfindliche Mechanismus des Farb- und Formwechsels funktioniert. Der englische Forscher B. B. Boycott hat die Wirkung elektrischer Reize auf die Gehirnzentren der *Sepia* beobachtet. Auf den unteren Chromatophorenlappen angewandt, lösten sie zunächst ein Dunklerwerden der einen Seite, dann ein Dunklerwerden und das Aufrichten der Papillen auf der entgegengesetzten Seite aus.

Eine Reizung der oberen Lappen ruft das Weißwerden hervor, eine Reizung der Sehlappen läßt die Flecken erscheinen, die eine Warnung signalisieren. In der nervösen Kontrolle dieser Äußerungen gibt es eine Rangordnung. Sie sind freilich auf jeden Fall von der Unterschlundmasse abhängig, ganz gleich, ob sie einfach oder komplex sind.

Zwei Fußganglienzentren regeln die Kontraktion der Chromatophoren, die sowohl auf dem Kopf und den Armen als auch auf dem Mantel gelegen sind. Nach Grassé ist die Unterschlundmasse vor allem ein motorisches Zentrum: Drei Lappen des Gehirns regeln die Tätigkeit des Kopfes und der Arme, des Mantels und des Trichters und schließlich die Ausdehnung der Chromatophoren.

Was die Steuerung der Chromatophoren betrifft, so ist das Gehirn anscheinend vom Tyramin- und Histamingehalt des Blutes abhängig. Schon geringe Mengen dieser Substanzen lösen die Ausdehnung der Chromatophoren aus, allerdings nur über bestimmte Nervenzellen.

Unsere Experimente haben gezeigt, daß der Polyp das Tier ist, das seine Gefühle am wenigsten verbirgt. Um so schwieriger ist freilich die Deutung der Zeichen und Signale, durch die es diese Gefühle ausdrückt. Manche sind klar: Sie wollen mehr oder weniger direkt Schrecken signalisieren, wie etwa die dämonische Gebärde, eine Parade, die J. Z. Young als »dymantisch« bezeichnet hat.

Das ist eine Abwehrreaktion, die ganz plötzlich auftritt. Hier der extremste Fall, den wir beobachten konnten: Die Arme krümmen sich, so weit es nur geht, der Mantel wölbt sich zur Glocke, und nur die drei ersten Armpaare sind zu sehen. Der größte Teil des Körpers bildet eine bleiche Maske, dunkelrot oder braun umsäumt, an der die Ansätze der Saugnäpfe zu sehen sind. Will das Tier tatsächlich ganz »bewußt« so abschreckend aussehen? Wie kann man das formulieren, ohne daß man dem Tier menschliche, allzu menschliche Gefühle unterstellt? Zwei große dunkle »Augen« leuchten. Die Pupillen sind erweitert, vergrößert; der schwarze Strich darin wird dicker. Kopf, Arme und Körper sind abgeplattet, die Augen blicken starr nach vorne. Befindet sich der Polyp außerhalb seines Quartiers, so richtet er kräftige Strahlen aus dem Trichter gegen seinen Feind und hält sich durch Balancieren auf seinem vierten Armpaar so im Gleichgewicht, daß diese abschreckende Maske dem Gegner zugewandt bleibt. Steigert sich die Erregung, oder kommt sie ganz plötzlich zum Ausdruck, so werden die zweiten Arme nach der Seite und nach vorne geworfen, dann aber schnell wieder zurückgezogen.

Eine andere Parade wurde von den Fachleuten als »flamboyant« (geflammt) bezeichnet. Sie führt über vielfache Veränderungen zu einer vollkommenen Angleichung an die Umwelt. Das Tier setzt alle Mittel ein, über die es verfügt – Höhepunkt seiner Proteuskünste. Der Polyp ist gefleckt, getüpfelt, übersät mit aufgerichteten Pusteln. Der Körper wird flach oder zieht sich zusammen, wird notfalls zur Kugel, erstarrt oder streckt sich unmäßig. Der Augenstrich vergrößert sich, weiße Flecken erscheinen auf den Armen. Helle Streifen wechseln mit dunklen auf dem Körper ab. Der Mantelsaum wirft sich stellenweise, so daß er kein zusammenhängendes Ganzes zu bilden scheint.

Um zu sehen, wie weit die Befähigung zur Homochromie beim Polypen reicht, haben wir ein Tier auf eine weiße Platte auf dem Meeresgrund gesetzt.

Ziel all dieser angestrengten Tarnungsversuche ist es denn auch, daß das Auge die Gestalt des Tieres nicht als geschlossene, einheitliche Form sieht. Die weißen Flecken zerstreuen die Aufmerksamkeit des Feindes. Selbst der Taucher läßt sich täuschen durch dieses

Ein Polyp versteckt sich in den Posidonien.

lebende Kaleidoskop; ist es ohnehin schon schwer für ihn, diesen elastischen Körper mit seinen Händen zu packen, so ist es nicht weniger mühsam, die Konturen des Tieres mit einem Blick zu erfassen. Mit anderen Worten: Der Polyp ist ein Wesen, das für die Flucht geschaffen ist.

Das ist durchaus verständlich. Er hat ja die schützende Schale verloren, die die fossilen Kopffüßer – Nautilus und Ammonit – hatten. Aber er muß sich auch unkenntlich machen, um seine Opfer zu überraschen.

»Gewöhnlich meint man, daß der Krake die exakte Anpassung an seine Umgebung durch eine Art Reflex erzielt, der das, was das Tier wahrnimmt, widerspiegelt«, sagten Andrew Packard und Geoffrey Sanders. »Aber das Aussehen, das verschiedene Kraken in der gleichen Umgebung bieten, zeigt keine konstanten Reflexe ... Das Repertoire ist vorprogrammiert, wobei die kompliziertesten Programme in den anatomisch höchsten Zentren gespeichert werden.«

Aber die Wahl des Stückes, das ein Kopffüßer vor seinem jeweiligen Zuschauer spielen will – untersteht sie nicht seinem freien Willen?

Dennoch zeigt der Polyp zu gewissen Zeiten ein Aussehen, das man als »normal« bezeichnen könnte, weil es am häufigsten beobachtet wurde und weil das Tier wie in eine Gleichgewichtslage zu ihm zurückkehrt, wenn es mehrmals plötzlich die Farbe gewechselt hat. Die ganze sichtbare Hautoberfläche ist fein gefleckt und von gedämpfter Farbe. Die allgemeine Färbung geht über verschiedene Nuancen vom Roten ins Braune und manchmal auch ins Graue.

Die Ausdehnung der Chromatophoren und die unmittelbar darauf erfolgende Zusammenziehung dauern bei einer Sepia 2/3 Sekunden. Man hat sich bemüht, die Dauer des ganzen Vorgangs zu messen, aber offensichtlich gibt es noch keine vollständige Bestandsaufnahme der verschiedenen Verkleidungen, die ein Kopffüßer den Umständen entsprechend anlegen kann.

An erster Stelle kommt die Homochromie. Das Tier will sich dem Blick entziehen, indem es die Farben und Flecken des Untergrundes nachahmt. Dieses Verhalten kann nicht nur an einem einzelnen Individuum beobachtet werden, sondern auch an einer ganzen Gruppe von Sepien, die alle die gleiche Farbe annehmen.

Streifen machen die Silhouette unscharf. Die Körperform ist nicht deutlich auszumachen, und der räuberische Feind kann sie nur schwer erkennen.

Bei der Jagd geht das Tier folgendermaßen vor: Es lenkt die Aufmerksamkeit seines Opfers auf die unbeweglichen Teile seines Körpers, zum Beispiel den Kopf, und vertuscht das übrige.

Die Kriegsmaske, zu deren leuchtenden Farben das Tier sich aufbläht, ist eine Droh- und Abwehrhaltung.

Angst drückt sich durch schwarze Kreise um die Augen aus.

Das Gefühl, daß Gefahr im Verzug ist, wird durch zwei dunkle Flecken auf dem Rücken signalisiert.

Und schließlich gibt es ein besonderes »Kostüm« für die Paarungszeit.


Seit unseren Taucheinsätzen mit der Aqualunge verfolgte Frédéric Dumas die Polypen bis in ihre Höhle; er hatte ja schon immer eine Vorliebe für diese Tiere. Zum erstenmal sahen sich Mensch und Polyp einander Auge in Auge gegenüber, mitten im Meer. Der eine war darüber beinahe ebenso erstaunt wie der andere. Oft aber ärgerte sich der Polyp.

Wir haben ein Foto aus dieser Zeit, auf dem ein Polyp einen Strahl Tinte genau auf Didis Maske spritzt.

Man hatte uns oft gesagt, daß diese schwarze Tinte für die Augen gefährlich sei. Auf die Riesenkalmare im Humboldtstrom vor Peru trifft das sicher zu. Michel Lerner, der sie dort fing, mußte besondere Vorsichtsmaßnahmen gegen das Spritzen der Tinte ergreifen. Aber das waren Tiere, die bis zu 3 Meter Länge erreichten und 50 Kilo wogen. Mit unserem *Octopus* im Mittelmeer gingen wir kein solches Risiko ein.

Die Szene war fast immer die gleiche, und sie änderte sich kaum, als die Crew den Polypen von Riou oder Alicastre begegnete.

War es Frédéric Dumas gelungen, einen Polypen im offenen Wasser anzulocken, so ließ er ihn mit Rückstoß auf eine Entfernung von etwa 4 bis 5 Meter wegschwimmen. Dann ging der Polyp auf den Grund nieder und tarnte sich beinahe vollkommen. Aber Dumas hatte ihn nicht aus den Augen verloren; er störte ihn auf und zwang ihn, wieder loszuschwimmen. Natürlich dauerte es nicht lange, bis der Polyp ärgerlich wurde und seine Tinte verspritzte.

Dieses Ausstoßen der Tinte ist eine Art Störmanöver. Der Polyp bleibt nicht hinter der Tintenwolke verborgen, wie man glaubt, sondern versucht stets, nach der einen oder andern Seite zu entkommen. Alles geht ganz schnell. Ein paar Sekunden, und schon ist er dank dieser Abschirmung davon, hat aber gleichzeitig die Farbe gewechselt – ein zusätzlicher Trick, durch den der Angreifer genarrt wird. Der Polyp kann dieses Manöver mehrmals wiederholen, je nachdem, wie stark der erste Strahl war. Es gibt auch junge, nicht allzu große Polypen, die viele kleine Wolken ganz schwarzer Tinte ausstoßen können. Die großen Polypen benützen dagegen nicht so häufig dieses Verteidigungsmittel, vielleicht, weil sie weniger leicht erregbar sind.

Die Tinte ist im »Tintenbeutel« enthalten, einem besonderen Organ der Kopffüßer, das nahe am Enddarm liegt. Durch Alveolen werden Melaninkörnchen produziert, die in einer Flüssigkeit schweben und beträchtliche Farbkraft haben.

Einige Milligramm Melanin genügen, um im Meer eine schützende Wolke zu bilden.

Die Crew wiederholte die Vorführungen von Frédéric Dumas. Dabei gelang es ihr, zwanzig Minuten lang zu filmen, wie sich ein Polyp durch die Bucht von Alicastre bewegte. Das Tier veranstaltete für uns ein außergewöhnliches Farbfestival. Sooft es konnte, hielt es an und wechselte die Farbe. Die Taucher störten es wieder auf, und es zeigte eine andere Farbe. Es hatte eine phantastische Mimikry. Sechs oder sieben Taucher waren um den Polypen herum und zwangen ihn, sich zu bewegen, aber er ging, wohin er wollte. Er setzte sich auf felsigen Grund, auf Sand, in die Posidonien. Sein Tintenvorrat war ziemlich rasch erschöpft, so daß er sich nur noch durch das Spiel seiner Chromatophoren helfen konnte.

Die Kameraleute hatten für die Lampen nur etwa 100 Meter Kabel. Sobald man sie ganz abgerollt hatte, mußte man den Polypen zwingen, in die entgegengesetzte Richtung zu gehen.

Diese Szene war für alle, die sie miterlebten, ein wunderbares Schauspiel, ein Ballett, in dem das Tier seine ganze Geschmeidigkeit zeigte, und zugleich ein lebendiger Farbenzauber. Aber die Szene lief mit derartiger Geschwindigkeit ab, daß uns nur das Bedauern über die allzu große Flüchtigkeit dieses Meisterwerkes bleibt.

Dieser Polyp war den Tauchern bekannt. Ganz offensichtlich war er weniger seßhaft als die anderen. Er war an das offene Wasser gewöhnt, und man traf ihn alle zwei oder drei Tage.

Die Kopffüßer liefern die beachtlichsten Beispiele der Biolumineszenz (des »kalten Lichts«) im Tierreich.

Die Kalmare, vor allem die Tiefseekalmare, sind in diesem Punkt am besten weggekommen. Offensichtlich besitzt kein *Octopus*

Raymond Coll hat den Polypen herausgeholt, der sich hinter den Seefächern an den Klippen versteckte.

Leuchtorgane, obwohl Darwin sie an einem beobachtet zu haben glaubte. Viele Zehnfüßer dagegen halten sich tagsüber in einer bestimmten Tiefe auf und steigen im Laufe der Nacht an die Oberfläche. Infolgedessen gibt es zahlreiche Beobachtungen über diese Phänomene. Professor Carl Chun, der Leiter der »Valdivia«-Expedition (1898), hat die sogenannte Wunderlampe *(Lycoteuthis diadema)* folgendermaßen beschrieben:

»Man glaubte, daß der Körper mit einem Diadem bunter Edelsteine besetzt sei: das mittelste der Augenorgane glänzte ultramarinblau, und die seitlichen wiesen Perlmutterglanz auf; von den Organen auf der Bauchseite erstrahlten die vorderen in rubinrotem Glanz, während die hinteren schneeweiß waren mit Ausnahme des mittelsten, das einen himmelblauen Ton aufwies. Das war eine Pracht!«

Die Lichterzeugung der Kopffüßer kann auf dreierlei Weise erfolgen: Sie kann von Bakterien ausgehen, durch eine Sekretion hervorgerufen werden oder auch besondere Organe als Quelle haben, die sogenannten »Photophoren«.

Eine Sepie, *Sepiola birostrata*, strahlt einen bleichen, kobaltblauen Glanz aus. Drüsen in der Nähe des Siphos enthalten bei dieser Art Leuchtbakterien.

Auch der Gemeine Tintenfisch wird von Bakterien erleuchtet; man hat fünf Arten davon gezählt. Auch vom Sepia-»Knochen«, dem sogenannten »Schulp«, kann ein gewisses Leuchten ausgehen.

*Heteroteuthis dispar*, ein kleiner Kalmar, der in großer Tiefe lebt, erzeugt Licht durch Sekretion. Er wird gelegentlich an der Küste Unteritaliens gefischt, wo die Strömungen viele bathypelagische Formen (aus 700–2000 Meter Tiefe) an die Oberflächengewässer bringen. Bei diesem schon von Aristoteles beschriebenen Kalmar liegt eine Drüse nahe am Tintenbeutel, die einen leuchtenden Schleim erzeugt. Sie entleert sich in der Erregung durch Muskelkontraktion. Durch den im Meerwasser gelösten Sauerstoff schimmert der Schleim in Form unzähliger graugrüner Punkte. Dieses Schimmern rührt vom »Luziferin« her, einer Leuchtsekretion, die manchmal die gleiche Rolle wie die Tinte spielt, wenn sie sie auch nicht völlig ersetzen kann: Sie soll die Aufmerksamkeit eines Feindes ablenken. Er wird durch diesen Leuchtstoff angezogen, während der Kalmar in eine andere Richtung entweicht.

Schließlich kann das Licht aus besonderen kleinen Organen kommen, den Photophoren. *Lycoteuthis diadema,* die Wunderlampe, besitzt insgesamt 22, darunter 10 verschiedene.

Die Struktur der Photophoren variiert je nach der Art. Sie können ebenso kompliziert zusammengesetzt sein wie die Augen der Kopffüßer. Ihr »Zubehör« umfaßt Linsen, Spiegel, Filter und manchmal sogar Lider. Es gibt Photophoren, deren Licht aus Drüsen kommt. Es kann aber auch bestimmte Leuchtbakterien als Quelle haben, die die Kopffüßer beherbergen. Man hat in der Bucht von Villafranca sogar gesehen, wie ein Kalmar rote Lichtwolken ausstieß. Ein fabelhaftes Feuerwerk!

Die Biolumineszenz ist ein weites, wenig bekanntes Feld. Die gleiche Art von Kopffüßern kommt im Pazifik einmal mit Photophoren bedeckt und einmal ohne sie vor. Das kann durchaus ein Geschlechtsmerkmal sein. Doch man stellt auch zahlreiche andere Besonderheiten fest: Manche Kopffüßer haben zum Beispiel einen Lichterkranz um das eine Auge und um das andere nichts. Das ist bei *Histioteuthis* der Fall, dessen rechtes Auge von Photophoren umgeben ist, während das linke keine besitzt, aber abnorm groß ist. Die Photophoren können auf jedem Körperteil der Kalmare sitzen: auf Kopf, Augen, Mantel, Armen, Tentakeln, dem Sipho, den Flossen, der Mantelhöhle. Louis Joubin, der 1893–1894 die erste histologische Studie an der bei Nizza gefangenen *Histioteuthis rupelli* machte, hat an diesem Kalmar 200 Leuchtorgane entdeckt. Oft kommt es vor, daß ein einziges Tier zwei, drei oder noch mehr verschiedene Arten von Photophoren besitzt.

Bei *Watasemia scintillans*, einem Tiefseekalmar, leuchten die Organe am Arm nur alle dreißig Sekunden auf, wobei alle drei Organe Licht aussenden können.

Dieses geradezu verschwenderische Leuchten der Kalmare übersteigt zweifellos alles, was andere Tiere wie Würmer und Krebse zu bieten haben. Die Fülle der Erfindungen und Mittel ist fast unermeßlich.

Wozu dienen diese ganz verschiedenen Lichter? Sollen damit Feinde eingeschüchtert oder Beutetiere angelockt werden? Können sich die Kalmare dadurch besser erkennen? Erleichtern sie die Annäherung der beiden Geschlechter in der Paarungszeit?

Kann man von Signalen, gar von einer Sprache reden, oder handelt es sich hier um Tarnung? Doch beides schließt sich ja durchaus nicht aus.

Nach Ansicht eines der bedeutendsten Forscher auf dem Gebiet der Biolumineszenz, E. Newton Harvey, sind »die Embryologie und die Entwicklung der Leuchtorgane fast unbekannte Gebiete. Und sie werden es so lange bleiben, bis es gelungen ist, Tiefseekalmare in Gefangenschaft zu halten.«

# 8 Umarmungen

Paarung – Liebe aus der Distanz – Eine tapfere Mutter –
200000 Junge – Liebesspiele – Rabenmütter

Wenn wir nun auf das Liebesleben der Polypen zu sprechen kommen, sind wir zu einem der geheimnisvollsten Kapitel im Leben der Kopffüßer gelangt.

Bei *Octopus vulgaris* wird die Geschlechtsreife verhältnismäßig spät erreicht, nämlich in der zweiten Lebenshälfte. Die Männchen reifen früher als die Weibchen und überholen sie bald im Wachstum.

Wir haben in Riou wie in Alicastre versucht, das Liebesspiel des *Octopus* zu beobachten. Aber es ist beinahe unmöglich, im offenen Wasser den ganzen Paarungsvorgang zu verfolgen, dem über lange Zeit ein kompliziertes Gebärdenspiel vorausgeht.

Dennoch sind uns einige charakteristische Aufnahmen gelungen, auf denen Männchen und Weibchen aufeinander zu sehen sind, während sie sich liebkosen und deutlich eine stille Zufriedenheit zeigen. Möglicherweise handelte es sich dabei ganz einfach um eine Verlobung.

Um mehr zu sehen, entschloß ich mich, die Umarmungen der Kopffüßer im Aquarium von Monaco zu filmen.

Für das Männchen in Freiheit ist es Glückssache, ob es ein Weibchen findet, das willig ist. Im Laboratorium haben wir den Kuppler gespielt und Männchen und Weibchen ins gleiche Becken gebracht. Wir brauchten nicht lange zu warten, bis wir die Liebesszene filmen konnten.

Es ist das Weibchen, das sich dem Partner in einem seltsamen Ritual nähert: Dem Männchen zugewandt, macht es sich daran, seine eigenen Saugnäpfe ausgiebig zu reinigen. Damit bringt es zum erstenmal seine Gefühle zum Ausdruck. Das Männchen zeigt ihm als Antwort seine Saugnäpfe: Einer oder mehrere sind ziemlich vergrößert. Daran erkennt man das Männchen.

Es sieht aus, als wolle es sich noch des Wohlwollens seiner Gefährtin versichern, denn es streckt ihr die Arme entgegen. Das sind Zeichen einer Sprache, mit der sie sich zu verständigen suchen.

Gleichzeitig gewinnen seine Augen neuen Glanz und umgeben sich mit einem dunkleren Kreis. Das ist zwar ein charakteristisches Signal für die Liebesabsichten bei beiden Polypen, aber sie können dieses Aussehen auch in vielen anderen Situationen annehmen.

Das Männchen wirft den dritten Arm rechts von der Kopfmitte vor. Dieser Arm unterscheidet sich von den anderen durch bestimmte anatomische Modifikationen: Sein Ende ist spatelförmig erweitert; von einem Ende zum andern läuft eine Rinne. Das ist der Hectocotylus, ein Begattungsorgan. Das Männchen liebkost damit zuerst den Körper des Weibchens und versucht diesen Arm dann in die Mantelhöhle einzuführen.

Ist er dorthin gelangt, so läßt es Spermatophoren die Rinne seines Hectocotylus entlanggleiten; diese dringen in den Eileiter ein und werden dort in einer Drüse aufbewahrt.

Alle Arten der Gattung *Octopus* haben sehr große Spermatophoren (Samenpakete). Die größten, die man kennt, sind die von *Octopus dofleini* – sie messen 1,10 Meter. Bei vielen Arten sind sie so lang wie der Mantel. *Octopus vulgaris* und *Eledone* haben davon mehr als 100.

Die Ausstoßung der Spermatophoren erfolgt spontan in der Erregung des Männchens. Die Samenpakete kommen aus dem Penis, dringen durch den Sipho, erreichen die Basis des Begattungsarmes und gleiten an diesem entlang.

Der Arm bleibt eine Zeitlang an der gleichen Stelle; man sieht, wie er von Muskelkontraktionen bewegt wird, die die Spermatophoren weiterbefördern. Die Begattung dauert ungefähr eine, manchmal auch mehrere Stunden, wobei die Ausstoßung von Samenpaketen offensichtlich alle 10 Minuten erfolgt. Es kann vorkommen – allerdings sehr selten –, daß das Weibchen aktiv wird. Dann packt es das Männchen am Kopf oder am Mantel und macht es bewegungsunfähig, bis es ihm gelungen ist, den Begattungsarm einzuführen. Meist aber vollzieht sich die Paarung mit ausgestrecktem Arm aus einer gewissen Entfernung, zumindest beim *Octopus vulgaris.*

Anders ist es bei den *Eledonen*: Das Männchen versucht, das unter ihm befindliche Weibchen bewegungsunfähig zu machen und ihm die Schirmhaut aufzudecken. Aber auch die Begattung der *Eledonen* kann ziemlich lange dauern.

Im Augenblick der Begattung kam im Aquarium des Museums von Monaco die Erregung der Tiere sichtbar zum Ausdruck: Das Männchen wechselte seine Farbe.

Unser Freund Andrew Packard, der die Szene mit ansah, glaubte übrigens, daß Männchen und Weibchen einen gewissen Genuß dabei empfanden. Nichts konnte sie stören, weder die Gegenwart von

Menschen noch das Geräusch der Kameras, noch das Licht der Scheinwerfer. Sie waren ganz miteinander beschäftigt.

Sobald die Begattung zu Ende ist, stößt das Weibchen das Männchen von sich, als würde es nur noch um das Schicksal seiner Nachkommen besorgt sein. Das Weibchen wird nur ein einziges Mal im Leben befruchtet, aber das Männchen kann sich noch mit anderen Weibchen paaren, wenn es Gelegenheit dazu hat.

Die Eiablage erfolgt nach einer Frist, die je nach Wassertemperatur und Jahreszeit sehr verschieden ist – von 3 Wochen bis zu 2 Monaten nach der Befruchtung.

Manche Achtfüßer legen große Eier, deren »Reifezeit« noch länger dauert. Bei *Octopus bimaculoides* beträgt sie 4 Monate, bei Achtfüßern der Tiefsee *(Bathypolypus* und *Benthoctopus)* ist sie möglicherweise noch länger.

Die Achtfüßer haben im Eileiter eine Drüse, die bei bestimmten Arten, vor allem bei *Octopus vulgaris*, den Stiel der Eier und den Schleim produziert, der die Stiele aneinanderklebt. Aber sie hat auch noch eine andere Funktion: Sie dient als Reservoir für die Spermatozoiden. Dann werden die Eier, sobald sie frei werden, beim Durchgang in dieser Drüse befruchtet.

Wir haben die Umarmung dieses *Octopus*-Paares, das wir im Meer gefangen und in ein Becken des Museums von Monaco gebracht hatten, vollständig beobachten können. Aber ich wollte nicht, daß alles Weitere, was auf diese Liebesgeschichte folgt, in der Gefangenschaft ablaufen würde. Ich hatte nämlich immer den Eindruck, daß die Entwicklung der Eier im Meer viel sicherer und sinnvoller vor sich geht. So bat ich die Taucher, das Weibchen wieder auf den Meeresgrund zu bringen, in seine Behausung, in der wir es gefangen hatten.

Das Tier hat diese Rückkehr in die Freiheit völlig akzeptiert und sich entschlossen seiner Mutterrolle gewidmet. Es hat weißliche Zylinder von etwa 10 Zentimeter Länge an die Decke seiner Höhle gehängt, »Schläuche«, die Tausende von Eiern enthalten. Es hat sie vor den gefräßigen Fischen beschützt, durch Reiben mit seinen Armen gesäubert, mit Wasserstrahlen aus seinem Sipho mit Sauerstoff versorgt.

Es hat Steine vor dem Loch aufgehäuft, um sein Haus zu befestigen. Zum Schutze der Eier nimmt es eine charakteristische Stellung ein: tulpenförmig die Arme nach oben gebogen. Und es hält seinen Sipho so, daß es die Eier »durchlüften« kann.

Die Eier von *Octopus vulgaris* sind klein und sitzen mit einem Stiel um einen Faden in der Mitte. Sie bilden mehr oder weniger dichte

»Schläuche«, deren Länge vor allem von der Höhe der Decke abhängt.

Tägliche Tauchbesuche zeigten uns, daß die Eier nur langsam reifen. Sie nehmen eine bräunliche Färbung an, aus der bis zum Augenblick des Schlüpfens ein dunkles Braun geworden ist. Wir verbrachten mehr als den ganzen Oktober damit, dieses Weibchen zu filmen. Es rührte sich nicht. Es ließ uns gewähren. Wir sahen, wie es seine Arme hinter der Kieselmauer sorgfältig um das Gelege gebreitet hatte. Aber wir sahen auch sein eines Auge, das uns belauerte. Wir konnten das *Octopus*-Weibchen in dem Augenblick filmen, als es im Wasser schwebenden Schmutz aus der Höhle »hinausblies«. Am Ende löste sich, sobald eine leichte Strömung aufkam, einer der Schläuche, und Tausende von Jungen schwammen ins offene Wasser.

Genest wollte der Mutter etwas zu fressen bringen; aber vergeblich bot er ihr all ihre Lieblingsspeisen an, Krabbenstücke, Langustenfleisch. Die meisten Weibchen nehmen von dem Augenblick an keine Nahrung mehr auf, da sie ihr Gelege bewachen. Man hat die Hypothese aufgestellt, daß sie instinktiv das Fressen verweigern, weil die Überreste der Nahrung die Eier verschmutzen könnten.

Fische halten schon am Höhleneingang Wacht, weil sie hoffen, sich an den Eiern oder den Neugeborenen gütlich zu tun.

Als Genest diese unnahbare Mutter unbedingt zum Fressen bringen will, wirft sie sich nach vorne und stürmt los in einem lächerlichen, rührenden Versuch, den Taucher zu verjagen.

Kurz nach der Eiablage wird sie an Erschöpfung sterben, aber sie lehnt weiterhin alles ab, was man ihr anbietet – einzig darum besorgt, ihr Gelege zu schützen. Niemals sieht man einen weiblichen Polypen seine Eier verlassen. Ob er es vielleicht in der Nacht tut? Und er hat außergewöhnlichen Mut, denn er greift weiterhin alle Taucher an, die sich nähern, und auch einen anderen Polypen, den Genest vor seine Höhle gesetzt hat.

Dieser drängt sich auch nicht dazu, sondern verschwindet prompt in den Felsen. Manche Weibchen bleiben nach dem Schlüpfen der Jungen in ihrem Loch, und wir haben zuweilen ihren Kadaver gefunden. Die Polypen, die jedoch nicht gleich nach dem Schlüpfen sterben, haben nicht die Kraft, noch sehr weit zu gehen. Es kommt sogar vor, daß Weibchen sterben, während sich die Eier in ihnen entwickeln.

Wir haben eine Spezialkamera mit sehr starker Vergrößerung, eine sogenannte »Planktonkamera«. Sie wurde von der C.E.M.A. in

Das Männchen machte seine Partnerin bewegungsunfähig. Nun kann die Begattung mehrmals hintereinander stattfinden.

Marseille entwickelt und ermöglicht mikroskopische Aufnahmen im Wasser. Wir haben sie bei dieser Gelegenheit zum erstenmal benützt. Michel Deloire konnte damit die Geburt der kleinen Polypen filmen.

Es sind ungefähr 50 Eitrauben, und jede Traube enthält bis zu 4000 Polypenembryos. Man kann die großen Augen und den aufgeblasenen Mantel jedes kleinen Polypen sehen. Sie schlagen um sich, strengen sich an, um das Gewebe (die Eihaut) zu zerreißen, das sie gefangenhält, um sich allein ins Leben zu stürzen.

Jeder von ihnen ist etwa einen Millimeter lang, und alle zusammen bilden sie am Höhleneingang eine richtige Wolke. Auf ihrem Körper kann man fünf Chromatophoren sehen, die schon die Färbung wechseln – ein Vorspiel zur Mimikry.

Sie schlüpfen nicht alle gleichzeitig, denn es sind nicht alle Eier im gleichen Augenblick gelegt worden. Die Eiablage ist ein langer, komplizierter Vorgang. Die Eier werden mit einem sehr zähen Schleim angeklebt. Die Geburt aller Tiere kann sich über etwa 8 Tage verteilen.

»Liebe auf Distanz« im Aquarium von Monaco: Das Männchen streckt seinen Hectocotylus nach dem Weibchen aus.

Die Polypenbabys gehen auf eine gefährliche Reise. Sehr wenige nur entkommen den am Höhleneingang versammelten Fischen, die ein entsetzliches Gemetzel unter den Neugeborenen anrichten. Von 200000 kleinen Polypen werden nur einer oder zwei erwachsen; die anderen werden gefressen – Glieder in der Nahrungskette des Meeres.

Nach ihrer Geburt führen die Polypen zunächst 2 oder 3 Tage lang eine Art Wanderleben, in dessen Verlauf sie durch Strömungen ins offene Wasser getrieben werden. Das ist die gefährlichste Phase ihres Lebens, denn sie sind alle den Fischen ausgeliefert. Dann erreichen sie geringere Tiefen und können dort Schlupfwinkel finden.

Das Gewicht der Jungen wächst täglich um 20 Prozent. Von Geburt an können sie ihre Tinte ausstoßen wie die Großen. Es ist kaum zu glauben, wie schnell sie im Vergleich zur Größe bei der Geburt wachsen.

Die Umarmung von *Octopus* ist im allgemeinen friedlich. Nur selten weigert sich das Weibchen, und das Männchen geht denn auch gewöhnlich recht zart mit ihm um.

Bei den *Eledonen* verläuft die Paarung ganz anders als bei *Octopus vulgaris*. Frau Mangold beschreibt sie folgendermaßen: »Das Männchen nähert sich dem Weibchen von hinten und ergreift es mit seinen dorsalen Armen am Kopf. Seine Schirmhaut bedeckt den Mantel des Weibchens fast völlig. Dieses schlägt seine dorsalen Arme über das Männchen und hält es ebenfalls am Kopf. Die ventralen und lateralen (seitlich gelegenen) Arme des Männchens sind eingerollt, der Hectocotylus ist an der rechten Seite in die Mantelhöhle des Weibchens eingeführt.«

Bei den Zehnarmern dagegen geht die Paarung manchmal etwas gewaltsam vor sich.

Während der Paarungszeit ist das »Hochzeitskleid« des *Sepia*-Männchens am auffälligsten: bedeckt mit rotbraunen, hellgelben und weißen Streifen.

Sein vierter Arm links ist der Hectocotylus, nicht der dritte wie beim Polypen. Er ist zudem anders gestaltet: Die ventrale Seite wird breiter, die Saugnäpfe werden kleiner. Auch dieser Arm ist mit klar abgegrenzten schwarzweißen Streifen bedeckt.

Sobald ihn das Tier zur Schau stellt, nehmen die anderen Männchen die gleiche Färbung und Haltung an, während die Weibchen die Farbe nicht wechseln.

Es sieht aus, als sei dieses ganze sexuelle Verhalten mehr darauf angelegt, die anderen Männchen einzuschüchtern als die Weibchen anzuziehen.

Zwei rivalisierende Männchen beschränken sich darauf, Seite an Seite zu schwimmen, ohne miteinander zu kämpfen. Der Schwächere oder Kleinere zieht sich von selbst zurück.

Das Hochzeitszeremoniell ist bei den Sepien besonders kompliziert. »Das Kleid schillert«, schreibt Professor Raymond Vassière, »ein wahrhaft hochzeitlicher Schmuck, silbern, damasten, mit zebraartigen Streifen versehen, die beim Männchen dunkler sind. Es wirkt, als sei es in ständiger Vibration. Farbige, goldbraune Wellen huschen vom Kopf zum Hinterende. Der zu einer feinen Flosse umgewandelte Mantelsaum schlägt leichte Wellen und hält das Tier vollkommen in der Schwebe.«

Kann man die Begattung in der Nacht beobachten, dann merkt man, daß die beiden Tiere leuchten, das Männchen mehr als das Weibchen. Und der vierte Arm des Männchens, der Hectocotylus, schillert ganz besonders. Leuchtende Flecke erscheinen, silbern mit grünlichen Reflexen.

Das Paar schwimmt Seite an Seite, wobei das Männchen alle Bewegungen des Weibchens mitmacht. Taucht ein anderes Männchen auf, so schiebt sich das erste zwischen dieses und seine Begleiterin. Als kampfloser Sieger stellt es sich ihr gegenüber.

Die Paarung beginnt mit einer unmißverständlichen Zärtlichkeit: Männchen und Weibchen legen ihren Mund nebeneinander und verschränken ihre Arme. Die Sepien nehmen stets eine Kopf-an-Kopf-Haltung ein. Das Männchen setzt seine Samenpakete in einer Mundfalte ab, der sogenannten Begattungstasche. Bei anderen Zehnarmern aber gibt es Begattungsweisen, die mehr oder weniger aggressiven Charakter haben. Beim Neufundlandkalmar *(Illex illecebrosus)* zum Beispiel stürmt das Männchen von der Bauchseite her auf das Weibchen los und umschlingt dessen Mantel, um die Spermatophoren in der Mantelhöhle zu befestigen; in dieser Stellung berühren sich der Kopf des einen und der Mantel des andern. In einem anderen Fall, zum Beispiel bei den *Sepiolen*, dreht das Männchen das Weibchen auf den Rücken und legt seine Spermatophoren in die Mantelhöhle.

Immer aber dienen andere Arme dazu, das Weibchen zu halten, während der Hectocotylus für die Beförderung der Spermatophoren vorgesehen ist.

Die Paarung kann mehrmals am Tage stattfinden. Im allgemeinen bleiben Männchen und Weibchen nach der Begattung einige Zeit zusammen bis zur Eiablage. Dann begibt sich das Männchen auf die Suche nach einer anderen Partnerin.

Wie man sieht, fehlt es den Kopffüßern in der Liebe nicht an Phantasie. Die seltsamste Paarungsweise aber haben die Argonauten oder Papierboote (Achtarmer). Der Hectocotylus trägt bei ihnen nur ein einziges Samenpaket. Er löst sich vom Männchen ab und dringt in die Mantelhöhle des Weibchens ein. Früher wurde er von den Naturforschern für einen parasitären Wurm gehalten!

Von den Papierbooten war den Zoologen jahrelang nur das Weibchen bekannt. Es war noch nie gelungen, ein Männchen zu fangen. 1827 aber entdeckte ein italienischer Naturforscher auf einem weiblichen Papierboot ein seltsames Tier, das er für einen parasitären Wurm hielt. Cuvier teilte seine Meinung und gab dieser unbekann-

Ein Weibchen vor seinem Gelege. Die Eierstränge, die an der Decke der Grotte hängen, können bis zu 250 000 Embryos enthalten.

ten Art den Namen *Hectocotylus*, was soviel heißt wie: »ein Arm, der mit hundert Saugnäpfen besetzt ist«.

Erst in der Mitte des 19. Jahrhunderts wurde Cuviers Irrtum berichtigt, und man erkannte das seltsame Tier als das, was es ist: der dritte Arm des Argonautenmännchens. Die mikroskopische Untersuchung enthüllte tatsächlich, daß ähnliche Chromatophoren und Saugnäpfe vorhanden waren wie bei der *Argonauta*. Die Natur hat hier schon einen recht seltsamen Weg eingeschlagen, um den Argonauten zur Fortpflanzung zu verhelfen. Das Männchen ist etwa 20mal kleiner als das Weibchen. Selten ist es 1 Zentimeter groß, aber sein Hectocotylus, der in einen Sack eingeschlossen ist, kann mehr als 10 Zentimeter lang sein. Dieses Organ, das 50 bis 100 Saugnäpfe trägt, bringt den Sack zum Platzen, löst sich und führt das Samenpaket mit. Selbständig kann es mehrere Stunden lang schwimmen und sich im Wasser winden, bis es in die Mantelhöhle des Weibchens eingedrungen ist und sich dort festgesetzt hat.

Manchmal zieht das Weibchen auch eine sicherere Methode vor: Es nimmt sein Männchen in seinem kleinen Kahn mit, ohne daß dieses deshalb zum Parasiten würde. Aber die Ablösung des männlichen Gliedes vollzieht sich in dieser Schale. So hat es größere Chancen, ans Ziel zu gelangen.

Die Befruchtung durch ein ablösbares Glied oder – wie der Fachausdruck heißt – ein Glied, das die Gabe der Autotomie besitzt, ist kein Privileg der Argonauten. Die gleiche Erscheinung zeigen *Ocythoë* und *Tremoctopus*. Ihr Begattungsarm ist von unterschiedlicher Länge; im Musée National d'Histoire naturelle in Paris wird ein bei Nizza gefundener Arm von *Ocythoë tuberculata* aufbewahrt, der 40 Zentimeter lang ist.

Bei *Nautilus*, dem Perl- oder Schiffsboot, werden 4 von den kleinen inneren Armen in ein konisches Organ umgewandelt, den kolbenförmigen Spadix, welcher die gleiche Rolle spielt wie der Hectocotylus.

Die Weibchen der Sepien, Kalmare und der Zehnarmer im allgemeinen sind ganz offensichtlich Rabenmütter: Sie bewachen ihre Eier nicht, verteidigen sie auch nicht gegen die Raubfische und nehmen am Schicksal ihrer Jungen keinen Anteil. Für die Sepien und die Kalmare gibt es dabei zumindest eine Entschuldigung: Ihre braunen Eier werden von den Fischen ihres Geschmackes oder Geruches wegen für ungenießbar gehalten. Nach dem Ausschlüpfen aber fallen die transparenten Jungen mit ihren riesengroßen Augen den Räubern zum Opfer.

Die beste Mutter ist dagegen das Papierboot. Sie trägt ihr Gelege bis zum Schlüpfen in einer winzigen schwimmenden Schale, die von ihren beiden hinteren Armen abgesondert und gehalten wird.

Das Weibchen von *Tremoctopus* befestigt seine Eier an der Basis der dorsalen Arme; dort werden sie von den Saugnäpfen gehalten.

Bei *Ocythoë* entwickeln sich die Eier sogar vollkommen im Innern des mütterlichen Körpers, im Eileiter.

Die Art, wie sie die Eier ablegen und wie das Gelege zusammengestellt wird, ist bei den Kopffüßern ganz verschieden.

Am einfachsten macht es *Vampyroteuthis infernalis*, jenes seltsame Tier, das erst seit kurzem bekannt ist: Das Weibchen stößt seine Eier einzeln aus und läßt sie im Meer treiben.

Die kleinen Kalmare der Gattung *Loligo* befestigen ihre Gelege an allen Unebenheiten des Meeresbodens. Sie bilden dort richtige Laichhaufen, die durch Fäden festgehalten werden. Danach sterben Männchen und Weibchen.

Auch der Gemeine Tintenfisch *(Sepia officinalis)* macht seine Eier fest, aber mit Vorliebe an zweigförmigen Gebilden, wie etwa Gorgoniastöcken. Sein Gelege sieht wie eine Weintraube aus. Häufig hängen mehrere Weibchen ihre Eier zusammen auf.

Über die Tiefseekalmare wissen wir kaum Näheres. Man vermutet, daß ihre Eier an einem gallertartigen Band hängen, das frei im Meer treibt. Es ist offensichtlich ein solches Gelege, wie ich es im Roten Meer entdeckte, das rote »Schwammtuch«, das ich von der Brücke der *Calypso* aus an der Wasseroberfläche sichtete.

Wie wir gesehen haben, ähneln die kleinen Polypen, wenn sie aus dem Ei kommen, schon den ausgewachsenen. Trotzdem können sie als »Larven« bezeichnet werden, denn sie tragen Hautorgane, die sich später wieder verlieren, die Köllikerschen Kanäle. Ihr Wanderleben ist nur kurz, denn nach zwei oder drei Tagen haben sie die Anpassung an die Lebensweise der ausgewachsenen Tiere erreicht; sie lassen sich auf dem Meeresboden nieder und beginnen sich dort zu verstecken und umherzukriechen.

Bei manchen Arten aber sind die Larven von den erwachsenen Tieren derart verschieden, daß die Naturwissenschaftler sie früher für eigene Arten gehalten haben. Das ist bei *Chiroteuthis verangi* der Fall, deren Larve den Namen *Doratopsis vermicumaris* erhielt.

Die Larve von *Vampyroteuthis infernalis* ist in vieler Hinsicht einzigartig. So trägt sie auch vorübergehend ein Paar Flossen, die im Erwachsenenstadium durch andere ersetzt werden.

Auch die Larven der Tiefseekalmare, vor allem der *Oegopsiden*, weisen in ihren Formen große Verschiedenartigkeit auf.

# 9  Die Nacht der Kalmare

Alarm – Die Blauhaie – Die Untertasse hat eine Panne –
16 Stunden filmen unter Wasser – Das Befestigen der Gelege
– Ein Leichenfeld – 7 Milliarden Embryos – Sterblichkeit:
70 Prozent

Im April 1969 widmete sich die ganze Besatzung der *Calypso* dem
Studium der Grauwale. Wir begleiteten ihre Wanderung von San
Diego bis in die Lagunen von Niederkalifornien – eine aufreibende
Arbeit. Wir mußten den riesigen, verteufelt schlauen Walen im
Schlauchboot folgen. Taucher und Kameraleute stürzten sich ins
Wasser und versuchten, sich an eine Flosse zu hängen; doch meist
tauchte der Wal ab und verschwand, bevor man ihn filmen oder
fotografieren konnte. Es kam auch vor, daß er das Schlauchboot
mit einem Schwanz- oder Flossenschlag zum Kentern brachte – mit
der ganzen Besatzung, dem Motor und der Ausrüstung an Bord.
Wir haben dramatische Augenblicke erlebt.
Jeden Abend fand sich die Crew in der Messe ein. Erschöpft, mit
klammen Händen, hatten Kameraleute und Taucher nur den einen
Wunsch, zu schlafen. Sie aßen wie Roboter, denn sie spürten keinen
Hunger. Am Abend des 12. April ankerte die *Calypso* an der Ost-
küste von Niederkalifornien, vor der Santa-Catalina-Insel bei
40 Meter Wassertiefe... Plötzlich heulen die Sirenen. Immer, wenn
ein Motor heißläuft, geht eine Sirene los. Der Mechaniker springt
auf und stürzt hinunter. Das Licht geht aus. Die Wasserpumpen
funktionieren nicht mehr... Die Notbeleuchtung wird in Gang gesetzt. Das Wasser war gerade noch ruhig und klar; jetzt scheint es
zu kribbeln und zu kochen. Die *Calypso* ist von Millionen Tieren
umgeben, die sich im Meer nach allen Seiten bewegen. Das müssen
wir sehen!
Bernard Chauvelin und Jacques Delcoutère ziehen ihre Ausrüstung
an und springen ins Wasser. Mit kräftigen Zügen drängen sie die
wimmelnden Tiere zur Seite. Es sind etwa 10 Zentimeter lange
Kalmare, teils rot, teils golden, die wie wahnsinnig sind.
Nach den Instruktionen des Mechanikers René Robino tauchen
Chauvelin und Delcoutère, um die Pumpensiebe zu inspizieren. Sie
sind verstopft von den gallertartigen Körpern der Kalmare – insgesamt 1 Kilo weiches Fleisch. Die Taucher schlagen sie mit den

Fäusten herunter, aber sobald die Pumpe in Gang gesetzt ist, hängen sie sich wieder an. Wir müssen zwei Drahtkörbe anfertigen und über die Siebe nageln. Alle 2 Stunden sollen sie gereinigt werden.

Ich möchte diesem außergewöhnlichen Schauspiel, das uns das Meer bietet, soviel wie möglich abgewinnen. Wir werden diese Szene filmen. Als wir wieder Strom an Bord haben, lasse ich die gesamte Unterwasserbeleuchtung anschließen, über die wir verfügen. Die Kameras sind einsatzbereit. Mein Sohn Philippe wird Chauvelin und Delcoutère bei diesem nächtlichen »Bad der Kalmare« begleiten.

Zum erstenmal stoßen wir auf Kalmare, seit wir an den Küsten von Kalifornien sind. Jetzt sehen sie aus wie eine lebendige Flut, Hunderttausende kleiner, durchsichtiger Schemen, in deren Mitte die Lampen goldene Lichtbahnen im dunklen Wasser zeichnen.

Unser Cheftaucher Albert Falco probiert bei dieser Gelegenheit neue Scheinwerfer mit enger Blende für die Unterwasseraufnahmen aus.

Ich lasse die gesamte Beleuchtung, über die wir an Bord verfügen, auf das Meer richten. Es ist ein phantastisches Schauspiel: Wir sind von einer mehrere Meter dicken Schicht umgeben, bestehend aus Lebewesen, die sich aneinanderklammern und winden, die durch Ausstoßen des Wassers aus ihrem Sipho vorwärtsgetrieben werden wie kleine Raketen. Es sieht aus wie ein millionenfach vergrößertes Mikrobengewimmel. Doch bald müssen wir die Bordscheinwerfer ausmachen, weil sie bei den Unterwasseraufnahmen stören.

Schlimmer ist etwas anderes: Durch diese Masse ziehen Haie ihre Furchen, die sich schnell wieder schließen. Sie sind wie toll. Mit offenem Rachen schaufeln sie die Kalmare ein, dann halten sie für eine Sekunde inne, um diese klebrige Speise hinunterzuschlucken. Man sieht, wie sie ihren Rachen schütteln und sich zum Hinunterschlucken auf den Rücken drehen.

Philippe und seine Kameraden beobachten, wie die großen Haie die Wolke der Kalmare durchfurchen; sie finden die Situation ziemlich beunruhigend. Philippe erzählte später:

»Ich war mir sehr bald sicher, daß die Haie nicht angreifen würden, zumindest nicht gleich. Sie fraßen Kalmare, soviel sie nur konnten. Es war eine leichte, ergiebige Jagd. Somit bestand alle Aussicht, daß sie sich nicht an uns heranmachen würden.«

Aber die Kalmare bilden eine derart kompakte Masse, daß man beim Tauchen unmöglich weiter als 50 Zentimeter weit sehen kann. Sie kleben an den Händen, Armen, Masken und Lampen der Taucher. Häufig findet man sich Nase an Nase mit einem Hai, aber dann dreht er ab, voller Gier, sich mit Kalmaren zu mästen.

144

Ein Blauhai schickt sich an, sich mitten in die Schar der Kalmare hinein-
zustürzen.

Es sind Blauhaie, deren Bäuche im Schein der Unterwasserlampen
leuchtend weiß glänzen.

Diese Massenansammlung von Kalmaren ist ein Fest der Liebe. Je
deutlicher die Taucher die Szene sehen, um so phantastischer erscheint sie ihnen. Die Tiere sind paarweise vereint. Ihre durchsich-
tigen Körper schillern farbig im Schein der Unterwasserlampen. Sie
tanzen Kopf an Kopf, suchen sich, umarmen sich, in kleinen Gruppen
oder Trauben von fünf oder sechs.
Manche Gruppen bilden nur noch ein wimmelndes Bündel von Fangarmen – ein besessenes Umklammern vermischter Geschlechter. Es

145

Die *Espadon* vor Marseille. Sie hat es uns ermöglicht, die Folgen über Mittelmeerpolypen zu drehen.

gibt auch Einzelgänger, die wie toll nach einer Gefährtin suchen, sich an Männchen wie an Weibchen klammern, sich wieder lösen, ruckartig schwimmend in blinder Erregung.

Von der goldenen Flut durcheinanderwimmelnder Körper heben sie sich scharlachrot ab – die Farbe der Liebe im Meer. Sie stoßen gegen die Lampen und die Kamera, machen das Drehen unmöglich. Wir müssen abschalten und warten, bis sie sich zerstreuen. Aber im Dunkel des Meeres sieht man nicht einmal die Haie mehr kommen! Doch man spürt, daß sie nervöser, aggressiver werden; die ungewohnte Anwesenheit der Taucher ist ihnen bewußt.

Philippe erzählt:

»Nach einer Stunde beginnen die Haie, sich mit uns zu befassen. Sie stoßen mit ihrer Schnauze an uns. Sie reiben sich an unserer Kombination. Einer von ihnen stößt brutal vor und rennt mit dem Kopf gegen die Kamera. Er dreht ab, kommt aber zurück. Höchste Zeit, aus dem Wasser zu gehen!«

Die Erfahrungen, die wir beim Tauchen im Roten Meer machten, haben uns gelehrt, wie man mit Haien umgeht; aber man muß sie verstehen. Philippe, der stets mit uns unter den großen Haien ge-

146

taucht hat, kennt zum Glück ihr Verhalten besser als irgend jemand sonst und gibt gerade rechtzeitig das Signal zum Auftauchen.

Dennoch möchte ich nicht darauf verzichten, noch mehr über dieses faszinierende Rendezvous der Kalmare zu erfahren. Wir haben ein Gerät, mit dessen Hilfe wir Vorgänge auf dem Meeresgrund erkennen, ja sogar filmen können, ohne einen Taucher in Gefahr zu bringen.

Morgens um Viertel nach vier wird die einsitzige Untertasse SP 501 zu den Kalmaren aufs Meer hinuntergelassen. Falco, der das Kommando hat, teilt uns über das Telefon mit, daß alles gut geht und daß er zum Tauchen bereit ist.

Jacques Delcoutère löst den Telefondraht und die Sicherheitsleine aus Nylon. Die Untertasse taucht ins Wasser ein; ihre beiden Scheinwerfer zeichnen zwei lange goldene Streifen im wimmelnden Meer.

Als Falco 30 Meter unter der Oberfläche gerade über den Boden gleitet, beginnt er über das Ultraschalltelefon zu beschreiben, was er durch das Bullauge der Untertasse sieht. Plötzlich unterbricht er sich, um durchzugeben, daß der Motor der Untertasse stehengeblieben ist. Auch das noch!

Unser Elektroingenieur Jacques Roux – wir nennen ihn Gaston – rät ihm, alle elektrischen Apparate abzustellen. Die Situation ist im übrigen nicht dramatisch. Die Untertasse hat einen Sauerstoffvorrat für mindestens 24 Stunden, und mit dem Ultraschallgerät *Erus* wird Falco mit der Oberfläche in Verbindung bleiben können. Falco signalisiert, daß er den Ballast der Untertasse abwerfen möchte, um aufzusteigen – ein 25 Kilo schweres Gewicht aus Gußeisen. Ein Beiboot begibt sich in die Nähe der Stelle, wo er auftauchen müßte. Die Oberseite der Untertasse zeichnet sich im Scheinwerferlicht der *Calypso* ab, Delcoutère wirft das Schlepptau aus; die SP 501 muß nur noch an Bord gehievt werden.

Das Auffischen geht nicht gerade geräuschlos vor sich. Der Motor des Beibootes, der Einsatz der Taucher, die Blitze der Kameras – all das müßte die Kalmare erschrecken und sie vertreiben. Aber genau das Gegenteil geschieht. Die Tiere, die sich noch immer wie von Sinnen gebärden, strömen, wie durch einen Zauber angelockt, um die *Calypso* zusammen. Und von der Verschalung der Untertasse, die nun auf dem Achterdeck unseres Schiffes liegt, nimmt André Laban eine Traube von Kalmaren, die noch immer in Liebe vereint sind, einer Liebe zu fünft oder zu sechst.

An einer Luke klebten außerdem einige gallertartige Kugeln; sie enthielten die Eier der Kalmare. Zufällig waren wir an einem jener verborgenen Plätze vor Anker gegangen, wo die Kalmare Hochzeit halten.

Die Ursache der Panne an der Untertasse aber war bald geklärt: Kalmare waren in das Ansaugrohr der Antriebspumpe hineingezogen worden und hatten es verstopft; der Motor lief sich so heiß, daß die Sicherungen heraussprangen.

Bei diesem Rendezvous der Kalmare wurde mir klar, daß ich unverhofft zu einem Filmthema gekommen war. Außergewöhnlich erschien mir vor allem, daß diese kleinen Kopffüßer so besessen von ihrer Liebe sind, daß sie sich von den Tauchern berühren und sogar fangen lassen, während sie sonst scheu und kaum in Schwärmen anzutreffen sind. Philippe und seine Kameraden brachten eine Menge Kalmare an Bord, und wir setzten sie ins Aquarium. Aber ohne ein Wort zu sagen, fischte sie der Koch wieder heraus, um sie uns am nächsten Tag *à la romana* zu Mittag zu servieren.

Schon lange hatten wir an Bord alle gelernt, uns den Launen des Lebens auf See zu fügen. Das Meer bestimmt unser Verhalten, wenn es bereit ist, uns seine Geheimnisse zu enthüllen. Was gilt das Programm, das wir vorher festgelegt haben – wir werden es ja doch immer bei solchen Gelegenheiten ändern. Ich habe beschlossen, den Zyklus der Paarung bei den Kalmaren vollständig zu filmen; die *Calypso* wird an Ort und Stelle bleiben, solange es nötig ist.

Ich rufe die Verantwortlichen der Mannschaft – Falco, Delemotte, Yves Omer – zusammen, um einen Plan rund um die Uhr für die Dreharbeiten zu entwerfen, bei denen wir die verschiedenen Phasen der Hochzeit der Kalmare aufzeichnen wollen.

Kameras und Tauchgeräte für diese außergewöhnliche Gelegenheit werden überprüft, denn zum erstenmal soll für die Biologen eine wissenschaftliche Dokumentation erstellt werden, die der Paarung von *Loligo opalescens* gewidmet ist, dem Kalmar des Pazifik.

Dieses Thema ist nicht ohne Bedeutung, denn die Kalmare dienen vielen Arten im Meer als Nahrung. Für die Fachleute ist der Rückgang ihres Bestandes in Zonen alarmierend, die früher ausgesprochene Fischfanggebiete waren. Vor allem die Meeressäugetiere machen sich über die Kalmare her, die deshalb ein wesentliches Glied in der Nahrungskette der Ozeane bilden.

Mit Hilfe unserer Unterwasserfernsehgeräte konnten wir uns vergewissern, daß nicht allein Haie die Kalmare verschlingen. Sie sind hier auch ein gefundenes Fressen für die Grindwale sowie anderswo für Tümmler, Pottwale von 50 Tonnen und sogar Mondfische.

Vom Lachs bis zum Schwertfisch holen die Fische sich ihren Tribut. Dazu gesellen sich die Vögel, von den Seeschwalben bis zu den Pin-

Die Eitrauben wirken auf dem Grund wie blumenförmige Gebilde, die an Dahlien erinnern.

guinen. Und schließlich ist auch der Mensch ein großer Kalmar-Esser. In den japanischen Gewässern werden jährlich 500 000 bis 700 000 Tonnen einer bestimmten Kalmar-Art gefischt, *Todarodis pacificus*. Die Japaner gehen sogar dazu über, sie in Fischzäunen im Meer zu züchten.

Albert Falco, Chef-
taucher der *Calypso*
und Pilot der
tauchenden Unter-
tasse.

Würde der Bestand an Kalmaren rücksichtslos dezimiert, so könnte
dies nicht wiedergutzumachende Störungen im biologischen Gleichgewicht des Meeres nach sich ziehen. Es geht mir nicht aus dem
Sinn, welch verheerende Folgen ein Fischzug jetzt und hier hätte, in
diesem kritischen Augenblick, da die Laichzeit beginnt.
Wir verbringen die zweite Nacht bei den Kalmaren. Wie am Abend
zuvor sind die Tiere zur Wasseroberfläche aufgestiegen. Offensichtlich gibt es jetzt nicht mehr so viele Hochzeitstänze, dafür aber wird
die Paarung häufiger – 72 Stunden Gewalttätigkeit, Befruchtung
und Todeskampf stehen bevor.
Die Taucher sollen versuchen, die Paare gesondert und in Groß-
aufnahme zu filmen: eine schwierige Aufgabe – so, als wolle man
zwei Flocken in einem Schneesturm filmen. Im Zentralstand über-
wacht das Fernsehteam unablässig die einzelnen Phasen dieser frene-
tischen Liebesspiele.
Um 9 Uhr abends beginnt das Unternehmen. Die Taucher werden

150

16 Drehstunden hintereinander mitten im Wirbel dieser toll gewordenen Kalmare verbringen.

Sie werden 2 Kilometer Film verbrauchen und 36 Preßluftflaschen leeren. In der Finsternis des Meeres, durch die das Scheinwerferlicht dringt, sollen sie Zeugen eines der großen Dramen in der Natur sein.

Die Engländer nennen unsere Kalmare »Sea arrows«, Seepfeile — ein Name, der ihre vollkommene hydrodynamische Gestalt treffend umschreibt. Normalerweise bewegen sie sich mit Hilfe der zwei kleinen Flossen, die beiderseits am Körper sitzen. Doch möchten sie fliehen oder ein Weibchen erobern, so gebrauchen sie wie die Polypen den Rückstoßantrieb, der viel schneller ist und ihre Schwimmbewegungen ruckartig macht.

Es gibt ebenso viele Männchen wie Weibchen. Alle sind zwei Jahre alt, denn dann sind die kleinen Kopffüßer geschlechtsreif und können sich fortpflanzen. Aber in diesem Gewirr, dessen Zeuge wir sind, bleibt die Folge der Umarmungen dem Zufall überlassen. Die Polygamie ist die Regel, eine Vereinigung zu dritt häufig. In der Raserei, die der Geschlechtstrieb auslöst, verirren sich die unersättlichen Männchen oft zu ihresgleichen. Das aber führt zu heftigen und, wie wir vermuten, empörten Reaktionen.


Während dieser Liebesszene ändern sich die Farben ganz erstaunlich in Ton und Intensität. Gewöhnlich haben die Kalmare eher zarte Farben, schillernd und durchsichtig; aber in ihrer Begierde färben sich die Männchen purpurn. Auf dem Höhepunkt der Erregung laufen rote und kastanienbraune Wellen und Streifen über Kopf und Fangarme, solange sie das Weibchen während der Begattung umschlungen halten.

Nach und nach sinkt die Kalmar-Gruppe langsam zum Meeresgrund hinab. Die Weibchen beginnen die gallertartigen Kapseln freizusetzen, die ihre Eier enthalten. In den nächsten drei Tagen wird jedes 10 bis 20 zylindrische Kapseln absondern, die an die 100 Eier enthalten. Aber das Weibchen überläßt sie nicht dem Zufall.

Um zu vermeiden, daß das Gelege durch Strömungen aus dem wärmeren Wasser abgetrieben wird, befestigt das Weibchen mit großer Mühe den klebrigen Faden jeder Kapsel an Algen oder an Unebenheiten auf dem Grund.

Die meisten ordnen ihre Eier peinlich genau in Buketts an, die an Seeanemonen erinnern.

Bei dieser schwierigen Arbeit sind die Kalmar-Mütter nicht vor der Zudringlichkeit der Männchen sicher. Die Männchen breiten ihren

Samen in der Nähe der Eihaufen im Wasser aus. Die Kapselwand ist weich genug geblieben, daß die Spermatozoiden eindringen und die Eier befruchten können. Doch ist das nicht die übliche Befruchtungsweise; meist werden die Samenpakete auf dem Weibchen selbst abgelegt.

Unsere Taucher filmen diese Szenen so begeistert und aufmerksam, daß sie die Anwesenheit der Haie ganz vergessen. Aber die sind da, zahlreich, angelockt durch die rasenden Bewegungen der Kalmare, genau wie sonst durch die Notsignale verwundeter Fische.

Die Blauhaie sind für ihre mäßige Intelligenz bekannt, aber ihre Reaktionen sind unberechenbar. Deshalb haben die Taucher ihre Verteidigungswaffe mitgenommen, einen Stab, den wir als »Haigabel« bezeichnen. Die Begegnung mit einem Hai in dem schwarzen, von Kalmaren streifig aufgehellten Wasser könnte ihnen eine schwere Verletzung einbringen. Mit berufsmäßiger Gelassenheit stellen die Kameraleute die Lampen auf, suchen den besten Winkel aus und lassen unerschütterlich die Kamera surren.

Die »Sea arrows«, die Seepfeile, gehören mit ihrem Rückstoßantrieb zu den schnellsten Schwimmern im Ozean und stellen bei ihrer geringen Größe eine schwer zu fassende Beute dar. Aber blind und wie hypnotisiert durch ihr sexuelles Bedürfnis sind sie besonders leicht verletzlich. Die Ironie des Schicksals will es, daß sie von den großen Fleischfressern bei dieser einzigartigen Umarmung verschlungen werden, durch die sie das Leben weitergeben.

Ein mehr als drei Meter langer Hai zieht seine Kreise durch ihre Mitte mit offenem Rachen, verschmäht die Kalmare für einen Augenblick und visiert die Beine von Yves Omer an; der hat zum Glück Zeit, sich mit einem Sprung auf die Leiter der *Calypso* zu retten. Dieser Hai hat die Taucher daran erinnert, daß sie zerbrechliche Fremdkörper in einem Gebiet sind, wo die Haie als Könige herrschen.

Raymond Ammadio, unser Koch, denkt nur daran, wie er die Kalmare auf hunderterlei Art zubereiten könnte. Vierzehn Tage lang hat er sie uns vorgesetzt. Wir genossen Kalmar *à la bolognese, à la romana, à la casserole.*

André Laban ist der einzige, der die Begeisterung unseres Küchenmeisters für dieses Gericht teilt: Man hat ihm nämlich versichert, daß von frischem Kalmar die Haare wieder sprießen.

Wir haben Miß June Lindstedt eingeladen, uns an Bord der *Calypso* zu begleiten. Sie ist Zoologin, Spezialistin für Wirbellose am Laboratorium für Meeresbiologie der Universität Südkalifornien. Sie

Commandant Cousteau kehrt von einem Tauchunternehmen im Persischen Golf zurück, wo er mit seinem Team nach Erdöl gesucht hat.

interessierte sich für unsere Forschungen und war bereit, uns beim Drehen des wissenschaftlichen Teils unseres Filmes behilflich zu sein.

Wir konnten die Paarung von *Loligo opalescens* in starker Vergrößerung aufnehmen. Das Männchen packt das Weibchen von unten und auf der Seite. Das geht äußerst schnell vor sich, aber unsere Aufnahmen zeigen den Ablauf in allen Einzelheiten.

Das Männchen hält das Weibchen, während die Spitze seines Hecto-cotylus ein Samenpaket ergreift und damit unter den Mantel gleitet, um den Eileiter zu erreichen. Der Begattungsarm kann mehrmals hin und her gehen, bevor die Umarmung gelöst wird.

In weniger als 72 Stunden ist die große Versammlung der Kalmare zu einer wahren Orgie geworden. Doch schon erkennen die Taucher die ersten Anzeichen von Müdigkeit bei den Tieren.

Viele Kalmare, die von sehr weit hergekommen sind und farbig strahlten – scharlachrot, in voller Kraft –, hängen sich nun schlaff und farblos an die Algen.

Trotzdem sind 24 Stunden später manche Männchen noch immer aggressiv. Sie halten in ihrem Ansturm nur inne, um über die er-schöpften Weibchen herzufallen.

Miß Lindstedt, die sich dem Studium von *Loligo opalescens* ge-widmet hat, teilte uns eine merkwürdige Besonderheit dieses Paa-rungsvorganges mit: Die überschüssigen Spermatozoiden werden vom Weibchen in einer besonderen Tasche gespeichert. Erst bei der Eiablage werden sie freigesetzt. Das ist ein zusätzliches Mittel, um die Befruchtung zu gewährleisten und die Art zu erhalten.

So werden also die Spermatozoiden dreimal hintereinander verteilt: Zum erstenmal, wenn das Männchen die Spermatophoren in die Mantelhöhle des Weibchens einführt, zum zweitenmal durch das Weibchen, wenn es die Spermatozoiden freisetzt, die es in Reserve gehalten hatte, und schließlich erfolgt eine letzte Verteilung durch das Männchen in der Nähe der am Boden befestigten Eier. Die Natur hat erstaunlich viele Vorkehrungen für die Erhaltung des Lebens getroffen.

Die Eier werden im Eierstock gebildet, und während sie durch den Eileiter wandern, entsteht um sie eine schützende Hülle. Die ge-samte Masse, die so groß wie ein Viertel des Weibchens ist, wird dann durch den Sipho ausgestoßen, nicht ohne eine beträchtliche Anstrengung, die an eine Entbindung erinnert. Als erstes kommt ein Faden aus dem Sipho, eine Art Ankertau; wenn die Eikapsel völlig frei ist, schwankt sie, bis die Arme des Weibchens das Ende des Befestigungsfadens ergreifen können. Mit Hilfe dieses Fadens kann das Tier dann die Kapsel am Meeresgrund befestigen.

Nach unseren Beobachtungen dauert die Eiablage, begleitet von der Ausstoßung der Spermatozoiden, die das Weibchen in Reserve ge-halten hat, 3 bis 4 Tage.

16. April. Viele Weibchen haben nicht einmal mehr die Kraft, ihre »Entbindung« zu vollenden und die letzten Eikapseln freizusetzen.

Andere sind dem Sterben nahe – jeder Substanz entleert, weil sie ununterbrochen Leben gespendet haben. Manche, die noch leben, bleiben in den Armen eines Männchens gefangen, das mit dem Tode ringt und sie unwiderstehlich mit in den Tod zieht. Die Nacht der Kalmare geht zu Ende...

Die beiden kleinen einsitzigen Untertassen werden gleichzeitig ins Wasser gelassen. Albert Falco und ich werden den Grund abfahren, der weiß ist von vielen tausend Gelegen, aber auch von unzähligen noch unversehrten Kadavern. Nichts rührt sich am Grund... Doch – ein letzter Kalmar schleppt sich mühsam dahin. 20 Millionen fahler Kadaver bedecken das Feld.

Die Kalmare waren pünktlich bei ihrem Rendezvous mit Liebe und Tod. Ich aber möchte das Leben wiedererstehen sehen. Wir werden einen Monat warten müssen; die Zeit, die notwendig ist für das Brüten und Schlüpfen der Kalmar-Babys.

18. April. Von neuem erhalten wir diesen Morgen Besuch von einer Herde Grindwale, die gekommen sind, um zu schlemmen; aber diesmal werden sie enttäuscht, es gibt keinen einzigen lebenden Kalmar mehr zu fressen. Unverrichteterdinge kehren sie in tiefere Gewässer zurück, auf der Suche nach anderen Leckerbissen.

Ich habe die Taucher gebeten, im Laufe des Tages den Grund zu rekognoszieren, um die Ausdehnung des Geländes zu bestimmen, auf dem die Kalmare ihre Eier abgelegt haben. Vielleicht können wir so den Umfang der Generation schätzen, die hier geboren werden soll.

Bernard Delemotte und Louis Prézelin sind höchst erstaunt, als sie in diesem Leichenfeld ein Weibchen entdecken, das noch lebendig ist. Es versucht unermüdlich, seine Eier auszustoßen. Delemotte hilft ihr dabei und zeigt zu unserem Erstaunen, daß er auch ein guter Geburtshelfer ist.

Über dieser schaurigen Ebene aber schweben wie Todesengel große graue Rochen, die die Toten oder die Eier verschlingen.

Die Taucher gehen alle Tage hinunter, um den riesigen Laichplatz zu beobachten – eine Brutstätte, wo in 7 Milliarden Embryos das Leben pulsiert. Das ist die Näherungszahl, die wir errechnet haben.

Von Tag zu Tag hat sich die Farbe der Eitrauben, die den Meeresboden bedecken, weiter verändert. Im Strahl der Lampen sehen wir sie mehr und mehr kastanienbraun werden. Die braune Farbe rührt von mikroskopisch kleinen Pilzen her, die die Kapseln sehr schnell überzogen haben, und diese Schicht hat einen sehr schlechten Geschmack. Außerdem sind die gallertartigen Hüllen nun hart geworden. So vergreifen sich nur wenige Räuber an diesen Kapseln – allein der Seestern, dessen Magen alles aushält, wagt sich an die Kalmar-Babys vor ihrer Geburt. Aber die Kapseln sind zäh wie Leder, und der Seestern braucht 3 oder 4 Tage, bis er sie verdaut hat. So vergreift er sich an ihnen nur, wenn er nichts anderes zu fressen hat. Zur Zeit des Schlüpfens haben die Kapseln das Fünffache ihres ursprünglichen Volumens erreicht. Am 24. Tag ihrer Entwicklung schütteln wir ein paar Kapseln, um zu sehen, wie die kleinen Kalmare herauskommen und ins offene Wasser schwimmen. Manche

Vor Santa Catalina betrachtet die Crew der *Calypso* die unzähligen von den Scheinwerfern beleuchteten Kalmare.

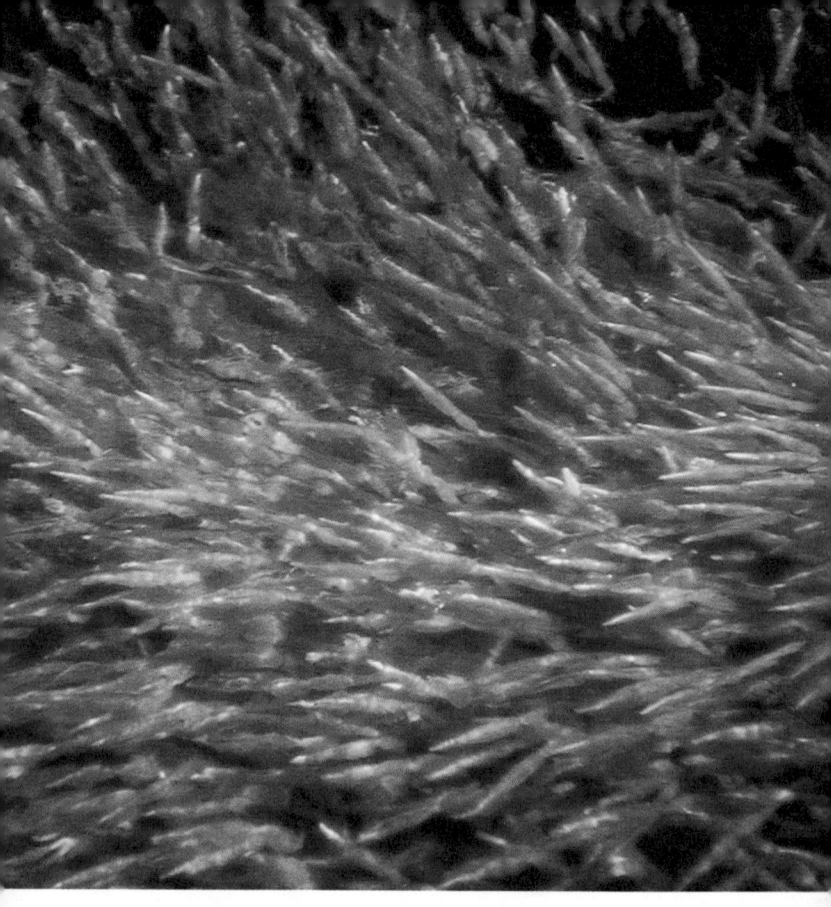

In Massen sind die Kalmare zur Paarung gekommen.

stoßen schon ihre Tintenwolke aus, während Yves Omer und Jacques Renoir sie filmen. Keines dieser Tierchen ist länger als 3 Millimeter.

Die Kapseln sind jetzt schon ziemlich groß. Sie sind elastisch, denn sie müssen sich je nach dem Wachstum der Embryos im Inneren dehnen.

Ich möchte eine dieser Kapseln sezieren, um sie unter dem Mikroskop zu betrachten. Sie ist derart elastisch, daß man sie nur schwer mit dem Skalpell durchschneiden kann.

Ich hole aus der gallertartigen Masse eine einzige durchsichtige Eihaut. Sie ist eine Art individuelles Aquarium, denn sie bildet die ideale Umgebung, die allen Bedürfnissen des Embryos entspricht. Die schimmernden Farben dieses lebendigen Edelsteins sind für das bloße Auge sichtbar. Unter dem Mikroskop pulsiert in diesem vollkommen gestalteten Kalmar der Rhythmus eines Lebens, das seine Vorfahren ihm vererbt haben, die auf mehr als 200 Millionen Jahre zurückgehen.

Unter einem Objektiv mit starker Vergrößerung erscheint die Haut des Jungtiers schon pigmentiert wie ein Mosaik.

Dank Miß June Lindstedt konnten wir im Laboratorium die gesamte embryonale Entwicklung von *Loligo opalescens* unter einem Mikroskop mit starker Vergrößerung verfolgen und filmen.

In der Kapsel sind die Eier eng zusammengedrängt, aber im Inneren eines jeden ist noch genug Platz für die Bewegungen und das Wachstum des Embryos.

Man kann schon drei Ausstülpungen an ihm unterscheiden. Aus der ersten entwickeln sich der Mantel und die meisten inneren Organe. Die Arme sind bereits unter den beiden seitlichen Ausstülpungen zu sehen. Aus diesen werden die Augen und ein großer Teil des Gehirns. Die Masse im Zentrum ist der gelbe Sack außerhalb des Embryos, das Eigelb. Man kann sogar die Saugnäpfe an den Armen erkennen, und die Augen sind schon vollkommen ausgebildet.

Zum Ausschlüpfen aus dem Ei verwendet das Tier ein Spezialorgan, das zwischen seinen beiden Flossen liegt. Diese Y-förmige Spitze sondert Enzyme ab, die die Membrane der Eihaut teilweise auflösen.

Gleichzeitig ist dieses von Vibrationen belebte Organ mechanisch tätig, um die Zellwand zu durchstoßen. Der Embryo schlüpft durch die Öffnung hinaus und bedient sich dabei zum erstenmal seines Rückstoßantriebs.

Beim Schlüpfen zeigt jedes Kalmar-Baby, obwohl es nur 3 Millimeter mißt, eine große Aktivität. Seltsam, es kommt sogar vor, daß die erste Geste eines neugeborenen Kalmars darin besteht, eine Tintenwolke ins Wasser abzulassen.

Den Eintritt dieser neuen Generation ins Leben hat Jacques Renoir mit begeisterter Aufmerksamkeit festgehalten, so wie Yves Omer im offenen Wasser den Todeskampf ihrer Eltern gefilmt hat.

Die großen Opfer, die das Leben im Meer fordert, stimmen uns nachdenklich. Der Vorgang, den wir einen Monat lang vor Santa Catalina verfolgt haben, stellt ein gutes Beispiel dafür dar, welche Bedeutung der Tod in der Geschichte einer Art hat.

20 Prozent jeder Kalmar-Generation sterben vor dem Ausschlüpfen, großenteils infolge veränderter Umweltbedingungen. 50 Prozent der Neugeborenen werden in den ersten Wochen von Raubfischen verschlungen. Auf den Überlebenden beruht die ganze Hoffnung der Art.

Sie tragen in ihren Zellen einen blinden, unwiderstehlichen Instinkt, der sie dazu treibt, alle Meere des Erdballs zu bevölkern. Wie alle Formen des Lebens – der Mensch eingeschlossen –, zielen sie nur auf die Eroberung unseres Planeten ab.

Millionenfach wiederholt, ist ihr lächerlicher kindlicher Tanz das Vorspiel zu einer massiven Invasion der Meere.

18. Mai. Seit mehr als einem Monat arbeiten wir vor Santa Catalina. Ich schicke die Taucher zu den Laichplätzen. Die Sicht ist ausgezeichnet und die biologische Aktivität so gering, daß sie vernachlässigt werden kann. Dort, wo sich die Kalmare in ihrem Wahnsinn versammelt haben, wo sie sich geliebt und eine neue Generation hervorgebracht haben, ist das Tiefengewässer nun leer, alles ist ausgelöscht.

Selbst dort, wo vor einigen Stunden die ersten Kalmare tanzend zum Leben erwachten, ist bereits nichts mehr vorhanden als dieser ewig stumme Zeuge, das Meer.

Wir sind noch nicht fertig mit den Kalmaren, denn im Laufe dieser Fahrt registriert das Sonargerät der *Calypso* an den folgenden Tagen mehrmals Echos, die nicht zu identifizieren sind. Ich bilde mir ein, daß das vielleicht noch immer Kalmare auf ihrer Wanderung sind.

In 300 Meter Tiefe sehe ich von der tauchenden Untertasse aus junge Kalmare von 6 bis 7 Zentimeter Länge, die, von unseren Scheinwerfern geblendet, den Kopf voran in den Schlamm tauchen, wieder hochspringen und unablässig dieses seltsame Hin und Her wiederholen.

Ich erinnere mich auch an einen Abend, an dem die *Calypso* zum nächtlichen Tauchen gestoppt hatte. Das Meer war glatt wie ein Spiegel, dunkel der mondlose Himmel. Plötzlich aber sprangen kleine Lebewesen kilometerweit im Umkreis aus dem Wasser und fielen mit leisem Plätschern zurück. Das waren unsere Kalmare. Einige Augenblicke lang hätte man glauben können, es regnete auf das Meer.

Von Monat zu Monat, von Expedition zu Expedition knüpften wir auf diese Weise neue Verbindungen zu den Meerestieren, wir lernten sie besser kennen, und wir bewunderten die erstaunlichen Umwege, durch die sich dieses unwahrscheinliche Phänomen erhält: das Leben.

# 10 Giganten der Finsternis

Im Indischen Ozean – Fürst Alberts Bericht – Die Enthüllungen eines Pottwals – Blutige Wellen – Duell im Abgrund – Unbekannte Monstren

Einmal wenigstens bin ich einem jener unbekannten, phantastischen Kopffüßer begegnet, die in der tiefsten Tiefe des Meeres leben sollen.

Das war, als die *Calypso* im Indischen Ozean kreuzte. Ich war mit der tauchenden Untertasse SP 350 hinuntergegangen, um 2 DSL zu inspizieren, echogebende Schichten, die vom Sucher in 185 und 275 Meter Tiefe ausgemacht worden waren. Ich hatte vermutet, daß sie das Nahrungsreservoir der Meerestiere darstellten, die in dieser Zone sehr reichlich vertreten waren, vor allem Pottwale.

Tatsächlich fand ich zwischen 50 und 150 Metern eine wahre Planktonsuppe. Nachdem die Untertasse 350 Meter erreicht hatte, warf ich Ballast ab und setzte zum Aufstieg an.

Bei 250 Metern fixiert ein ganz großer Krake, unbeweglich, wenige Meter vom Bullauge entfernt, die Untertasse mit seinem riesigen Auge und sieht mich an, wie ich ganz langsam an ihm vorbeiziehe. Ich kann meinen Blick nicht von diesem Koloß wenden, den meine Anwesenheit absolut nicht zu rühren scheint. Das ist wunderbar und zugleich erschreckend in seiner Fremdartigkeit. Träumt er? Schläft er? Denkt er? In mir ist nur ein ganz starkes Gefühl: Das ist wahr. Das gibt es. Das ist ungeheuer. Das lebt. Das schaut mich an... Und plötzlich verschwindet er. Aber er war da. Er ist es nicht mehr, ohne daß ich sagen könnte, wie er verschwunden ist. Zweifellos mit einem kräftigen Strahl aus dem Sipho. Das Resultat ist kaum faßbar. Ich verstehe, wie furchterregend große Kopffüßer sein müssen.

Wie viele Menschen haben je ein Wesen wie dieses gesehen? Sind diesem starren, gnadenlosen Blick begegnet? Einem Blick, wie ihn kein anderes Tier der Erde hat?

Eine solche Begegnung ist Zufall. Ein sehr großer Zufall sogar, denn bei allen meinen Einsätzen im Bathyscaph und meinen noch zahlreicheren Unternehmungen mit der Untertasse bin ich nur ein einziges Mal, eben dieses eine Mal, einem Kopffüßer aus der Tiefsee begegnet.

Bei einer anderen Gelegenheit habe ich entdeckt, daß die Kraken fähig sind, sich rechteckige oder quadratische Häuser zu bauen. Das war im Januar 1960, während wir mit der Untertasse zwischen 200 und 300 Meter tauchten. Als ich den Grund erreicht hatte, konnte ich im Schlamm exakt rechteckig oder quadratisch begrenzte Löcher erkennen und in jedem einen Polypen. Besaßen sie also den Geist der Geometrie, den Sinn für die gerade Linie? Wußten sie, was ein rechter Winkel ist?

Ein anderes Mal tauchte ich vor der Küste von Mexiko mit der Untertasse zu einem Wrack und konnte endlich auch dessen am Grund verborgene Masten ausmachen. Nachdem ich es umkreist, fotografiert und gefilmt hatte, ließ ich mich in einiger Entfernung auf ebenem Grund nieder, um wie gewöhnlich die Steuerung der Untertasse zu überprüfen. Alles in Ordnung. Ich warf die Motoren an. Nichts, die Untertasse hob nicht ab. Nun warf ich einen Teil des Ballastes ab und ließ die Motoren auf vollen Drehzahlen laufen. Die Untertasse hob sich einen halben Meter; es schien, als würde sie am Grund festgehalten. Und so war es tatsächlich. Ich entdeckte schließlich einen Polypen, der, fest an einen Felsen geklammert, mit den freien Armen die Stoßstange der Untertasse hielt. Um ihn zum Loslassen zu zwingen, mußte ich das Fahrzeug mit höchster Geschwindigkeit auf ihn zulaufen lassen. Freilich war ich über diese Heldentat meines Polypen nicht allzu erstaunt, denn wenn die Untertasse im Gleichgewicht ist, braucht man nur eine Kraft von 10 Kilo, um sie festzuhalten. Und dieser Polyp war nicht sehr groß.

Ebenfalls mit der tauchenden Untertasse fand unser Freund Albert Falco in 300 Meter Tiefe vor Los Angeles ein großes Krakenweibchen, das über den Boden kroch. »Es bewegte sich ganz majestätisch; halb aufgerichtet auf seinen Armen marschierte es über den Sand. Plötzlich bemerkte es eine Garnele, schnellte einen Arm vor, holte sie heran und ließ sich auf sie fallen. Aber es hatte sie doch nicht. Ich sah, daß es der Garnele gelang, zu entkommen. Bei ihrer Größe mußte sie für das Krakenweibchen, das mindestens 3 bis 3,5 Meter Gesamtlänge hatte, eine lächerliche Beute darstellen.«

Unstreitig leben in der Tiefsee Giganten, aber das Meer ist groß, und wir haben über sie nur sehr wenige Angaben.

Die besten und zuverlässigsten Angaben wurden Anfang dieses Jahrhunderts gemacht. Wir verdanken sie Fürst Albert I. von Monaco. Sie zeigen, was für ein perfekter Ozeanograph er war und was er für die Wissenschaft geleistet hat.

Um ihm die rechte Ehre zu erweisen, kann ich nichts Besseres tun, als hier den Anfang des 17. Bandes der »Remarques sur les Céphalopodes redigées par Louis Joubin« wiederzugeben. Er ist den Forschungsergebnissen gewidmet, die die Jacht *Princess Alice* von ihren Fahrten (1891–1897) mitbrachte. Seitdem wissen wir kaum mehr über diese Riesenwesen, die sich in den tiefsten Gründen aufhalten. Kopffüßer, und zwar nicht wenig interessante, wurden am 18. Juli 1895 in Gegenwart des Fürsten von Monaco von einem bei den Azoren gefangenen Pottwal ausgespien.

Bemerkenswerterweise gehörten alle diese Kopffüßer zu den im offenen Meer lebenden Formen, sie waren sehr groß und Gattungen und Arten zuzurechnen, die bis heute fast völlig unbekannt sind.

Fürst Albert hat selbst die bewegende Erzählung vom Fang dieses Pottwals verfaßt, der 13,70 Meter lang war.

Er berichtet zuerst, wie er Fischerboote bei der Verfolgung einer Pottwalherde gewahrte. Er hielt sein Schiff in einem Abstand von 1,5 Meilen und konnte das wechselnde Schicksal der Jagd im Anfang aus der Ferne verfolgen. Als der Wal nach seiner Schätzung den Todesstoß erhalten hatte und nicht mehr zu befürchten war, daß die Herde verscheucht wurde, näherte er sich und konnte so die Lösung des Knotens im Drama mit Muße in allen Einzelheiten verfolgen.

»Während der Zeit, die ich brauchte, um an Ort und Stelle zu gelangen, hatten sich die Walfänger der zweiten Gruppe nach Osten entfernt und verfolgten die Herde, die in diese Richtung floh. Auf der anderen Seite verlangsamte das getroffene Tier bereits seinen zunächst noch recht heftigen Lauf, in dem es das Boot seiner Angreifer mitgeschleppt hatte, und als ich ankam, empfing es vom Harpunierer den ersten Lanzenstoß. Bald darauf brach die Blaswolke aus seinem Spritzloch hervor, und die Wassersäule, die es in die Luft stieß, färbte sich rosig. Dann wurde sie rot, und das Meer nahm um das Tier herum, das sein Blut in Strömen vergoß, diese Farbe an.

Damit begann an unserer Seite der Todeskampf eines Riesen. Dieser ungeheure dunkle Körper, der aussah, als sei er eingeschlafen, gelegentlich eintauchend ins blutige Meer, wankte schwerfällig. Sein breiter Schwanz schlug heftig auf die rote Fläche, die sich unter der Dünung wellte und sich für Augenblicke öffnete, um weißen Schaumwirbeln Platz zu machen.

Die fünfzig Mann an Bord meines Schiffes, die sich nacheinander am Bug zusammengefunden hatten, auf den Davits sitzend, übereinander bis ins Mastwerk, waren stumm vor Erstaunen. Ich selbst war bis ins Mark erschüttert von der ungeahnten Größe dieses

Schauspiels. Ich verfolgte glühend seinen Fortgang, als sei es eine Vision, die für immer vergehen könnte. Ich war bewegt von dem unverhüllten Leiden des Riesen, das in all seinen Einzelheiten eindringlicher erschien als das minderer Wesen. Ich beklagte diesen Mächtigen des Meeres, der vielleicht jahrhundertelang seinen großen Körper über alle Horizonte, durch alle Abgründe geführt hatte, ohne einen Feind zu fürchten, der in den Wogen von tausend Stürmen gespielt hatte und der nun der Lanze eines Pygmäen erlag! All dies verströmte Blut, diese ganze getötete Masse erschienen mir, als hätte sich ein großes Unglück ereignet, so wie der Sturz eines Baumes oder der Untergang eines Schiffes.

Plötzlich hörte der Pottwal auf, das Meer zu peitschen, und als hätte unsere Nähe sein Gehirn wiederbelebt, stürzte er mit großer Geschwindigkeit gerade auf uns zu.
Beunruhigt fragte ich mich hastig, wozu der heftig gegen die Flanke geführte Stoß dieses Körpers führen würde – gleich, ob durch einen Akt seines Willens oder zufällig durch seine Zuckungen –, als das Tier 20 Meter von uns entfernt verschwand. Würde es durch das Gewicht seines Rückens oder durch einen Schwanzschlag den Kiel des Schiffes zerbrechen, das Steuerruder oder die Schraube? Das bereitete mir große Sorge. Nach zehn langen Sekunden erschien die besorgniserregende Masse auf der anderen Seite des gestoppten Schiffes. Sie rührte sich nicht mehr. Die Walfänger näherten sich, um sie auch noch mit ihrer Lanze zu schlagen, und der Tod drang in all ihre Teile ein, während die Zuschauer in schweigender Erregung zitterten, die ihnen den Atem benahm.
Das Schiff und alle Darsteller des Dramas trieben nun auf einer blutigen Fläche von mehr als einem Hektar, durchzogen von Strömen in einem noch tieferen Rot, die von dem Tier ausgingen und sich bald in der Umgebung verloren, so wie die Wolken, die von den Bergen herabsinken, nach und nach mit dem Nebel der Ebenen verschmelzen.
Sein ungeheurer Kopf erschien genau neben unserem Heck, und sein bei der Entspannung der Muskeln aufgeklappter Unterkiefer schaukelte auf den Wellen, als ich sah, wie das Maul gleich einer gähnenden Höhle Stoß für Stoß mehrere Kopffüßer – Polypen oder Kalmare – von kolossaler Größe erbrach. Offensichtlich war dies das Ergebnis des letzten Streifzugs, der diesen Wal in die Tiefen geführt hatte, bevor er an die Oberfläche kam und harpuniert wurde. Ganz frische Brocken, die noch kaum durch seinen Schlund gegangen waren.

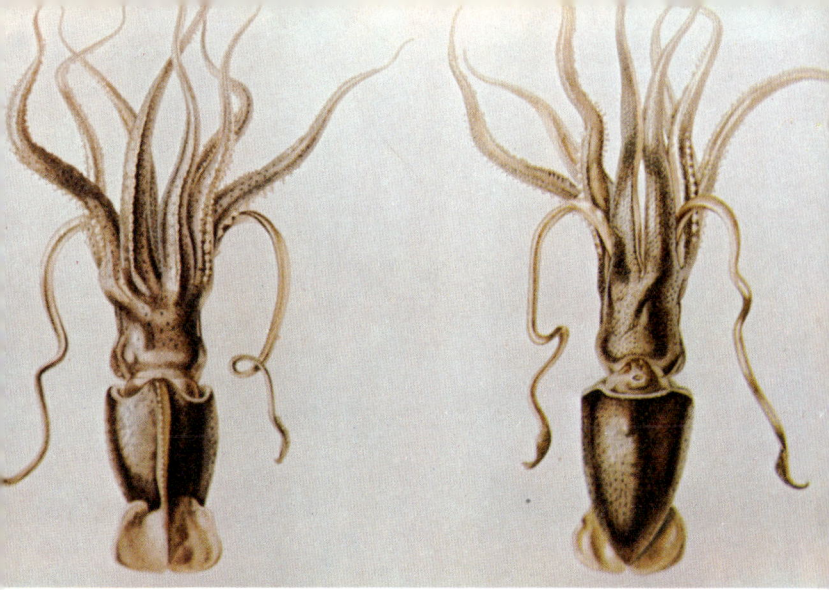

*Meleagroteuthis hoylei* PFEFFER. Dieser Kalmar trägt auf den Armen und auf der Mittellinie des Körpers sägezahnartige harte Spitzen. An der Bauchseite des Körpers hat er zahlreiche Leuchtorgane. Aquarell von Mademoiselle Vesque.

Ich erkannte den wissenschaftlichen Wert dieser Kadaver, die aus den mittleren Gebieten der Tiefe stammten, wo Wesen leben, die bisher als kräftige Schwimmer allen Fangversuchen getrotzt hatten und deren Existenz manchmal in gewissen ins Reich der Fabel verwiesenen Abenteuern enthüllt wird.

Rasch wurde ein Beiboot ausgeschickt, um diese interessanten Objekte einzusammeln, aber infolge des spezifischen Gewichtes schwebte dieses kostbare Erbrochene im Wasser und drohte zu verschwinden, bevor jemand nahe genug herangekommen war. Da kam mir eine Eingebung. Die Kopffüßer waren noch ungefähr 10 Meter vom Schiff zu sehen, nicht weit von der Schraube. Ich gab für einige Umdrehungen das Kommando »Maschine zurück«, um die treibenden Objekte in einen Wirbel einzuhüllen, und diese kamen tatsächlich immer wieder nahe genug an die Oberfläche, so daß das Fahrzeug sie mit einem Netz fassen konnte.

Die fünf Polypen und Kalmare, die mein Laboratorium dank dieses unvorhergesehenen Zufalls bereicherten, wurden gleich nach meiner Rückkehr von H. Joubin, Professor an der Universität Rennes, untersucht. Es sind unbekannte Gattungen oder Arten, die im lebenden

THE KRAKEN SUPPOSED A SEPIA OR CUTTLE FISH.

Ein Krake greift eine Dschunke an. Copyright Frank W. Lane.

Zustand einen ganz außergewöhnlichen Anblick geboten haben müssen. Ein Tier, das leider im Kampf seinen Kopf verloren hat, ist von beträchtlichem wissenschaftlichem Wert: Sein Körper, der nicht weniger als 2 Meter groß ist, hat die Form eines mit einer großen runden Flosse versehenen Trichters und ist teilweise mit Schuppen bedeckt. Ein anderes, ebenso kostbares Tier, dessen Körper jedoch verschwunden ist, ist nur an seinem Kranz von Fangarmen zu erkennen, das heißt, an seinem Kopf mit seinen acht Armen, deren jeder – fast so groß wie der eines Mannes – mit etwa 100 Saugnäpfen besetzt ist; diese aber sind mit spitzen Klauen bewaffnet, kräftig wie die der großen Raubtiere. Schon hatten meine Naturwissenschaftler den Magen des Wals untersucht und daraus unter 100 Kilo fast verdauter Materie einige Fragmente von Riesenpolypen hervorgeholt. Sie waren gut genug erhalten, so daß man sie in der Folge ebenfalls völlig unbekannten Arten zuweisen konnte. Man kann sich vorstellen, wie angenehm eine solche Beschäftigung den damit Befaßten war, denn sie mußten in einem violetten, in voller Gärung befindlichen Brei rühren, der durchsetzt war von Augenbällen und Schnäbeln, welche den Magensäften widerstanden, und von dem unangenehme Dünste aufstiegen. So übertrug schließlich ihr eigener erschütterter Magen den Aufruhr eines langsam über seinem Inhalt zusammenziehenden Gewitters in äußere Erscheinungen, ein bescheidenes Echo des Ereignisses, das am Tag zuvor in den letzten Zuckungen des Pottwals der Wissenschaft Schätze preisgegeben hatte.

Bei meiner Rückkehr in die Bucht hatte sich das Aussehen des Ortes stark verändert. Keine Möwe flog mehr in der Luft, kein Fisch sprang mehr aus dem Wasser; die einen wie die andern waren vor der überhandnehmenden Verwesung geflohen. Allein die Menschen kämpften verbissen in diesem Gestank, für die Wissenschaft die einen, für ihre Bereicherung die andern.

M. Richard wies mich dann auf gewisse Eindrücke zufälligen Ursprungs hin, die der Wal auf den Lippen trug. Sie hatten eine runde Form und reichten über mehrere Zentimeter. Mit den Saugnäpfen verglichen, welche die ungeheuren Arme des im Pottwalmagen gefundenen Polypen zierten, erschienen sie deutlich als eine Spur, welche diese Apparate durch ihr kräftiges Saugen zurückgelassen hatten, und sogleich entstand für mich etwas wie eine Vision der gewaltigen Kämpfe, deren Schauplatz die Tiefen des Meeres sind, wenn das schreckliche Säugetier dort hinabtaucht, um nach einer Beute zu suchen.

Ist es ihm durch kräftiges Drehen und Schwenken gelungen, einen Riesenpolypen zu packen? – Dessen acht Arme umstricken bald seinen Kopf und haften daran mit all ihren Saugnäpfen, während der übrige Körper, durch die Anstrengung des Schluckens gespannt, schließlich auf der Höhe des Halses bricht. Der Körper fällt in den Magen, aber der Kopf mit seinem ganzen Tentakelapparat bleibt an den des Pottwals geklammert, bis die Saugnäpfe einer nach dem andern während des Todeskampfes die Kraft zum Festhalten verlieren. Und wenn der Pottwal mit dem Angriff auf einen andern etwa nicht wartet, bis ihn diese Arme des einen Polypen losgelassen haben, so kann man sich das Schauspiel vorstellen, wenn der Kopf des Untiers unter den sich krümmenden Armen mehrerer Kopffüßer verschwindet. Die Vorstellung von diesen seltsamen Dramen rief mir die Erinnerung an einen Vorfall ins Gedächtnis, der sich während meiner Reise mit der *Hirondelle* im Jahre 1887 ereignet hatte. Ich befand mich im offenen Atlantik mit Kurs auf die Azoren, als eines Tages ein gewaltiges Spritzen am Horizont des ruhigen Meeres anhob. Unschwer erkannte man, daß es das Umsichschlagen eines gewaltigen Wesens als Ursache hatte, dessen Kopf und Körper sich manchmal wie ein Turm aufrichteten, während sein peitschender Schwanz das Wasser in furchterregenden Garben aufsprühte.

Bald schloß sich das Meer über diesem Aufruhr wieder, aber auf dem Platz, an dem er stattgefunden hatte, befand sich ein milchig weißer Fleck, auf mehr als 8 Kilometer zu erkennen, der entweder eine Flüssigkeit sein konnte oder einfach der Schaum auf dem

Die Amphoren des Wracks vom Grand Congloué (3. Jh. v. Chr.) sind von Polypen bewohnt.

Der Kran der *Calypso* setzt die tauchende Untertasse ins Wasser.

aufgewühlten Wasser. Trotz all meiner Anstrengungen war es der *Hirondelle*, einem bescheidenen Segler, infolge des widrigen Windes nicht möglich, diesen Fleck zu erreichen, bevor er verschwand, obwohl er lange sichtbar blieb; als ich nach mehreren Stunden an den Platz kam, den er eingenommen hatte, fand ich den frisch abgerissenen Kopf eines großen Polypen. Als er später von Professor Joubin zusammen mit den anderen Kopffüßern meiner Expeditionen beschrieben wurde, fand es sich, daß er zu der gleichen Gruppe gehörte wie mehrere von dem in diesem Bericht erwähnten Pottwal ausgespiene Polypen – Bewohner der mittleren Tiefenschichten, die fast völlig unbekannt sind.

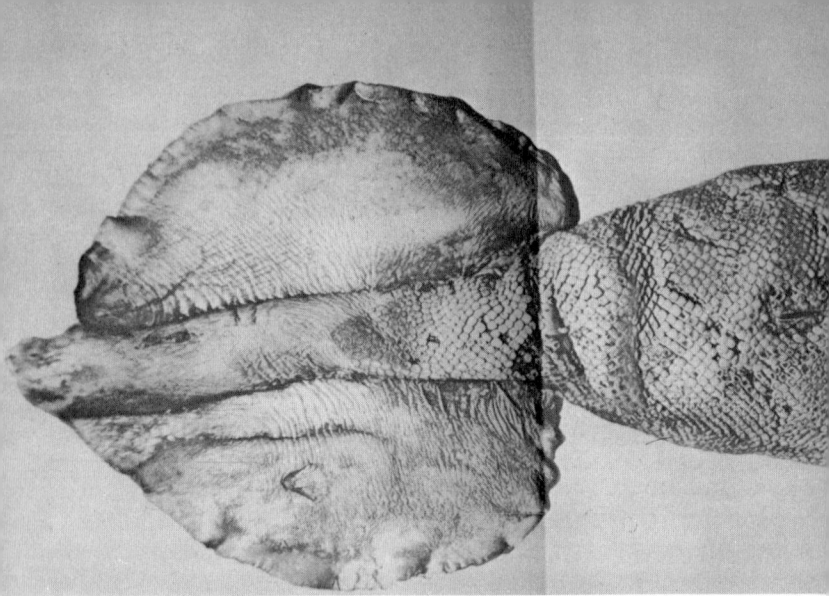

Hinterer Teil des Kalmars *Lepidoteuthis grimaldi,* der von einem Pottwal ausgespien und von Fürst Albert von Monaco auf einer seiner Fahrten aufgefischt wurde. Der Körper ist – mit Ausnahme der Flossen – von Schuppen bedeckt.

Wäre nach einem Vergleich dieses Vorfalls mit den neuen Tatsachen, die ich hier berichte, die Annahme zu kühn, daß ich im ersten Fall Zeuge einer besonders tragischen Szene gewesen war, bei der ein Pottwal mit Riesentintenfischen auf seinem Kopf an die Oberfläche gekommen war, um ihre Umklammerung abzuschütteln?«

Soweit Fürst Alberts fesselnder Bericht. Ich füge noch eine Liste der von ihm gefundenen Kopffüßer hinzu:

*Cucioteuthis unguiculata* – ein riesiger Armkranz
*Ancistrocheirus lesucuri* – der Körper eines großen Exemplars und ein einzelner »Gladius«, der wahrscheinlich zur gleichen Art gehört
*Lepidoteuthis grimaldii* – der Körper zweier sehr groß gewachsener Exemplare
*Histioteuthis rupelli* – drei große Exemplare, etwa einen Meter lang, vollständig und tadellos erhalten
*Histioteuthis* – die Armkränze zweier groß gewachsener Exemplare
*Dubioteuthis physeteris* – der Körper eines großen Exemplars
54 Schnäbel, alle sehr groß.

170

Schon seit langer Zeit ist der Mensch überzeugt, daß in der Tiefe riesige Ungeheuer hausen – versehen mit langen Armen und ohne weiteres in der Lage, Schwimmer zu ersticken, ja sogar Schiffe auf den Meeresgrund zu ziehen.

Aristoteles spricht von einem 5 Ellen langen Kalmar, das sind 5 bis 6 Meter. Das ist nicht überraschend: Es ist das Ausmaß unserer Kraken von Seattle.

Plinius berichtet, daß ein riesiger Polyp die Fischbehälter von Karthago geplündert haben soll. Der Kopf des Tieres war so groß wie ein Faß, und seine Arme waren etwa 9 Meter lang. Auch das ist nicht unwahrscheinlich.

Die Berichte der Seeleute vom 17. bis zum 19. Jahrhundert kann man schon nicht mehr so unbesehen gelten lassen. Viele waren durch die norwegische Sage vom Kraken angeregt, einem Tier, dessen Arme dicker und länger sein sollen als die größten Masten der Segelschiffe. Glaubt man diesen Zeugnissen, so war der Krake in der Lage, ein Boot mit 100 Kanonen zu packen und in den Abgrund zu ziehen. Durch die Bullaugen der *Nautilus* stellt Jules Verne seinem Helden einen »Kalmar von gewaltigen Ausmaßen mit acht Meter Länge« vor Augen und – acht Arme, die sich wanden »wie Furienhaare«. Jules Verne schätzt sein Gewicht auf 20 000 bis 25 000 Kilo. Das ist viel. Noch überraschender ist, daß dieser Kalmar acht Arme gehabt haben soll – Kalmare sind ja Zehnarmer!

Sieben Riesenkalmare packen die *Nautilus*, und als einer die Schraube zum Stillstand gebracht hat, »indem er seinen gehörnten Schnabel hineinsteckte«, beschließt Kapitän Nemo, »dieses ganze Gewürm zu erschlagen«.

Aber ein Polyp entführt und erwürgt einen Matrosen der *Nautilus*, und in dem darauffolgenden Kampf ist Kapitän Nemo über und über rot von Blut. Das ist vielleicht das Außergewöhnlichste, denn das Blut der Kopffüßer ist ja nicht rot, enthält es doch als Atempigment das Hämozyanin mit Kupfer als Basis.

Jules Verne verheimlicht nicht, daß er stark von Victor Hugos »Travailleurs de la mer« beeinflußt war. Für ihn wie für Hugo sind Polypen und Kalmare wilde Ungeheuer, die man »erschlagen« muß.

Viele Zeugnisse berechtigen uns zu glauben, daß es im Meer große und schreckliche Kopffüßer gibt, wenn wir auch keine neueren Beweise ihrer Aggressivität haben und man sie gerechterweise kaum anklagen kann, daß sie in den letzten 50 Jahren einen Menschen absichtlich getötet oder verletzt hätten. Selbst die größten Kraken und Riesenkalmare scheinen ziemlich träge und eher furchtsame Kreaturen zu sein.

Lange Zeit handelte es sich vor allem um Berichte aus zweiter Hand, und die Ungeheuer wurden nur ungenau beschrieben. Fast immer handelt es sich in Erzählungen dieser Art um einen Kalmar, während wir Kalmare dieser Größe bisher noch nicht gefunden haben.

Die anatomischen Unterschiede zwischen *Octopus* und Kalmar haben eine gerade entgegengesetzte Lebensweise zur Folge. *Octopus* setzt sich mit wenigen Ausnahmen am Grund fest und nährt sich von Krebsen, Schnecken und Muscheln. Der Kalmar dagegen ist ein beweglicher Schwimmer, der Fische verfolgt und sie fängt, indem er seine beiden mit Saugnäpfen bewaffneten Fangarme über sie wirft und damit festhält.

Trotz dieser Besonderheiten kann es aber durchaus schwierig sein, diese beiden Kopffüßer zu unterscheiden.

Einmal haben Fachwissenschaftler einen riesigen Achtfüßer rekonstruiert. Die Geschichte wurde von F. G. Wood in der sehr seriösen amerikanischen Zeitschrift »Natural History« erzählt und verdient es, hier wiedergegeben zu werden. Beim Stöbern im Archiv des Ozeanographischen Instituts von Florida erfuhr Wood, daß 1897 die Überreste eines offensichtlich ungeheuer großen Kopffüßers am Strand von Saint Augustine in Florida entdeckt worden waren.

Professor Verril von der Yale-Universität, der eine Autorität auf diesem Gebiet war und einen großen Teil dessen entdeckt hat, was man über die Kopffüßer weiß, untersuchte diesen 6 Tonnen schweren unvollständigen Körper. Er errechnete, daß das lebende Tier einen Umfang von 8 Metern und Fangarme von mehr als 25 Meter Länge gehabt haben muß. Es existiert sogar eine Fotografie, die die Überreste dieses gestrandeten Giganten zeigt. Auch sie wurde von F. G. Wood wiedergefunden.

Er entdeckte ferner in den Sammlungen der Smithsonian Institution ein großes Faß, das in Formol konserviertes Gewebe enthielt mit der Aufschrift *Octopus giganteus verril.* Es waren eindeutig Fragmente des in Saint Augustine gefundenen »Ungeheuers«.

F. G. Wood bat einen seiner Freunde, Joseph F. Gennaro Jun., diese Fragmente zu analysieren. Sie hatten nach 75 Jahren einen äußerst üblen Geruch. Die Zelluntersuchung dieser Gewebe war sehr schwierig, weil das Tier längere Zeit auf dem Strand in Florida gelegen hatte und dann in Formaldehyd und Alkohol konserviert worden war. Dennoch konnte Joseph F. Gennaro die histologischen Schnitte vom Gewebe dieses mysteriösen Tieres mit Gewebeproben von Walen, Kalmaren und von *Octopus* vergleichen und beweisen, daß das Ungeheuer von Saint Augustine ein Krake gewesen war –

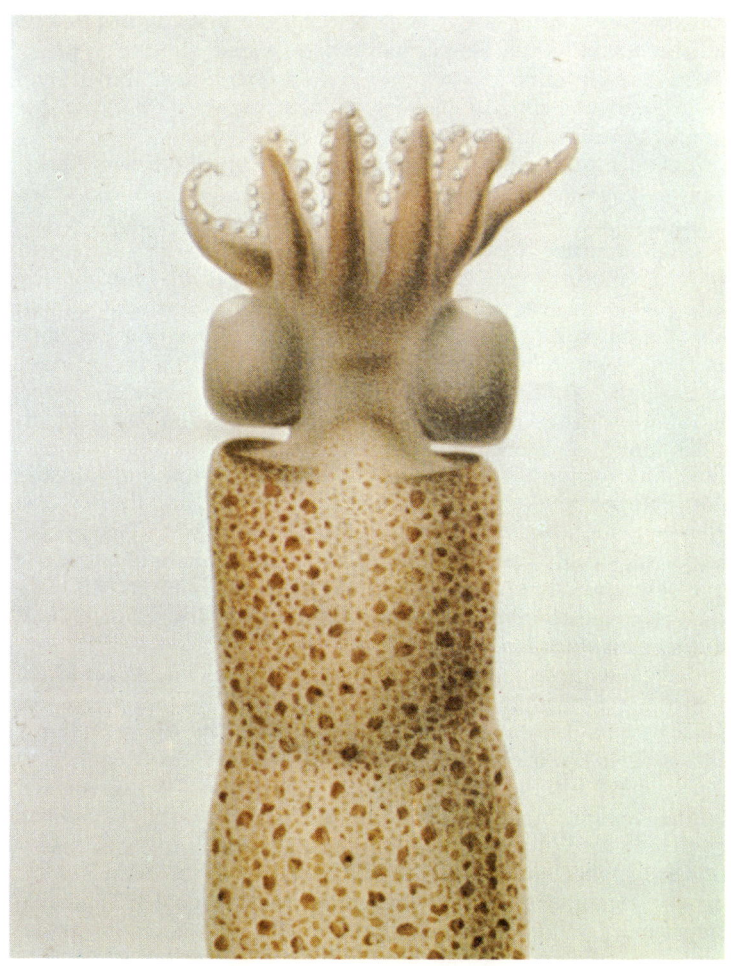

*Taonius pavo* LESUEUR, nach einem Aquarell von Jeanne Le Roux. Abbildung aus dem Buch über die Fahrten Fürst Alberts.

und zwar ein riesiges Exemplar mit Armen von 25 bis 30 Meter Länge und 45 Zentimeter Durchmesser an der Wurzel.
Joseph F. Gennaro selbst schreibt, »daß es nicht leichtfiel, an die Existenz eines Meerestieres zu glauben, dessen Gesamtlänge mehr als 60 Meter erreicht haben muß«.

Und dennoch scheint es, daß er und F. G. Wood erstmals den Beweis dafür erbracht haben. Unglücklicherweise waren alle großen Kopffüßer, die man gefunden hat, entweder tot oder krank. Weder beim Fischfang noch beim Muschelfang mit dem Scharrnetz war es bisher möglich, »lebendige Ungeheuer« zu fangen.

Zwischen Florida und den Bahamas wurde im Golfstrom Sportfischern von einem riesigen Tier die Leine weggerissen. Sie sahen es nur flüchtig, aber es hatte Ähnlichkeit mit einem Kalmar.

Als sich derartige Vorfälle häuften und offensichtlich ernst zu nehmen waren, wurde eine Expedition an Ort und Stelle geschickt. Sie legte Leinen aus, an denen ein Fotoapparat samt Blitzlicht befestigt war, der durch Zug ausgelöst wurde. Das geheimnisvolle Tier blieb an dem Haken hängen und zerstörte die ganze Vorrichtung. Aber in 100 und 200 Meter Tiefe wurden Aufnahmen gemacht: Sie zeigen eine undefinierbare braune Masse. Die Tiefsee hat ihre Geheimnisse nicht preisgegeben.

1956 untersuchte die *Calypso* die Romanche-Rinne im Atlantik. Wir schlugen bei dieser Gelegenheit einen Rekord und feierten eine Premiere. Bei über 7000 Metern gelang uns die erste Tiefenankerung mit einem Nylontau. Das grenzte an Wahnsinn und erforderte eine besondere Ausrüstung und ein schwieriges Manöver. Mit Hilfe der von Professor Edgerton entwickelten Apparate gelang es uns, Aufnahmen vom Grund zu machen.

In den beiden Nächten, die wir mitten im Atlantik vor Anker lagen, waren wir von großen roten Kalmaren umgeben, die zweifellos durch unsere Lichter angezogen wurden. Sie bewegten sich vor allem am Rumpf der *Calypso* entlang und lauerten dort den fliegenden Fischen auf. Sie griffen so blitzartig an, daß die Fische nicht einmal Zeit hatten, aufzufliegen; die Kalmare sprangen hoch, noch bevor jene die Wasseroberfläche verlassen hatten.

Das ist 17 Jahre her, und wir kannten damals noch nicht den Respekt vor den Tieren, den wir heute haben. So erlaubte ich den Tauchern, die Kalmare mit der Haigabel anzugreifen. Mein Sohn Philippe, der damals gerade 15 Jahre alt war, fing einen der größten mit einer Körperlänge von 1,50 Meter.

Michel Lerner hat sich auf den Kalmarfang bei Nacht spezialisiert und sehr große Exemplare gefangen, vor allem den im Humboldtstrom vor den Küsten Perus reichlich vertretenen *Dosidicus gigas*.

Er fischte einen von mehr als 3 Meter Länge, doch wurden später andere gefangen, die 3,60 Meter erreichten und mehr als 150 Kilo wogen. Die längsten Fangarme maßen 11 Meter, und die Augen hatten einen Durchmesser von 40 Zentimetern. Man darf sie als die größten im Tierreich betrachten.

Im Gegensatz zu den Kraken von Seattle wehrten sich die *Dosidici* sehr heftig. Aber diese Tiere wurden auch mit riesigen Harpunen gefangen und kämpften um ihr Leben. Wir wissen nicht, was geschehen könnte, wenn sich ihnen Taucher in friedlicher Absicht ruhig näherten. Der Mensch ist stets überrascht, wenn sich das Tier, das er angreift, verteidigt, und bezeichnet es als »wild«. Das geschah mit dem Pottwal ebenso wie mit der Muräne.

Jedenfalls reagieren auch die Kalmare des Humboldtstromes so gut sie können, wenn sie verfolgt werden. Vor allem lassen sie ihre Tinte ab und stoßen auch einen erstaunlich kräftigen Wasserstrahl aus ihrem Sipho.

John Manning vom Meereslaboratorium der Universität Miami sagt, daß diese Entladung die Gewalt einer kräftigen Feuerspritze hat.

Was Michel Lerners ebenso wie Mannings Crew überraschte, ist die ungewöhnliche Gefräßigkeit der großen Kalmare. Sie stürzen sich auch auf ihre eigenen Artgenossen, wenn sie angehakt oder verletzt worden sind, und verschlingen sie, wie es Haie tun würden.

Wir hatten schon Gelegenheit, von *Vampyroteuthis infernalis* zu sprechen, die ihren Namen mit Recht trägt und der seltsamste unter den Kopffüßern ist. Sie besitzt Leuchtorgane und riesige Augen und sieht aus wie eine grinsende Maske der Tiefsee.

Das ist eine der erstaunlichsten Entdeckungen des 20. Jahrhunderts. Sie lebt zwischen 300 und 3000 Meter Tiefe. Eine Biologin, Grace E. Pickford, hat diesem lebenden Fossil seinen Namen gegeben, das Charakteristika sowohl der Achtarmer wie der Zehnarmer aufweist. Es hat zehn Arme, von denen zwei ganz dünne hauptsächlich als Tastfäden fungieren. Die zehn Arme verbindet eine Schirmhaut. Sie ist von qualliger Beschaffenheit, tinten- und purpurfarbig. Die Weibchen sind größer als die Männchen und werden bis zu 35 Zentimeter lang.

Das Männchen hat Spermatophoren, aber keinen Hectocotylus. Am Kopf des Weibchens befindet sich neben jedem Auge eine Kapsel, die anscheinend für die Spermatophoren bestimmt ist. Diese müssen wohl durch den Sipho des Männchens ausgestoßen werden, da ja der Begattungsarm fehlt.

Die seltsamsten Kennzeichen dieses »Vampirs« sind Leuchtorgane an der Basis der Flossen, die mit Lidern versehen sind, so daß er sie nach Belieben öffnen und schließen kann.

Die *Calypso* im Indischen Ozean. Sie verläßt den Persischen Golf.

Auch die von Fürst Albert von Monaco aufgefischten Tiefsee-kalmare zeigten überraschende Besonderheiten. Der Körper von *Lepidoteuthis* ist mit Schuppen bedeckt wie bei einem Reptil. *Grimal-diteuthis* ist so durchsichtig, daß man die verschiedenen Gehirn-lappen und die davon ausgehenden Nerven sehen kann. Das *Bathothauma* (Tiefenwunder) hat Stielaugen. *Histioteuthis* ist mit Leuchtorganen bedeckt, und ihre Saugnäpfe sind mit Klauen be-wehrt oder mit einem Zahnkranz, der wie ein Bohrmeißel wirkt – daher die schrecklichen Narben auf der Haut der Pottwale. *Cirro-teuthis* hat eine beachtliche Flosse, im Unterschied zu den anderen

Arten, deren schwache Flossen die Vermutung nahelegen, daß sie sich kaum von der Stelle bewegen und wenig aktiv sind.

Das ist anscheinend auch bei den größten dieser Kopffüßer der Fall, der *Architeuthis princeps* in den äquatorialen Gewässern des Pazifik und des Humboldtstromes. Dennoch gilt sie als schrecklich, und vielleicht ist sie das legendäre Ungeheuer – sie soll mit ihrem Schnabel einen Menschen entzweischneiden oder ein Drahtseil kappen können.

Die einzigen annähernd sicheren Angaben sind folgende: Der Mantel der *Architeuthis* kann 5 Meter lang sein, die Arme können 17 bis 20 Meter erreichen, und das Gewicht ist größer als 4 Tonnen.

Da also alle diese Tiere im allgemeinen zwischen 300 und 3000 Metern leben, können wir uns unmöglich eine Vorstellung von der »Wildheit« ihres Charakters machen. Man hegt hier möglicherweise wie in vielen anderen Fällen Vorurteile, die aus Unkenntnis entstanden sind und durch Fabeln genährt werden. Die Wahrheit werden wir erst erfahren, wenn das Meer in großer Tiefe für uns zugänglich sein wird, nicht mehr nur für kurze Unternehmungen mit Bathyscaph und Untertasse, sondern für Forschungsaufenthalte von längerer Dauer. Das Leben in der Tiefsee ist uns noch fast völlig unbekannt.

Wenn es mir auch nur einmal beschieden war, einem Riesentintenfisch in großer Tiefe zu begegnen, so hatte ich doch mehrere Male Gelegenheit, ihre Äußerungen zu beobachten und ihre Spuren zu entdecken.

So sah ich einmal beim Tauchen im Bathyscaph vor dem Bullauge Wolken erscheinen, die offensichtlich aus einer weißen Substanz bestanden. Ich ließ sofort die Scheinwerfer ausschalten und bemerkte, daß diese Wolken phosphoreszierten. Sicher handelte es sich um leuchtende »Tinte« eines Kopffüßers.

Diese Tintenstrahlen lassen in der Tiefsee seltsame Spuren zurück. Beim Tauchen in der Untertasse zwischen 200 und 300 Metern und ebenso auf den Fotografien, die mit den Edgertonschen Apparaten gemacht wurden, waren vertikale im Meer treibende Fäden festgestellt worden, die aus toter Materie bestanden.

Gelegentlich findet man lockere Knäuel verworrener Fäden, die nicht sehr lange haltbar sind – alten Spinnweben ähnlich und etwa 1 Meter lang. In der Untertasse hat man den Eindruck, als würde man in einen staubigen Speicher eindringen. Diese Knäuel bestehen aus faserigen Substanzen, die sich schließlich im Wasser auflösen. Es sind die Überreste einer Tintenwolke, die von einem Kalmar verspritzt wurde.

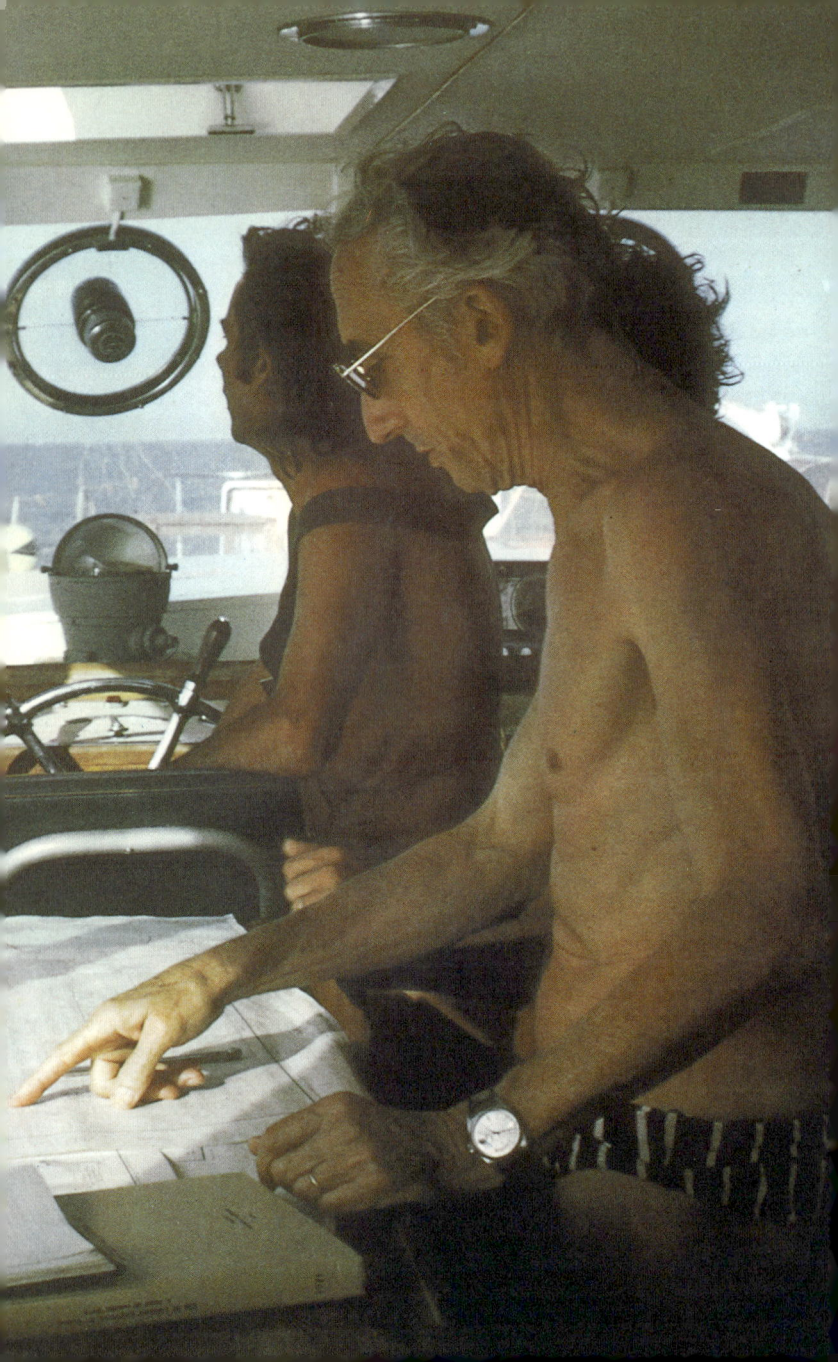

# 11 *Auf der Suche nach einem lebenden Fossil*

Ein subtiler Mechanismus – Spirale und Bögen aus Perlmutt –
Das Pendel – Spezialisierte Tentakel – Die »Pilou-Pilou« –
Ein Wunder-Apparat – Die Zeit zurückdrehen – Märchen-
zauber

Ich kannte *Nautilus*, das Perl- oder Schiffsboot, nur von seiner
Schale her – bis zu jenem Tag im Jahre 1961 … Unser Freund Jean
Marie Bassot und mein alter Tauchkamerad Henri Goiran, genannt
Riquet, der uns einige Jahre zuvor verlassen und sich in Numea
niedergelassen hatte, schickten uns per Flugzeug vier Exemplare von
Nautilus in Plastiksäcken, die sich in einem Kasten befanden. Jeder
dieser Säcke enthielt eine andere Flüssigkeit: Der eine war fast ganz
mit Meerwasser gefüllt, der andere nur mit wenig Wasser und viel
Luft. Der dritte enthielt Wasser und reinen Sauerstoff, und im
vierten schließlich war ein Beruhigungsmittel zugesetzt.
Von diesen vier Exemplaren, die in 48 Stunden von den Antipoden
kamen, waren zwei bei der Ankunft tot. Von den restlichen beiden
starb einer beinahe sofort. Der einzig verbliebene lebte im Aquarium
von Monaco 2 Monate.
Er befand sich in dem von Sauerstoff übersättigten Wasser, das jedoch kein Beruhigungsmittel enthielt. Daß ein Nautilus zwei Monate
in einem Aquarium weiterlebt, ist äußerst selten. Dieser zeigte sich
sogar sehr aktiv, zumindest am Anfang seiner Gefangenschaft. Er
schlief auf dem Grund seines Behälters, stieg aber manchmal zur
Oberfläche auf. Er war sehr leicht zu füttern, denn er fraß gerne die
Sardinen, die wir ihm anboten.

In diesen zwei Monaten verbrachte ich täglich etwa eine Stunde
damit, das Verhalten dieses Nautilus im Aquarium zu beobachten.
Das war ein außergewöhnliches Schauspiel. Aus vielen Gründen
versetzte mich dieses Tier in Erstaunen. Vor allem hatte es die wunderbare Gabe, seine Auftriebskraft zu verändern. Es konnten sehr
leichte Veränderungen sein, aber sie genügten, um es auf- und absteigen und nach Belieben im Wasser schweben zu lassen. Es übte
also einen feinen, sehr gut kontrollierten statischen Druck aus.
In Monaco konnte ich mich mit den außergewöhnlichen Besonderheiten des Nautilus vertraut machen.

Er gebrauchte den Rückstoßantrieb mit Hilfe eines muskulösen Siphos, aber er konnte den Durchmesser dieser Röhre verändern, sie erweitern oder verengen, sie nach verschiedenen Seiten richten und so seinen Kurs ändern. Dieses Organ arbeitet noch wirkungsvoller als das des Polypen.

Die Schale des erwachsenen Nautilus hat in ihrem Innern 20 bis 30 Kammern – eine Spirale, die durch Perlmuttbögen gegliedert ist. Die höchste bekannte Anzahl ist 36. Die Kammern sind durch einen kleinen Kanal verbunden, in dem ein durchgehender Faden liegt. Sie enthalten eine Flüssigkeit, die im Vergleich zu Blut und Meerwasser einen wesentlich geringeren Gehalt an gelösten Salzen hat, und ein stickstoff- und argonreiches Gas, welches das Gleichgewicht ausbalanciert. Durch einen äußerst verwickelten Rhythmus von Ausscheidung und Wiederaufnahme kann das Tier diese Kammern betätigen, als ob es sich um Ballast handelte. Dadurch wird ihm das Auf- und Absteigen ermöglicht.
Das ist eine der ungewöhnlichsten »Erfindungen« der Natur, aber ihre Wirkungsweise ist relativ langsam. Wenn zum Beispiel ein Nautilus durch einen Fehler in seinem Mechanismus oder durch menschliches Eingreifen infolge zu starken Auftriebs an der Oberfläche festsitzt, dauert es sehr lange, bis er sein Gewicht ausgleichen kann, um wieder hinunterzutauchen.
Schwebt er aber gut im Gleichgewicht, so muß er nur ganz geringe Veränderungen vornehmen, um auf- oder abzusteigen, und das tut er ziemlich schnell.
Bewundernswert ist bei ihm vor allem die Entwicklung eines komplizierten Systems für die Bewegung in der Senkrechten, über das heute bis zu einem gewissen Grade nur noch die *Sepia* verfügt.
Es besteht aus einer seltsamen »Röhre« von etwa 30 Zentimeter Länge und 1 Millimeter Durchmesser, die vom Körper des Tieres aus durch alle Kammern geht und ein fadenförmiger Fortsatz des Körpers ist. Man bezeichnet sie als »Sipho«, aber das führt zu Verwechslungen mit dem Sipho, der den Rückstoß ermöglicht. Diese Röhre ist von einer Arterie und einer mit einem Epithel bedeckten Vene durchzogen, deren Zellen die Aufgabe haben, die in den Kammern der Schale enthaltene Flüssigkeit und das Gas zu absorbieren oder auszuscheiden. Sie sind dem Blut entnommen und werden dort neu gebildet. Die Zellen funktionieren wie winzige Pumpen und erinnern an die Nierenzellen der Säugetiere.
Will das Tier auf- oder absteigen, so braucht es nur seinen Auftrieb zu ändern, indem es das Gleichgewicht zwischen Flüssigkeit und Gas

im Innern seiner Schale verändert. Es ist noch nicht geklärt, ob der Nautilus auch den Druck im Innern der Kammern an den seiner Umgebung angleicht. Doch ist diese Schale ganz besonders widerstandsfähig. Experimentell wurde festgestellt, daß sie hermetisch verschlossen einem Druck standhalten kann, der einer Tiefe von 350 Metern entspricht.

So hat der Nautilus vor 600 Millionen Jahren ein Bewegungssystem entwickelt, das mit Ballast arbeitet, aber auch den außergewöhnlichen Mechanismus einer »Zellpumpe« mit einschließt. Erstaunlich ist, daß er nicht auf ein Muskelsystem kam, wie es gegenwärtig allgemein für alle Arten der Fortbewegung gebraucht wird, von den Wirbellosen wie von den Wirbeltieren. Er allein verwendet Gas und Flüssigkeit und macht sich die großen hydrostatischen Gesetze zunutze. Er hatte damit offensichtlich sofort Erfolg und hat darum niemals etwas anderes versucht – eine phantastische Entwicklung in der Geschichte des Lebens.

Der Nautilus, der bis heute als selten gilt, ist ein lebendes Fossil. Er ist der einzige lebende Vertreter der Kopffüßer mit äußerer Schale. Er hat sich seit dem Erdaltertum – genauer: seit dem Silur/Devon – nicht verändert. Im Erdmittelalter wimmelten die Meere von Ammoniten, die wie Nautilus eine äußere Schale hatten. Beide finden sich in den gleichen geologischen Schichten; man hat sie vor allem im Pariser Becken gefunden. Der Ammonit ist ausgestorben, aber der Nautilus hat ihn überlebt.

Um in der Horizontalen voranzukommen, stößt der Nautilus einen Wasserstrahl aus, aber es sieht aus, als ob er an einem Faden hängt. Wenn er vorwärts schwimmt, schwankt er regelmäßig und schaukelt. Man hat den Eindruck, als würde das Pendel einer Uhr schwingen. Trotz dieses Schaukelns wird er aber auf seine seltsame Art ziemlich rasch vorangetrieben, denn die zwiebelförmige Rundung der Schale hat eine relativ gute Stromlinienform.

Auf dem Auge des Nautilus ist deutlich ein senkrechter schwarzer Strich zu sehen. Es ist ein großes flaches Auge, auf dem dieser schwarze Strich immer senkrecht bleibt. Das Auge rollt im entgegengesetzten Sinne wie die Schale, um dieses Schaukeln auszugleichen. Es ist, als würde sich das Tier um eine Achse drehen – ebenfalls ein außergewöhnlicher Mechanismus.

Genauso phantastisch und beinahe noch mysteriöser ist die Art, wie es seine Schale vergrößert. Es sondert dabei eine weitere, größere Kammer ab, in der es dann selbst wohnt. Man kann die jüngeren Exemplare an der geringeren Anzahl ihrer Schalenkammern erkennen. Das Wachstum aber vollzieht sich offenbar durch die

Dominique Sumian und Jacques Delcoutère beleuchten einen Nautilus, den sie soeben entdeckt haben.

plötzliche Herstellung einer größeren Kammer. Unverständlich aber bleibt, wie das Tier von einer Kammer in die neue »umzieht«, wie es die Schweidewand bildet, wie es seinen Röhrenfortsatz mitnimmt, der bis in die letzte, kleinste Kammer reicht und sein ganzes Leben regelt. Zieht es ihn hinauf? Wird es selbst länger? Das Wachstum muß aus einer Reihe gewaltsamer Episoden bestehen. Eine neue Kammer, die letzte, die das Tier vor seinem Tod absondert, kann eine Verlagerung des ganzen etwa 8 bis 10 Zentimeter langen Körpers erfordern. Das entspricht einem Sprung nach vorne. Hinzu kommt, daß die Konstruktion jeder zusätzlichen Kammer einer strengen logarithmisch-mathematischen Progression unterliegt: Das Volumen der Kammer N verhält sich zu dem der folgenden Kammer wie $N + \frac{1}{2}$. Der Nautilus hat uns noch längst nicht all seine Geheimnisse preisgegeben.

Schon als wir dieses Tier im Aquarium beobachteten, bezeichneten wir es als einen »lebenden Bathyscaph«. Tatsächlich stieg es auf und ab wie dieses Gerät. Angetrieben aber wird es durch Rückstoß wie unsere tauchenden Untertassen und mit dem gleichen schwenkbaren Hydrojet (Rotationsstrahl).

Die *Pilou-Pilou,* das Schiff, das für das Unternehmen Nautilus gechartert wurde.

Bei dieser flachen vertikalen Form denkt man vor allem an die berühmte »Schildkröte« von Bushnell, eine auf die Seite gelegte, um 90 Grad gedrehte Schildkröte. Das ist übrigens eine Form, die wir dem C.E.M.A. für bestimmte tauchende Untertassen vorgeschlagen haben. Man hat sich gefragt, ob es nicht eine gute Lösung wäre, die tauchende Untertasse, die bis jetzt horizontal gebaut war, vertikal zu konstruieren.

Ebenso erstaunt waren wir über Anzahl und Verschiedenartigkeit der Tentakel beim Nautilus. Sie haben unterschiedliche Aufgaben zu erfüllen. Um den Mund herum liegen mehrere, die man als »labiale Taster« bezeichnet. In Wirklichkeit sind es Lamellen, die ihrerseits in fadendünnen Tentakeln enden. Diese Lamellen spielen auch als Geruchsorgane eine Rolle.
Zwei Gruppen von 17 Tentakeln verteilen sich gleichmäßig zu beiden Seiten des Kopfes. Das sind die »brachialen« Tentakel. Zwei breitere Arme bilden zwei Klappen, die sich auf den Rücken des Tieres legen und eine Art »Kapuze« bilden; diese schließt die Schale, wenn sich der Nautilus darin verbirgt, ungefähr wie der Kiemendeckel bestimmter Muscheln. Schließlich befindet sich ein Paar kleiner Tentakel in der Nähe der Augen.
Das Männchen unterscheidet sich vom Weibchen vor allem durch die bauchigere Öffnung seiner Schale und durch eine geringere Anzahl von Fangarmen. Es hat nur etwa 60, während das Weibchen manchmal mehr als 90 besitzt. Beim Männchen verbinden sich vier Tentakel zum »Spadix«, der beim Nautilus die gleiche Rolle wie der Hectocotylus bei anderen Kopffüßern spielt.
Die Tentakel des Nautilus können anliegen und sich festheften wie die vieler anderer Kopffüßer. Man hat jedenfalls den Eindruck, daß sie fest haften, und dennoch sind sie nicht mit Saugnäpfen versehen. Beim Berühren spürt man leichte Auswüchse, die offensichtlich wie Saugnäpfe kleben. Das sind Furchen in der Haut, mit deren Hilfe sich das Tier ziemlich fest anklammern kann.
Außerdem können diese Tentakel innerhalb eines gewissen Spielraums eingezogen werden. Sie verschwinden in Scheiden aus Fleisch, die sich an ihrer Basis befinden, und werden dadurch kürzer.
500 oder 600 Millionen Jahre konnte der Nautilus von seiner Schale aus die anderen Tiere an sich vorbeiziehen sehen, die nach und nach das Meer bevölkerten. Er zählte 3000 Arten, von denen heute nur noch vier übrig sind. Er wurde Zeuge der gesamten Geschichte der höheren Tiere. Er sah das große Abenteuer des Lebens an sich vorübergleiten, sah Arten erscheinen und wieder vergehen. Doch

Beim Beobachten der Nautilusse im Aquarium an Bord der *Pilou-Pilou* (von links nach rechts: Ann Bidder, Jacques-Yves Cousteau und sein Sohn Philippe).

trotz seiner Zerbrechlichkeit führte er unerschütterlich sein seltsames Leben weiter, ging gemächlich seines Weges wie eine geologische Uhr. Aber er ist selten geworden. Man findet ihn nur noch in den Gewässern Neukaledoniens, der Fidschiinseln, der Philippinen und der Sundainseln. An der Malabarküste ist er so reichlich vorhanden, daß er verzehrt wird. Man trifft ihn auch vor Neuguinea an. Dorthin sandte um 1920 Dawydow eine ergebnislose, dramatisch verlaufende Expedition, mit dem einzigen Ziel, die embryonale Entwicklung des Nautilus zu verfolgen – der Traum seines Lebens. Es gibt nicht viele Tiere, die so wenig bekannt sind wie der Nautilus, und dieser ist noch dazu unendlich kompliziert in seinem Aufbau. Deshalb behielt ich den Nautilus jahrelang in Erinnerung, den ich in Monaco beobachtet und studiert hatte. Besonders interessierten mich seine Antriebsarten, denn sie standen den Apparaten nahe, die ich konstruierte und die vom *Office Français de Recherches Sous-marines* verwirklicht wurden, so wie heute vom C.E.M.A. Auch dachte ich daran, in der zweiten Filmserie, die wir für das Fernsehen drehten, dem Nautilus zwar keinen ganzen Film zu widmen, aber doch zumindest umfangreiche Sequenzen.

Ich hatte den Plan, in Neukaledonien einen Film zu drehen, da die Fauna des Riffs dort besonders reich ist. Der Film sollte zuerst den Titel tragen »Lebendige Wüste unter Wasser«; im Laufe der Dreharbeiten aber fanden wir heraus, daß das wirkliche Thema das Leben in den tropischen Gewässern bei Tag und Nacht war. Es war hauptsächlich der Nautilus, der uns zur Behandlung dieses neuen Themas veranlaßte. Tatsächlich gehört er zu den zahlreichen Meerestieren, die tagsüber in ziemlich großer Tiefe leben und erst in der Nacht in Schichten aufsteigen, die den Tauchern zugänglich sind (40 bis 50 Meter).

Ein Nautilus auf dem Grund.

Michel Deloire beim Filmen der Nautilusse auf dem Korallenplateau am Fuße des Riffs in der Nähe des Leuchtturms Amédée.

Deshalb schickte ich ein Team nach Numea. Es bestand aus meinem Sohn Philippe, unserem Filmleiter Michel Deloire, einem Unterwasserfotografen, François Dorado, und den Tauchern Prézelin und Sumian. Sie mieteten an Ort und Stelle ein hübsches Schiff, dessen Kommando Kapitän Bougaran anvertraut war. Ich wollte mich ihnen anschließen, sobald ich konnte.

Es war sehr schlechtes Wetter. Die See war oft sehr rauh, was unsere Aufgabe nicht gerade leichtmachte. Ständig wehten die Passatwinde. Neukaledonien ist von zwei Barriereriffen gesäumt, die eine Lagune begrenzen; hier war das Wasser besonders trübe. Man findet dort nur tote oder sterbende Perlboote, die, von den Wogen emporgehoben, einen Durchgang passiert haben und schließlich am Ufer stranden.

Da beinahe ständig schlechtes Wetter herrschte, war es nicht ungefährlich, mit unserem Schiff, der *Pilou-Pilou*, außerhalb des Riffs
vor Anker zu gehen. Aber immerhin konnten wir hoffen, die Nautilusse zu beobachten. Man sieht sie niemals am Tage, und dennoch
sind sie in der Tiefe wohl rings um die Insel vorhanden.

Immer erhält man über gewisse Meerestiere wechselnde Angaben,
je nachdem, ob man die Fachleute hört oder an Ort und Stelle, im
Meer, nachsieht. Wir bemerkten, daß die Perlboote zwar nicht
überreich vorhanden, aber doch weniger selten sind, als man
behauptete und glaubte. Das sind keine Tiere, die sich deutlich im
Rückgang befinden. In Wahrheit leben sie zwischen 100 und 300
Metern unter der Oberfläche, und nur in der Nacht steigen sie bis
zu der Tiefenschicht zwischen 60 und 40 Metern empor. Alle, die
man weiter oben oder sogar an der Oberfläche findet, sind sterbende
Tiere.

Wir haben feststellen können, daß diese Art nicht gefährdet ist, und
wenn die Nachfrage von Sammlern kein Massaker hervorrufen
sollte, könnte diese 600 Millionen Jahre alte Art noch eine beträchtliche Zukunft vor sich haben.

Genau vor Numea haben wir die günstigste Zone zum Tauchen gefunden. Die *Pilou-Pilou* fuhr durch die Boulari-Passage hinaus und
ankerte draußen vor dem Riff, wo sich der Leuchtturm Amédée
erhebt.

An dieser Stelle taucht die Korallenbarriere mit einem beinahe senkrechten Abbruch ins Meer. Er hängt über einem Plateau, das sanft
geneigt von 40 auf 60 Meter abfällt. Jenseits davon führt ein neuer
Abbruch ebenfalls senkrecht hinab in die Tiefsee: 300 Meter und
mehr.

Wir wählten diese Zone, weil das Plateau uns in der Nacht ein
ausgezeichnetes Beobachtungsgelände bot. Der Leuchtturm Amédée
war auch ein guter Anhaltspunkt und ermöglichte, falls das Wetter
sich verschlechterte, der *Pilou-Pilou* die Durchfahrt durch die
Passage.

Die ganze Szenerie war schön, fast ebenso schön wie der Grund
des Roten Meeres. Die erste Klippe war mit ausladenden Gorgonia-
sträußen geschmückt. Die farbenfrohen Fische des Riffs schwebten
inmitten der Korallenköpfe. Aber bald war uns klargeworden, daß
wir harte Arbeitsbedingungen vorfinden würden. Um den Perl-
booten bei Tag zu begegnen, würden wir in sehr große Tiefen hinabsteigen müssen, und wir waren nicht einmal sicher, ob wir tief genug
gehen konnten, um sie zu finden.

Wollten wir eine Chance haben, sie zu beobachten, so mußten wir in der Nacht tauchen, unter all den Schwierigkeiten, die damit verbunden sind.

Um ein so außergewöhnliches und so wenig bekanntes Tier untersuchen zu können, brauchten wir wissenschaftliche Angaben. Wir bekamen sie auf Neukaledonien selbst.

In Numea gibt es ein herrliches Aquarium, gegründet von Dr. Catala. Es ist bewundernswert, wie er und seine Frau sich darum kümmern. Sie haben oft Perlboote, die sie mit Fallen fangen, wie man sie für Lippfische gebraucht, und die außerhalb des Riffs in 60 Meter Tiefe aufgestellt werden.

Wir wollten den bedeutendsten Nautilus-Spezialisten mitnehmen. Deshalb baten wir unseren Freund Dr. Voss aus Miami, der für sein Wissen über die Kopffüßer bekannt ist, er möge uns die größten Autoritäten nennen. Wir fanden auch Spezialisten für die Niere, für die Leber des Nautilus, aber niemanden, der ein wirklich umfassendes Wissen über dieses Tier hat. Da war freilich unser Freund Jean Marie Bassot, der zur Crew der *Calypso* gehörte; aber für das Fernsehen brauchten wir einen angelsächsischen Experten. Deshalb wandten wir uns an eine Engländerin, die an der Universität Cambridge arbeitet und durch ihre Arbeiten sehr bekannt ist. Wir baten sie, sich uns anzuschließen – Miß Ann Bidder.

Ganz wie unsere Freunde vom Aquarium in Numea und wie Goirand und Bassot es getan hatten, stellten wir Reusen auf. Wir hatten sie von ORSTOM entfliehen *(Office de la recherche scientifique et technique d'outre mer)*. Es waren Gitterkästen mit einem Eingang, die wir am Abend zwischen 40 und 60 Meter Tiefe anbrachten und mit Fischen oder Krebstieren beköderten. Am folgenden Morgen waren in jeder der fünf Reusen wenigstens zwei Nautilusse. Aber die Ausbeute wurde geringer. Drei Tage später hatten wir nur noch vier gefangen, und nach sechs Tagen war überhaupt keiner mehr da. Wahrscheinlich ist die Population an dieser Stelle ziemlich gering und erschöpft sich recht schnell. Aber es ist durchaus möglich, daß sie sich nur in einem bestimmten Umkreis erschöpft; denn, wie gesagt, ganz offensichtlich halten sich Nautilus-Populationen an allen Küsten der Insel auf.

In mehr als 45 Meter Tiefe richteten wir ein Gehege ein. Das war ein großer Käfig, in dem die Tiere Platz hatten und wo wir ihnen zu fressen brachten.

Mit Hilfe dieses Geheges konnten wir tagsüber verschiedene Experimente ausführen. Wir ließen zunächst einen oder zwei Nautilusse frei, um zu sehen, was sie tun würden. Ich sah diese seltsame Pendelbewegung wieder, das runde Auge, die winzigen Tentakel und vor allem die wunderbare Schale mit ihrer vollkommenen Zeichnung. Nur wenige Menschen haben gesehen, wie sich Perlboote im offenen Wasser bewegen. Unsere gingen, wenn sie ihren Käfig verlassen hatten, bis zum Korallengrund hinunter. Sobald die Basis ihrer Schale aufstieß, führten sie eine leichte Aufwärtsbewegung aus und hielten sich, solange sie das geneigte Plateau hinunterglitten, 10 Zentimeter über dem Boden; sie navigierten, um Hindernissen auszuweichen, und erreichten den jähen Abbruch in die Tiefe, wo sie verschwanden, voll Ungeduld, dem Licht zu entfliehen. Unmöglich zu sagen, bis zu welcher Tiefe sie hinuntergehen und wo sie leben. Nach gewissen Theorien soll ihnen ihr Organismus nicht erlauben, unter 300 oder 400 Meter zu gehen. Wird bei dieser Tiefe der innere Druck des Gases in der Schale nicht reguliert, so hat sie tatsächlich die Grenze ihres mechanischen Widerstandes erreicht und wird eingedrückt. Sie dürften sich daher zwischen 100 und 300 Metern halten.

Wir wissen nicht einmal, wie sie in diesen großen Tiefen leben. Verstecken sie sich trotz ihrer schützenden Schale in Löchern, wie die Polypen es tun? Wir können nichts Genaues sagen. Aber es ist wahrscheinlich, daß sie an den Klippen entlang in Höhlen wohnen.

Am Tage hatte ich bei 50 Meter Tiefe einen Nautilus gefunden. Ich brachte ihn in die Nähe einer Höhle, und er versteckte sich schnell darin. Der Nautilus ist »sciaphil«, wie die Zoologen sagen, d.h., er liebt das Dunkel.

Wenn wir auch keine Gewißheit haben, so gab es doch zumindest einige Mutmaßungen über die Lebensweise der Nautilusse. Das war völlig außer acht gelassen worden. Wir konnten daher die Kenntnisse über diese geheimnisvollen Tiere ein ganz klein wenig erweitern.

Endlich kam der Augenblick, wo wir mit dem nächtlichen Tauchen beginnen konnten. Dazu brauchten wir annehmbares Wetter außerhalb des Riffs. Das hatten wir selten. In den drei Monaten, die die Crew hierblieb, um den gesamten Film zu drehen, gab es nur ein paar günstige Tage.

Jeder nächtliche Taucheinsatz bedeutete für ein kleines Schiff wie die *Pilou-Pilou* eine enorme Anstrengung und brachte alles auf die Beine, denn die Crew war nicht groß. Für alle Folgen wurden ein Kameramann, zwei Beleuchter, ein Fotograf, ein Taucher und ich selber gebraucht. Außerdem drehten wir in ziemlich großer Tiefe. Das machte beim Aufstieg längere Zwischenaufenthalte für die Druckabnahme erforderlich. Deshalb konnten wir auch nur einmal

Nautilus von vorne. Die runde Öffnung unter den Fangarmen ist die Trichtermündung; durch sie wird der Wasserstrahl ausgestoßen, der dem Tier als Antrieb dient.

am Tag tauchen, und außerdem verschlechterte sich das Wetter von neuem.
Oft tauchten wir auch, wenn der Ankerplatz nicht ganz sicher war. Das ist für alle besonders unangenehm, für die Taucher wie für den Kapitän des Schiffes.
Hier der Bericht von einem nächtlichen Tauchunternehmen nach dem Bordbuch von Kapitän Alain Bougaran.

*22. Dezember 1971*
Der Südostpassat, der heute morgen nur ein Hauch war, hat an Stärke gewonnen. Es ist 16 Uhr, wir holen den Anker ein und verlassen den ausgezeichneten Ankerplatz an der Nokouéspitze vor der Insel Ven. Mit 16 Knoten nehmen wir Kurs auf den weißen Leuchtturm Amédée. Wir müssen mindestens eine Stunde vor Sonnenuntergang ankern, denn das ist ein kniffliges und ziemlich langwieriges Unternehmen. In dieser Breite können wir nicht mit der Dämmerung rechnen, denn sie ist äußerst kurz.

Bald lassen wir den Leuchtturm Amédée steuerbords und befinden uns mit dem Heck gerade in der Fluchtlinie der Durchfahrt von Boulari. In der langen Dünung, die sich am Riff bricht, zeichnet sich die Durchfahrt sehr gut ab. Es ist eine Dünung aus Südwest, lang, sehr lang. Sie durchbricht das Riff mit lautem Getöse, spritzt das grüne Wasser der Lagune voll Schaum und verschwindet. Wir sind durch die Passage gefahren und vermindern die Geschwindigkeit auf 9 Knoten, um an das To-Riff heranzukommen, an dessen Abbruch die Reusen für die Nautilusse verankert sind.

Wir suchen die Boje, die die Reusen bezeichnet. Das Meer ist leer, und doch sind wir sicher, daß wir an der richtigen Stelle sind. Schnell verankern wir eine kleine Tauchboje, die dazu dienen soll, den Anker der *Pilou-Pilou* wiederaufzufinden. Wir haben am Bug nur einen Anker, einen Hallanker von etwa 120 Kilo und vier Kettengliedern. Außerdem haben wir noch einen leichteren Anker mit 200 Meter Nylonleine.

Die *Pilou-Pilou* ist 250 Meter westlich vom To-Riff im Wind vor Anker gegangen. In der langen Südwest-Dünung rollen wir leicht. Vom Passat aufgewühlt, tritt das Meer zwischen den Riffen To und Sournois aus der Lagune heraus. Dieses Meer ist kurz und hart, aber wenn es auch das Manöver des Beiboots gestört hat, so bringt es die *Pilou-Pilou* kaum in Schwierigkeiten, da sie ihm einen gut geschützten Steven bietet.

Zwei Taucher ziehen schnell ihre Ausrüstung an und springen ins Wasser, um die Lage der Reusen festzustellen. 15 Minuten später kommen sie an die Oberfläche. Die Reusen sind noch da, ganz exakt unter dem Quadrat. Die Taucher zählten sieben Nautilusse, die sich in der Falle gefangen haben. In dem Käfig, der als Gehege dient, hat sich ein Drama abgespielt. Dort entdeckte man zwei leere Schalen: Nautilusse waren von ihren Artgenossen verschlungen worden, die der Hunger zu Kannibalen gemacht hatte.

Unsere Taucher fanden noch etwas anders: Die Boje, die wir so sehr gesucht haben, ist dort auf dem Grund. Sie liegt zwischen den Reusen, von Haifischzähnen zerrissen. Es war eine große rote Boje, eine von denen, die ohne Schaden in große Tiefe gebracht werden können. Haben die Haie sie für eine Beute gehalten oder für ein Spielzeug, als sie auf der Düngung tanzte?

Fertig zum Tauchen! Die Filmleute machen sich am Achterdeck bereit. O weh! Plötzlich bemerken wir, daß sich die kleine Taucherboje nicht mehr bei der *Pilou-Pilou* befindet. Die ganze Verankerung ist aus dem Gleichgewicht gebracht worden durch eine Veränderung in der Strömungsrichtung, wie wir feststellen können, als wir das Wasser längsseits beobachten. Wir sind jetzt viel zu weit von den Reusen entfernt. Welche Enttäuschung! Wir suchen die Boje mit dem Scheinwerfer, aber ohne Erfolg. Wir vermuten, daß wir 80 Meter südlich von ihr sind. Sie befindet sich also backbord. Das Dingi fährt zur Erkundung aus; es schleppt einen Taucher, der mit einer starken Unterwasserbeleuchtung ausgerüstet ist. Nach zehn Minuten ist die Boje wiedergefunden. Eine andere große Boje wird am Bojentau befestigt, damit wir sie nicht wieder aus den Augen verlieren. Aber wir sind vom Pech verfolgt. Der Taucher hat keine Zugabe am Bojentau gelassen, und so ließ die Boje ihren Ballast abspringen, als die Wogenkämme darüber hingingen, und die Strömung hat unsere einzige Markierung mitgenommen. Ein neuer unvorhergesehener Wechsel der Strömung treibt uns in die Ausgangsposition zurück.

Wir wissen nur zu gut, daß wir mit zwei Ankern solchen Veränderungen der Wind- und Strömungsgeschwindigkeit oder -richtung preisgegeben sind. Endlich sind wir dank der Strömung zurückgekommen, über unsere Reusen. Wir lassen hinten über Steuerbord 35 Meter Nylon ablaufen, an dessen Ende 50 Kilo Kette befestigt sind. Daran können die Filmleute hinuntergleiten und auch ohne Umstände wieder auftauchen. Und schließlich können sich die Taucher während der Zwischenaufenthalte, die sie einlegen müssen, daran festklammern. Die Nacht verlangt besondere Maßnahmen und doppelte Vorsicht.

Das Tauchen ist sehr gut vonstatten gegangen. Die Strömung blieb die ganze Nacht in Stärke und Richtung konstant. Wir haben an dieser Stelle etwa 15 Taucheinsätze ohne irgendeinen Zwischenfall hinter uns gebracht, am Tage wie in der Nacht. Das schlechte Wetter zwang uns, den Platz für eine Woche zu verlassen. Dann hatten wir zwei Tage fast glatte, meist aber recht bewegte See. Trotzdem waren die Mannschaften am Grund nie in Gefahr.

Niemals wären wir mit diesen Beobachtungen mitten in der Nacht zu Rande gekommen, wenn wir nicht über einen amerikanischen Apparat verfügt hätten, der erstmals im Meer benützt wurde: das »Owl eye« oder Eulenauge, mit dem man in der Nacht sehen und selbst im schwärzesten Wasser einen Nautilus erkennen kann – es paßt sich auch an die schwächste Beleuchtung an. Der Vollmond reicht zum Beispiel als Lichtquelle aus, damit man sich mit diesem Apparat im Wasser bewegen kann wie am hellen Tag. Es ist ein Verstärker, der »Bilder intensiviert«, wie es in der amerikanischen Beschreibung heißt. Es besteht aus einem Objektiv mit großer

Blende, das ein Bild auf einen elektronischen Teil wirft, einer kleinen Platte und einem äußerst empfindlichen Ikonoskop.

Dieser Apparat hat eine Reihe von Stufen mit beträchtlichen Unterschieden in der Verstärkung. Jedes Photon des Ausgangsbildes löst so einen immer stärkeren Elektronenstrom aus, der schließlich in einem verstärkten Bild endet wie auf einem Fernsehschirm. Dieser hier geht mit Batterie, braucht also keinen Draht, was für das Tauchen sehr bequem ist. Die Anlage ist sehr teuer. Aber das »Owl eye« gibt ein leuchtendes Bild – viel klarer als das Fernsehbild, das in der Qualität einem Schwarzweißfoto gleichkommt.

Das *Centre d'Etudes Marines Avancées* von Marseille hat für diesen Apparat ein wasserdichtes Gehäuse hergestellt und ihn damit »seetüchtig« gemacht.

Wir dachten, es würde genügen, die Helligkeit um das 20 000fache oder 25 000fache zu erhöhen. Man kann leicht bis 80 000 oder 100 000 gehen, also ein Bild erhalten, das 80 000mal heller ist als das, was das Auge wahrnehmen kann. Wir hatten eine 20 000fache Verstärkung. Das war schon wundervoll, aber in bestimmten Fällen reichte das nicht aus.

Wenn man eine kleine Taucherlampe einschaltete, die im Meer eine sehr geringe Reichweite hat, und sie von dem Gegenstand weghielt, so genügte das für das »Owl eye«. Richtete man aber den Lichtstrahl auf den Gegenstand selbst, so war das Licht zu grell, und der Apparat schaltete ab. Er geht immer aus, wenn das Licht zu stark wird. Auf diese Weise ist das System selbst vor Zerstörung geschützt. Wir waren bemüht, die Einsätze über die ganze Nacht zu verteilen. Wir tauchten um zehn Uhr abends, um Mitternacht, um zwei Uhr morgens. So hofften wir zu erfahren, ob es Zeiten größerer Ballung gab. Aber wir bemerkten zu den verschiedenen Zeiten keine wahrnehmbaren Unterschiede. Die Tiere fanden sich in jeder Tiefe, von der Oberfläche bis 100 Meter. Die Köder in den Reusen zogen sie an. Der Zweck dieser nächtlichen Wanderung war ganz offensichtlich die Nahrungssuche.

Bei einem dieser Tauchunternehmen nahm Michel Deloire einen Nautilus unten an der Schale in die eine Hand und hielt ihm mit der anderen einen kleinen Fisch hin. In der Aufregung hatte das Tier nicht einmal seine Tentakel eingezogen; es packte den Fisch und ließ ihn verschwinden. Einige Augenblicke später nahm ihm Deloire den Köder wieder ab und bemerkte, daß der Fisch bereits teilweise zerstückelt war. Solange sich der Nautilus erinnern kann, hat es niemals ein solches Abenteuer für ihn gegeben. Es scheint, daß die Nautilusse zum Zerreißen ihrer Beute ihren Schnabel be-

Diese beiden Nautilusse sind möglicherweise bei der Paarung. Diese Szene wurde zum erstenmal aufgenommen.

nutzen, viel lieber, als die Polypen es tun. Bei einem Nautilus von 15 Zentimeter Länge ist der Schnabel ebenso groß wie bei einem 3 Kilo schweren Polypen. Im übrigen hat der Nautilus im Gegensatz zu unserem Freund *Octopus vulgaris* oder *Octopus apollyon* keine Speicheldrüsen und verfügt infolgedessen nicht über ein Gift, mit dem er seine Beute bewegungsunfähig machen könnte.

Das »Owl eye« erwies sich als wunderbare Einrichtung, um die Tiere bei Nacht zu beobachten, ohne sie zu stören oder zu vertreiben. Mit seiner Hilfe konnte einer von uns zwei Nautilusse beobachten, die mit verschränkten Fangarmen miteinander verbunden waren. Wir bemerkten um sie herum eine weißliche Absonderung, eine Wolke im Meer. Wir ließen sie in Ruhe. Wahrscheinlich handelte es sich um eine Paarung. Das hat uns jedenfalls Ann Bidder bestätigt, der wir die Szene beschrieben.

Die Paarung der Nautilusse ist noch niemals beobachtet worden, nicht einmal im Aquarium.

Es ist ein ganz eigenartiger Eindruck, in der Nacht ein Perlboot sanft im Meer schaukeln zu sehen. Sein Verhalten erscheint ganz ungewöhnlich, nicht wegen seiner seltsamen Antriebsweise, sondern wegen der relativen Langsamkeit seiner Bewegungen. Bei den heutigen Lebewesen sind wir an lebhaftere Wahrnehmung und Reaktion gewöhnt. Bei horizontaler Fortbewegung zieht sich sein muskulöser Sipho kaum einmal pro Sekunde zusammen, um einen Wasserstrahl auszustoßen.

Gewiß sind die Mittel, über die er verfügt, nicht ohne Wirkung. Es kam vor, daß wir einen Nautilus losließen, und plötzlich verschwand er, wie weggezaubert. Wir fanden ihn dann in einem Korallenloch wieder, wo er sich schlau versteckt hatte. Aber es hat trotzdem den Anschein, als würde das Leben dieses Tieres langsam ablaufen, wie im Traum. Man könnte sich in eine Zeit zurückversetzt glauben, wo das Leben noch unbestimmt zögerte, seiner selbst wenig sicher – ein zaghaftes Wunder. Wir tauchten in den Meeren des Paläozoikums und des Mesozoikums, wo 10 000 Arten von Ammoniten aufeinandergefolgt waren. Zusammen mit den Nautilussen hatten sie schon vor Hunderten von Jahrmillionen ihr schwankendes Auf und Ab vollführt.

Man darf daraus nicht schließen, daß das Nervensystem des Nautilus rudimentär wäre – ganz im Gegenteil: Wenn es auch noch nicht so gut ausgebildet ist wie beim Kraken oder Kalmar, so ist es für ein Weichtier doch schon beachtlich konzentriert, sehr ausgedehnt und kompliziert.

Wir wissen überhaupt nichts darüber, wie der Nautilus die Außenwelt wahrnimmt. Die Tentakel, die er vorsteckt, um das Meer zu erkunden, sind keine Tastorgane wie beim Polypen. Es scheint, daß der Tastsinn höchstens eine sekundäre Rolle im Leben des Nautilus spielt. Seine »Taster« sind vor allem Sitz des chemischen und des Geruchssinnes. Der Nautilus geht den Gerüchen nach. Deshalb konnte er auch auf unsere Reusen zusteuern, da er ihren Köder spürte.

Sein Auge ist nicht mit dem des Polypen oder des Kalmars zu vergleichen. Es ist so durchlässig, daß Meerwasser in die vordere Kammer eindringt. Da die Linse fehlt, gibt es kein deutliches Bild. Aber das Auge ist sehr empfindlich für die Intensität des Lichts, und diese Empfindlichkeit trägt wahrscheinlich dazu bei, daß der Nautilus Informationen über die Tiefe erhält, in der er sich befindet.

Der Nautilus reagiert jedenfalls auf den Schatten eines Tauchers, der über ihn wegschwimmt.

Er hat zwar nicht die Möglichkeit, wie die anderen Kopffüßer je nach seinen Emotionen die Farbe zu wechseln, aber er kennt Zustände wie Kampf, Verteidigung, selbst Panik, und er hängt mit der faltigen Haut seiner Tentakel mit aller Kraft an dem Feind, der ihn packt, in diesem Falle am Taucher.

Die Nacht im Meer ist oft wie verzaubert, wenn auch ein wenig beklemmend. Kleine Haie streiften uns, haben uns aber niemals beunruhigt; es gab keine Unfälle. Man hatte uns in Numea von großen Haien erzählt, die außen um das Riff streichen, aber wir haben sie nicht gesehen. Unsere Lampen lockten sie nicht an.

Es sah wunderschön aus, wenn wir mit dem »Owl eye« die Nautilusse einen nach dem andern entdeckten und im grünlichen Licht des kleinen Bildschirms erscheinen sahen. Manchmal streifte ein Taucher mit einem feinen Lichtstrahl die Schale eines Nautilus und überließ ihn dann wieder der Nacht. In dieser Helligkeit, die nur einen Augenblick dauerte, erschienen die Rosa- und Rottöne des Tieres verschwenderisch. Sein pendelartiges Schwanken war noch seltsamer. Das starre Auge schimmerte. Die leuchtende Schale hielt die Reflexe fest. Funkelnd sprang der intensiv gefärbte Schnabel vor wie das Visier eines Helmes. Das Tier kann sich völlig zurückziehen und seine Tentakel verschwinden lassen. Dann legt sich der Schild an die Schale, um sie dicht zu schließen. So ist das Tier vollkommen geschützt.

Es ist nicht einzusehen, welche Feinde es haben könnte. Die Haie hätten nichts als eine Schale zum Knacken. So sind die Nautilusse sicher nicht durch andere Tiere gefährdet, sondern eher durch Stürme und Strömungen. Steigen sie unvorsichtigerweise zu nahe an die Oberfläche empor, nimmt eine Woge sie mit, stößt sie in die Lagune oder stürzt sie in die Korallen. Sie sind sehr schlecht gerüstet für den Kampf gegen rauhe See. Und nachdem wir sie drei Monate in Neukaledonien beobachtet hatten, konnten wir ermessen, welchen Gefahren die Nautilusse in den aufgewühlten Wassern der Riffe ausgesetzt sind. Dafür bewundertern wir diese Meerestiere um so mehr, denn sie haben vor 600 Millionen Jahren außergewöhnliche und noch immer nicht ganz zu verstehende Lösungen für die Probleme des Lebens gefunden.

# 12 Versöhnung

Der Polyp in der Kunst der Ägäis – Verfemt – Triumph der Evolution – Der Fluch der Stummheit – Kinder lassen sich nichts vormachen – Besuch im Abgrund

Nicht zuletzt soll der Bericht unserer Begegnung mit den Polypen die Vorurteile abbauen, die die Menschen ihnen gegenüber hegen.

Gewiß sind dafür zum großen Teil die Dichter verantwortlich, an erster Stelle Victor Hugo. Aber auch Jules Verne hat viel dazu beigetragen, denn er hat die Phantasie der Kinder mit seinen schauerlichen Abenteuergeschichten in eine falsche Richtung gelenkt.

Lange vor diesen literarischen Verleumdungen waren viele Märchen über die Polypen im Umlauf. Die alten Seefahrer trugen zu ihrer Verbreitung bei. Das ganze 19. Jahrhundert glaubte an die »Ungeheuer«, die Schiffe verschlingen können. Es muß allerdings gesagt werden, daß dieses Märchen der Grundlage nicht völlig entbehrt. In der Tiefsee leben tatsächlich Riesenkalmare mit einem Gewicht von mehreren Tonnen. Aber kommen sie an die Oberfläche und greifen sie Schiffe an? Der Beweis steht noch aus.

Der Mensch hält sich für den Weltenrichter. Er überträgt seine Moral auf alles, was ihn umgibt. Das ist seine Größe und seine Schwäche zugleich. Er hat die Tiere in »gute« und »böse« eingeteilt, in »zahme« und »wilde«, je nachdem, wieviel Angst sie ihm einflößten.

Auch die Meerestiere entgingen dieser oberflächlichen Einteilung nicht. Dennoch hat sie der Mensch jahrhundertelang kaum gekannt. Er hat sich ihnen nur genähert, um sie zu töten, sie aus ihrer natürlichen Umwelt zu reißen mit Haken, Netzen, Gabeln, Harpunen. Er kannte nur tote oder sterbende Tiere, getrennt von dem Wasser, das ihren Körper erhält, ihre Kiemen benetzt, ihr Leben bedingt. Angesichts dieser mit dem Tode Ringenden hat der Mensch seine unwiderruflichen Urteile verhängt. Den Pottwal zum Beispiel hat er für wild erklärt, nur weil er nicht immer beim ersten Lanzenstich starb und sich nach Kräften bis zum letzten Atemzug wehrte.

Ist ein Krake einmal aus dem Wasser gezogen und durch einen Biß in den Nacken getötet worden, sinkt er auf dem Sand eines Strandes oder auf dem Betonboden eines Kais zu einem wabbeligen, schmutzigen Haufen zusammen, so gilt er als ein schleimiges, ekelhaftes Wesen ohne Schönheit und Intelligenz.

Nur ein Volk hat sich anders verhalten: Die Künstler der wunderbaren ägäischen Kultur, 3000 v. Chr., haben die Fangarme der Kraken und Sepien symbolisch um ihre Keramiken oder um die Anker ihrer Schiffe gewickelt. Aber diese Lektion war schnell verlernt. Noch die Griechen ehrten die Kopffüßer so weit, daß sie einige Münzen mit ihrem Abbild schlugen. Den Römern, diesen Landratten, ging das Geheimnis verloren, und der Krake kehrte in die große Nacht des Meeres zurück.

Das Mittelalter bevölkerte den Abgrund mit Ungeheuern. Ein phantastisches Bestiarium sollte im Meer leben, doch diese gräßlichen wilden Geschöpfe gehörten mehr dem Innenleben des Menschen an als der Natur.

Riesenkraken, Drachen, Seeschlangen, Pottwale und Bartenwale, wie von Hieronymus Bosch gestaltet, steigen viel eher aus den verworrenen Tiefen der menschlichen Seele empor als aus denen des Ozeans. Das ist der Grund, warum die großen Meerestiere für den Menschen stets das Zeichen der Verworfenheit trugen.

Es dauerte lange, bis diese Bilder verschwunden waren, die eher Darstellungen der Laster und Sünden waren als der Naturgeschichte. Der Krake, der Schrecken der Norweger, hat bis ans Ende des 19. Jahrhunderts gelebt, und die Seeschlange ist noch immer nicht ganz tot.

Das Leben ist so seltsam und der Abgrund so tief! Wir wissen nichts über die Anzahl und das Aussehen der Riesenkalmare in der Tiefsee, aber wir wissen nun annähernd, wie sich ein Krake – selbst ein großer – dem Menschen gegenüber verhält.

Es muß erst das 20. Jahrhundert kommen, die Aqualunge, die Technik des Tauchens, bis man die Wahrheit über dieses unbekannte, unverstandene, verleumdete Tier wiederfand. Man mußte erst bis zu seiner Behausung hinabsteigen können, im gleichen Wasser mit ihm baden, um zu entdecken, wie schön es ist. Nicht ohne Grund hat es die Bewunderung der kretischen Künstler gefunden, die seine Geschmeidigkeit und einnehmende Grazie für ihre schönen Werke verwendeten. Wenn es eine Rassendiskriminierung gibt, so gibt es auch eine Diskriminierung der Tiere, und sie hat beinahe die gleichen Ursachen. Alles, was anders ist, alles, was der Mensch nicht kennt, das glaubt er zunächst verachten, ja hassen zu müssen.

Tatsächlich gehören die Kopffüßer einem anderen Bereich des Lebens an. Sie haben Lösungen für die Existenzprobleme gefunden, die sich allen Wesen auf unserem Planeten stellen – Fortbewegung, Jagd, Töten, Fressen, Fortpflanzung –, Lösungen, die nicht nur von den unsrigen verschieden sind, sondern auch von denen, die alle anderen Vertreter des Tierreichs entwickelt haben. Ihre Fangarme und Saugnäpfe sind weder Klauen noch Pfoten, noch Hände, aber sie sind mindestens ebenso wirkungsvoll. Sie haben einen Schnabel wie die Vögel, ein Gift wie die Schlangen, Chromatophoren wie Chamäleons und gewisse Fische, Augen wie Säugetiere. Und doch sind es »nur« Wirbellose!

Sie stellen einen der großartigsten Erfolge der Evolution dar, stehen in einer besonderen Entwicklungslinie und weisen Fähigkeiten auf, die nur ihnen eigen sind. Aus dem anatomischen Modell der Weichtiere hervorgegangen, haben sie mit bewundernswertem Schwung die Muscheln und Schnecken mit ihrer begrenzten Bewegungsfähigkeit, mit ihrer lächerlichen Psyche hinter sich gelassen. Sie haben sich einen großen Freiheitsraum im Meer erobert und eine doppelte Fortbewegungsweise entwickelt: das Kriechen und vor allem den Antrieb durch Rückstoß. Was aber ihre Psyche anbelangt, so können wir deren Tiefe kaum ermessen.

Wenn wir einmal ein wenig Science-fiction betreiben und außerhalb der Wirbeltiere eine Gruppe suchen wollen, die noch eine große Zukunft haben könnte, so dürfen wir an die Kopffüßer denken, denn ihre Geschichte ist gewiß noch nicht abgeschlossen.

Eine derartige Entwicklung im Tierreich ist so originell, daß sie sicherlich mehr Beachtung verdient. Außerdem muß man sie dort aufsuchen, wo sich seit Hunderten von Jahrmillionen die Polypen im wahrsten Sinne des Wortes »entwickeln«. Selbst die Beobachtung im Aquarium hat dem Polypen keine Gerechtigkeit widerfahren lassen nach den Verleumdungen, denen er ausgesetzt gewesen war. Dazu bedurfte es der Begegnung im offenen Wasser, der wohlwollenden Aufmerksamkeit, die wir fälschlicherweise seit mehr als hunderttausend Jahren nur den Landtieren entgegenbringen.

Wir Menschen sind immer nur mit drei Elementen vertraut gewesen, mit Erde, Feuer und Luft. Und doch ist Wasser auch in unseren Zellen. Aber das tiefe Wasser ist bis heute für uns etwas Unbekanntes geblieben. So wie der Krake das Feuer nicht kennt, so war uns das Wasser fremd. Es blieb unserer Art verschlossen; eine Tür aber beginnt sich gerade zu öffnen.

Das Vordringen des Menschen ins Meer ermöglicht uns nicht nur, reiche Bodenschätze im Wasser zu entdecken, sondern es macht auch das Kennenlernen, Verstehen und Achten vieler Tiere erst möglich. Am längsten hat es bei den Kopffüßern gedauert.

Am Taucher liegt es, die Versöhnung zwischen dem Menschen und dem Polypen einzuleiten. Nichts anderes haben wir mit diesem Buch versucht. Ob es sich nun um die großen, ein wenig trägen Kraken von Seattle handelt oder um unsere kleinen Polypen von Riou und Alicastre – wir hoffen gezeigt zu haben, daß eine Verständigung zwischen den Kopffüßern und uns nicht unmöglich ist. Wenn sich die beiden Partner bisher nicht verstanden haben, so sind daran die Menschen schuld, immer bereit, die anderen Arten geringzuschätzen und sie zu töten.

Wir haben feststellen können, daß die Neugier der Polypen keine Grenzen kannte. Ihr einziges Pech aber ist, daß zu ihrer beachtlichen physiologischen Ausrüstung nichts gehört, womit sie hören oder sprechen könnten. Denn Sprache und Gehör vermitteln am besten zwischen den Tieren und uns. Die einzigen Sinne, die wir mit den Polypen gemeinsam haben, sind Tastsinn und Gesicht. Sie können immerhin zum gegenseitigen Verstehen ausreichen.

Die Zeit ist nicht fern, da der gezähmte Polyp zum Gefährten des Tauchers werden wird. Schon kam der große Octopus von Alicastre zu Falcos Empfang heraus. Joanne hat in Seattle ihren Lieblingskraken, den sie streichelt und der sie mit »samtweichen Saugnäpfen« betastet. Unser Freund Jerry Brown macht gerade ein faszinierendes Experiment mit einem großen Kraken, der in der Juan-de-Fuca-Straße in einem Wrack lebt.

In nicht allzulanger Zeit wird die Freundschaft mit den Kopffüßern zu den großen Vergnügungen an der See gehören. Dann wird es nur noch darauf ankommen, daß sie, wie Joanne es wünscht, nicht zu sehr gestört werden und daß ihre Existenzbedingungen sich nicht verschlechtern. Der Mensch verfällt schnell von der Unwissenheit in die Unersättlichkeit. Er glaubt, alle Tiere müßten ihm untertan sein, selbst wenn ihr Verhalten oder ihre Umwelt dadurch in Mitleidenschaft gezogen werden.

Zukünftige Generationen werden den Schleier des Geheimnisses von den Schauermärchen und Legenden ziehen und mit den Polypen auf vertrautem Fuße leben. Ich habe ein Experiment gemacht, das in dieser Hinsicht sehr aufschlußreich ist. Ich nahm am Biologieunterricht des College *Lindero Canyon d'Aguora* in Kalifornien teil. Der Lehrer hatte in einem Behälter kleine Pazifik-Polypen mitgebracht. Wir fragten die Schüler, Jungen und Mädchen von etwa zehn Jahren, ob sie die Polypen anfassen und in die Hand nehmen möchten. Sie mußten erst eine gewisse Scheu überwinden, aber sie haben sie angefaßt.

Rückstoßantrieb eines Polypen im offenen Wasser.

Ich führte dann ein sehr aufschlußreiches Gespräch mit einem kleinen Mädchen namens Debbie. Ich sagte zu ihr:
»Siehst du diesen kleinen Kraken? Er hat zwar kein sehr einneh-
mendes Äußeres, aber ich weiß bestimmt, daß er ganz lieb sein
kann. Drück ihm doch einmal die Hand!«

Debbie zögerte zunächst, dann lachte sie ein bißchen, beugte sich über das Aquarium, steckte ihre Hand hinein und ließ den Kraken einen Fangarm ausstrecken.

»Das ist komisch«, meinte Debbie, »er hat viele Hände zum Drücken . . . Er ist ein bißchen quabbelig und klebt.«

»Hast du Angst vor ihm?«

»Aber nein, überhaupt nicht.«

Nie wieder werden Debbie und ihre kleinen Kameraden an die Sagen von den wilden Ungeheuern glauben, die Schwimmer erwürgen und Schiffe in den Abgrund ziehen. Ich habe ihnen alte Stiche gezeigt, Illustrationen zu »Les travailleurs de la mer« und »Zwanzigtausend Meilen unter dem Meer«, und habe sie gefragt,

Von Commandant Cousteau ermutigt, wagt es die kleine Debbie, einen Polypen zu streicheln.

Polypenvase aus Gurnia. Bügelkanne mit realistischer Darstellung. Foto Giraudon.

was sie davon halten. Alle antworteten, das seien erfundene Geschichten, und man dürfe sich nicht von diesen Bildern irreführen lassen.

Und trotzdem . . .

Man muß wohl annehmen, daß es in der Tiefsee Riesentintenfische gibt. Nach den Fragmenten, die an der Oberfläche gesammelt wurden, dürfen wir mit Recht vermuten, daß sie beinahe 20 Meter erreichen und mehr als 4 Tonnen wiegen.

Bis heute aber waren die großen Kopffüßer, die an der Oberfläche gesichtet wurden, tote oder sterbende Tiere. Bis der Beweis des Gegenteils erbracht ist, darf man annehmen, daß die Ungeheuer den Abgrund nicht verlassen, selbst wenn sie bei Tag oder bei Nacht gewisse Ortsveränderungen ausführen.

Ich habe ja selbst beim Tauchen mit der Untertasse einen nicht identifizierten Kopffüßer gesehen, der zwar kein Riese war, aber doch eine recht ansehnliche Größe erreichte. Wenn diese Tiere aber die Tiefen bevölkern, warum hat man sie dann so selten gesehen? Seit etwa 15 Jahren wurden zahlreiche Taucheinsätze mit dem Bathyscaph und mit stabilen Geräten aller Art unternommen, französischen, amerikanischen oder russischen. Sie brachten erfahrene Beobachter hinunter, und man könnte annehmen, daß diese Besucher der Tiefe die Riesenkalmare hätten bemerken müssen, wenn es welche gäbe.

Allerdings sind all diese Forschungsgeräte langsam, und sie erfassen nur einen begrenzten Umkreis unter Wasser. Das gilt ganz besonders für den Bathyscaph.

Zum andern darf man annehmen, daß diese Giganten eher furchtsam als wild sind. Das Eindringen eines Unterseebootes in ihre Welt muß sie vor allem in die Flucht jagen, und sie haben Zeit dazu. Nicht anders hat sich denn auch jener einzige große Kopffüßer verhalten, dem ich beim Tauchen mit der Untertasse begegnet bin.

Wir haben zwar Fortschritte in der Kenntnis des Meeres erzielt. Aber die Geheimnisse des Abgrunds sind noch nicht ganz in unsere Reichweite gerückt. Es geht nicht mehr allein darum, daß kurze Streifzüge in 3000 Metern und tiefer gemacht werden, sondern daß wir uns dort einrichten und dort leben. Ebenso müssen weite Gebiete in diesen großen Tiefen befahren werden, so wie wir heute das Festland befahren. Das ist nur eine Frage der technischen Entwicklung. Die Zukunft wird uns vielleicht auf dem Meeresgrund geheimnisvolle Wesen enthüllen, ungefährlich und leuchtend. Welche Aussichten!

# *Anhang*

Die Kopffüßer – Der Mensch und die Kopffüßer – Der Riesennerv – Glossar – Dank – Bildnachweis – Bibliographie – Stichwortregister

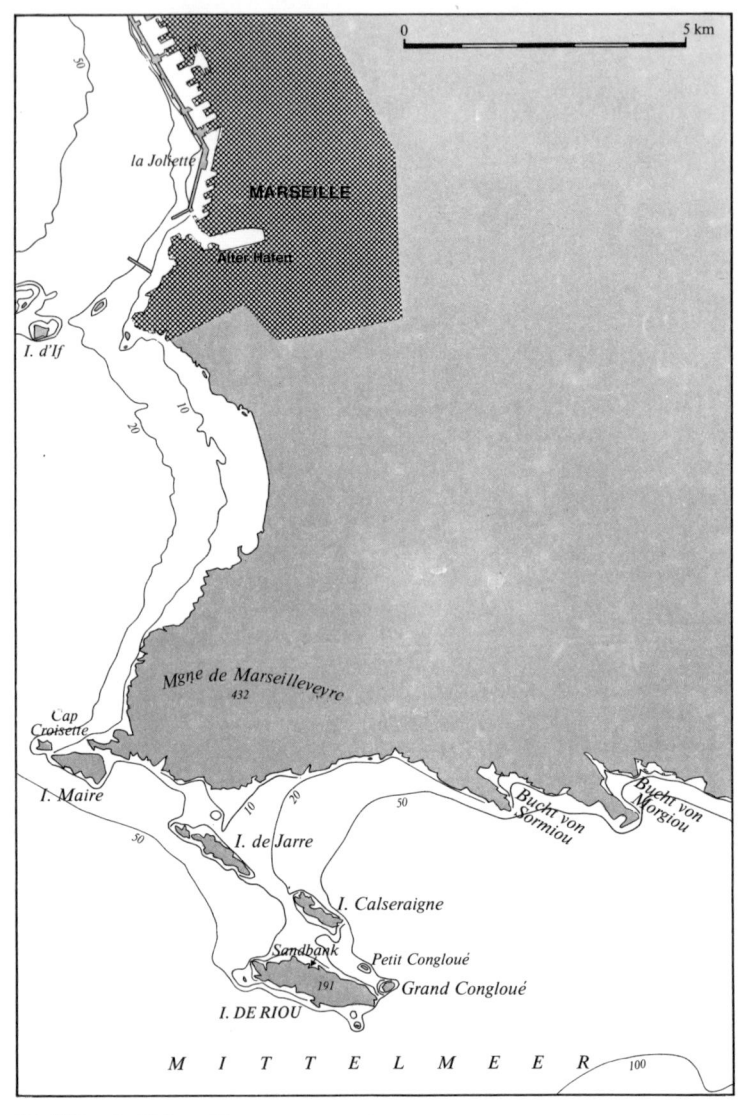

Die Küste bei Marseille.

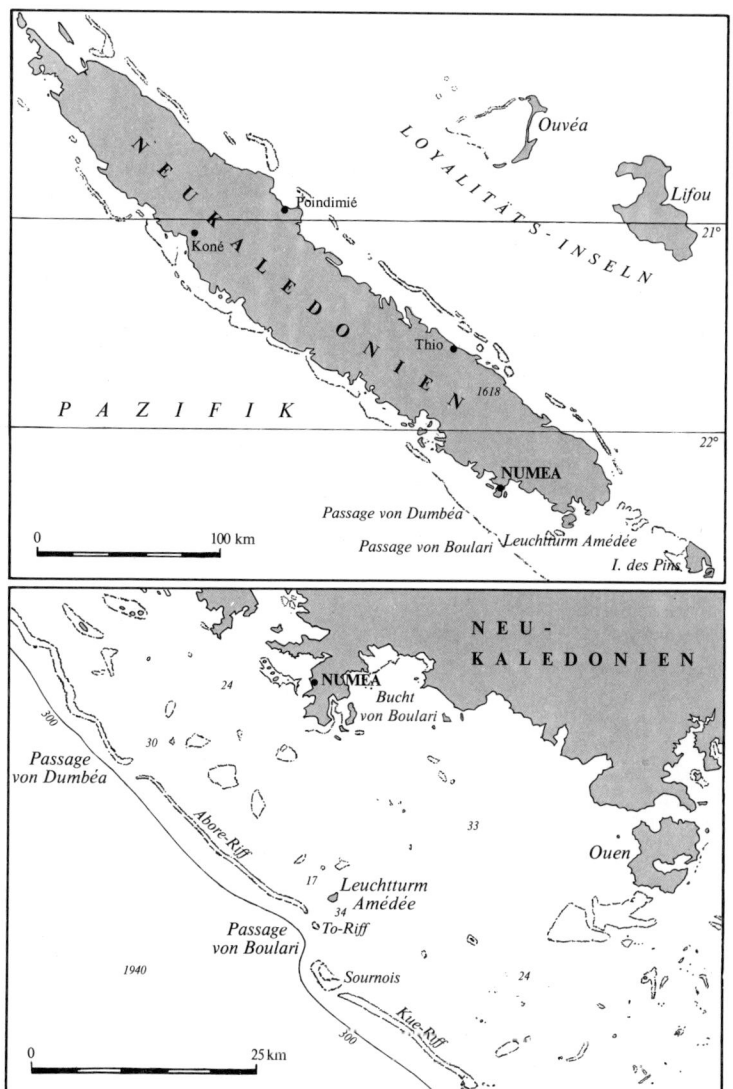

Neukaledonien. Durchgänge, Insel und Leuchtturm Amédée vor Numea.

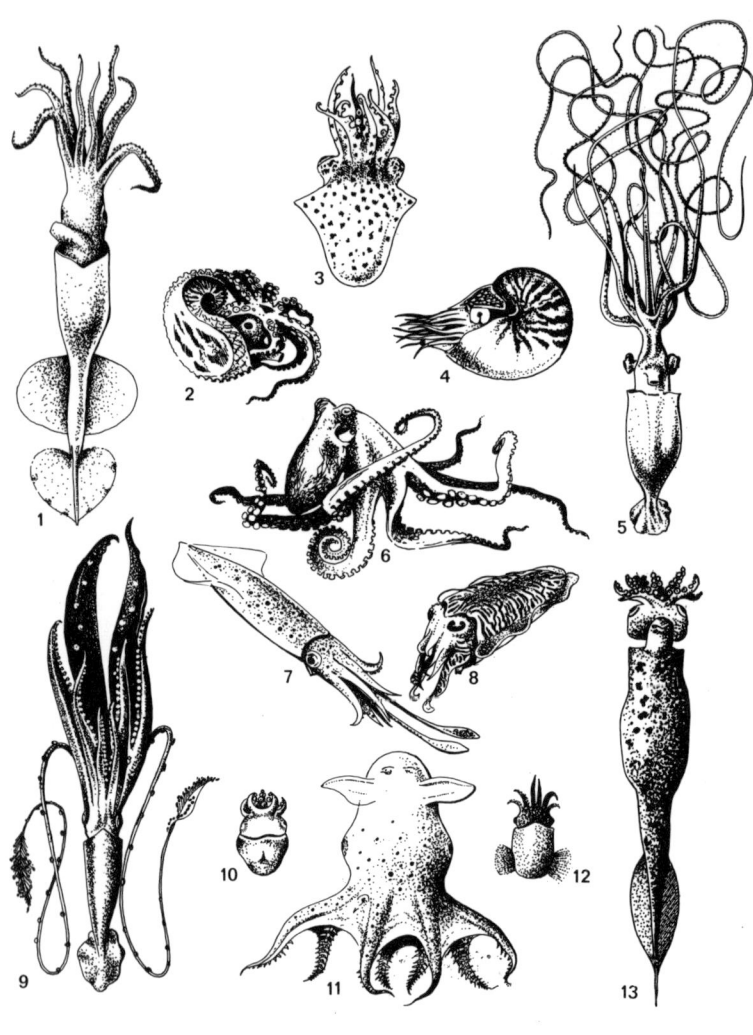

Kopffüßer: 1. *Grimalditeuthis richardi* – 2. *Argonauta argo* – 3. *Tremocto-pus hyalinus* – 4. *Nautilus pompilius* – 5. *Chiroteuthis portieri* – 6. *Octopus vulgaris* – 7. *Loligo pealeii* – 8. *Sepia officinalis* – 9. *Chiroteuthis lacertosa* – 10. *Tremoctopus hirondellei* – 11. *Vampyroteuthis infernalis* – 12. *Sepiola* – 13. *Taonius pavo*.

# Anhang A

Die Kopffüßer

Die Kopffüßer sind Wirbellose vom Stamm der zweiseitig-symmetrischen Weichtiere. Ihr wissenschaftlicher Name »Cephalopoden« setzt sich zusammen aus dem griechischen *kephalé*, Kopf, und *pús, podós*, Fuß. Sie sind ausschließlich Meerestiere und finden sich in allen Ozeanen der Erde. Ihr Körper gliedert sich in zwei Teile, das *cephalopodium* (Kopf und Arme) und den palleo-visceralen Komplex, d. h. den Mantel, der die Eingeweide umschließt (vom lateinischen *pallium*, Mantel).

*Vereinfachte Klassifikation:*
Die Klasse der Kopffüßer kann in 3 Unterklassen eingeteilt werden. Die Einteilung in *Dibranchiata* (Zweikiemer) und *Tetrabranchiata* (Vierkiemer) wurde durchweg fallengelassen, da die Zahl der Kiemen bei den fossilen Gruppen unbekannt ist:
A. Nautiloidea
B. Ammonoidea
C. Coleoidea

*A. Nautiloidea*
Reichlich vorhanden im Erdmittelalter. Heute gibt es nur noch eine Familie, *Nautilidae,* mit einer einzigen Gattung: *Nautilus.*

*B. Ammonoidea*
Sie sind nur durch ihre Schale bekannt, die in aufeinanderfolgende Kammern geteilt ist. Der Sipho liegt nicht axial, sondern befindet sich in der Nähe des äußeren Schalenrandes: Die *Ammoniten* lebten vom Unteren Devon bis zur Oberen Kreide.

*C. Coleoidea*

| I. Ordnung SEPIOIDEA | *Familien:* Spirulidae, Sepiidae Sepiadariidae, Sepiolidae, Idiosepiidae |
|---|---|

| | |
|---|---|
| II. Ordnung<br>Teuthoidea | 1. *Unterordnung* Myopsida – *Familien:* Pickfordiateuthidae, Loliginidae<br>2 *Unterordnung* Oegopsida – *Familien:* Gonatidae, Enoploteuthidae, Octopoteuthidae, Onychoteuthidae, Ctenopterygidae, Batoteuthidae, Brachioteuthidae, Lycoteuthidae, Histioteuthidae, Bathyteuthidae, Psychroteuthidae, Neoteuthidae, Architeuthidae, Ommastrephidae, Thysanoteuthidae, Chiroteuthidae, Mastigoteuthidae, Joubiniteuthidae, Promachoteuthidae, Grimalditeuthidae, Cranchiidae, Lepidoteuthidae, Cycloteuthidae |
| III. Ordnung<br>Octopoda | 1. *Unterordnung* Cirromorpha – *Familien:* Cirroteuthidae, Stauroteuthidae, Opisthoteuthidae<br>2. *Unterordnung* Incirrata – *Familien:* Bolitaenidae, Amphitretidae, Idioctopodidae, Vitreledonellidae, Octopodidae (*Unterfamilien:* Octopodinae, Eledoninae, Bathypolypodinae), Tremoctopodidae, Ocythoidae, Argonautidae, Alloposidae |
| IV. Ordnung<br>Vampyromorpha | *Familie:* Vampyroteuthidae – *Art:* Vampyroteuthis infernalis |

*Nautilus*

Der Nautilus ist die einzige lebende Gattung in der Unterklasse *Nautiloidea*. Man findet ihn nur noch in den tropischen Gewässern des Indopazifiks, zwischen 60 und 300 Metern, vor allem in Küstennähe.

Er besitzt eine spiralig eingerollte Schale, die durch konkave Scheidewände in dicht verschlossene Kammern geteilt ist. Diese sind von einem zentralen »Sipho« durchzogen, einem etwa 30 Zentimeter langen Schlauch, der vom Mantel ausgeht. Die letzte Kammer enthält den Körper des Tieres. Die anderen sind mit Flüssigkeit und Gas gefüllt, womit das Tier sein Gewicht reguliert – der Mechanismus seiner vertikalen Bewegung.

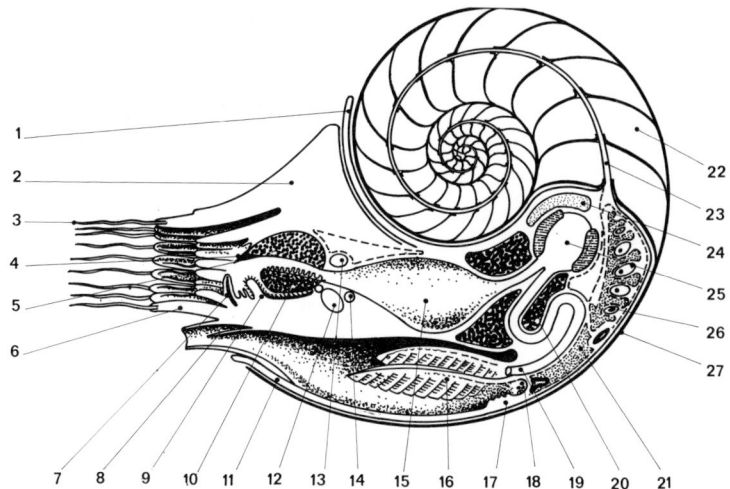

**Nautilus:** 1. Dorsaler Teil des Mantels – 2. Kopfknorpel – 3. Armcirren – 4. Oberkiefer – 5. Kiefermuskel – 6. Tentakel – 7. Unterkiefer – 8. Trichterklappe – 9. Radula – 10. Zunge – 11. Ventraler Teil des Mantels – 12. Knorpel – 13. Cerebralganglien – 14. Pleuroviszeralganglion – 15. Kropf – 16. Kiemen – 17. Nidamentaldrüse – 18. Nierenmündung – 19. After – 20. Verdauungsdrüse – 21. Perikardialgegend der Leibeshöhle – 22. Kammern – 23. Sipho – 24. Genitalgegend der Leibeshöhle – 25. Magen – 26. Eierstöcke – 27. Schale.

Das Tier hat zahlreiche Fangarme (40 bis 50). Ein Schild verschließt die Öffnung, wenn es sich in seine Schale zurückgezogen hat. Seine Fangarme sind nicht mit Saugnäpfen besetzt, tragen aber Hautfalten, die ein Anhaften ermöglichen.

Der Nautilus besitzt weder Tintenbeutel noch Chromatophoren, aber er hat 4 Kiemen. Sein Auge ist einfacher gebaut als das der übrigen Kopffüßer und nimmt keine Farben wahr.

Die Nautiloiden erschienen bereits im Oberkambrium (frühestes Erdaltertum) vor 600 Millionen Jahren und erlebten 400 Millionen Jahre lang eine Blütezeit bis zur Trias im Erdmittelalter (200 Millionen Jahre); dann begann ihr Niedergang.

*Spirula*

Gehört zur Familie der *Spirulidae,* Ordnung *Sepioidea,* Unterklasse *Coleoidea.*

Außer Nautilus besitzt von den heute lebenden Kopffüßern nur

213

Spirula

noch Spirula eine durch Scheidewände in 25 bis 37 Kammern geteilte Schale, die von einem »Sipho« durchzogen ist. Diese Kammern sind, wie die des Nautilus, mit Gas und Flüssigkeit gefüllt. Die Arbeiten von Bruun (1945) und L. J. Denton (1962) über den hydrostatischen Mechanismus dieses Tieres erbrachten genaue Angaben über die bis dahin nur wenig bekannte Spirula. Trotz ihrer weiten Verbreitung wird sie nur selten lebend gefangen. Sie ist einer der kleinsten Kopffüßer. Wird dieses Tier gestört, so läßt es Kopf, Arme und Tentakel völlig unter seinem außerordentlich widerstandsfähigen Mantel verschwinden, dessen Ränder sich schließen.
Seine »normale« Lage im Meer ist vertikal: Arme, Augen und Kopf sind dem Grund zugewandt.
Die Spirula hat zwei kleine Flossen oben auf ihrer Schale, die den Antrieb unterstützen. Zwischen den Flossen liegt ein der Oberfläche zugewandtes Leuchtorgan, das mit Hilfe einer Scheidewand (Diaphragma) abgedeckt werden kann.

*Sepia*
Gehört zur Familie der *Sepiidae*, Ordnung *Sepioidea*, Unterklasse *Coleoidea*.
Sie lebt in den Küstenzonen, in Wasserpflanzen und auf Sandgrund, wo sie ihre Nahrung, die Garnelen, findet. Es gibt etwa 80 Arten,

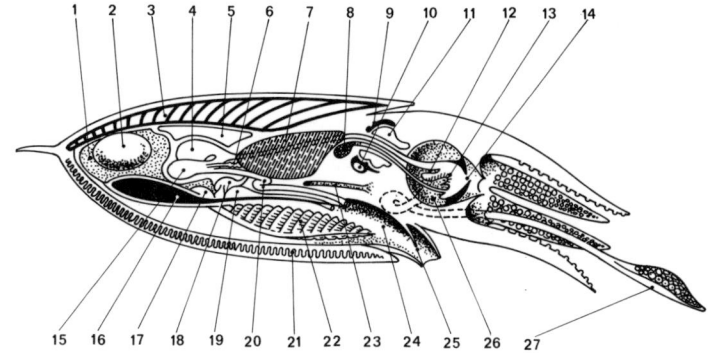

**Sepia:** 1. Mantelhöhle – 2. Keimdrüse – 3. Schale – 4. Magen – 5. Dorsalast des Nierensacks – 6. Pankreas – 7. Leber – 8. Hintere Speicheldrüse – 9. Schädelkapsel – 10. Statozysten – 11. Gehirn – 12. Vordere Speicheldrüse – 13. Radula – 14. Schnabel – 15. Blinddarm – 16. Tintenbeutel – 17. Kiemenherz – 18. Herz – 19. Niere – 20. Darm – 21. Muskulöser Mantel – 22. Kiemen – 23. Vena cephalica – 24. Trichter – 25. Trichterventil – 26. Mund – 27. Fangarme.

die zum größten Teil die tropischen und subtropischen Gewässer des Indopazifiks bevölkern. Nur wenige Arten leben im Atlantik. Sie sind reichlich vertreten im westlichen Pazifik und im Indischen Ozean. In den Gewässern vor der amerikanischen Küste kommen sie nicht vor. Die Sepien haben einen ovalen, schildförmigen Körper. Um den Kopf gruppieren sich acht Arme und zwei Tentakel, die dem Beutefang dienen. Gewöhnlich sind diese beiden Tentakel in zwei Taschen unter den Augen zurückgezogen. Der Körper wird durch eine innere Schale versteift, den Kalkschulp oder »Sepienknochen«. Dieser »Knochen« ist in gasgefüllte Kammern unterteilt und dient dem Tier als hydrostatischer Apparat beim Schwimmen und Treiben.

Die bekannteste Art ist der Gemeine Tintenfisch, *Sepia officinalis,* der schon vor mehr als 2300 Jahren von Aristoteles beobachtet und beschrieben wurde. Sie bewohnt den Meeresboden an den Küsten des Mittelmeers. Übereinstimmend betrachten alle Autoren *Sepia officinalis* strikt als einen Küstenbewohner, der nur ausnahmsweise tiefer als 150 Meter hinuntergeht. Nur ein Teil der Population erreicht ein Alter von 3 oder gar 4 Jahren. Die durchschnittliche Lebensdauer dürfte 2 Jahre bis 30 Monate betragen. Nach J. Kristensen (1959) leben die Sepien mindestens 3 Jahre, denn Weibchen aus 3 Generationen nehmen an den Wanderungen in die

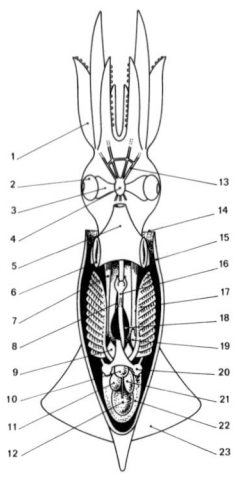

**Loligo:** 1. Fangarme – 2. Auge – 3. Augenganglion – 4. Gehirn – 5. Trichter – 6. Trichterknorpel – 7. Trichtermuskeln – 8. Vena cephalica – 9. Niere – 10. Herz – 11. Magen – 12. Keimdrüse – 13. Armnerven – 14. Hals – 15. Mantel – 16. Darm – 17. Kiemen – 18. Tintenbeutel – 19. Genitalöffnung – 20. Kiemenherz – 21. Blinddarm – 22. Mantelhöhle – 23. Flosse.

niederländischen Küstengewässer teil. Der Mantel ist etwa 40 bis 50 Zentimeter lang. Die kleinste Sepia ist *Hemisepius typicus* mit 7 Zentimetern, die größte *Sepia latimanus*, die bis zu 1,75 Meter lang wird.

*Sepiola*
Gehört zur Familie der *Sepiolidae,* Ordnung *Sepioidea,* Unterklasse *Coleoidea.* Die Sepiolen sind kaum länger als 5 Zentimeter. Sie haben nur eine rudimentäre Schale, ein gestrecktes horniges Gebilde.

*Loligo*
Gehört zur Familie der *Loliginidae*, Unterordnung *Myopsida*, Ordnung *Teuthoidea,* Unterklasse *Coleoidea.*
*Loligo vulgaris* ist der Gemeine Kalmar, dessen zigarrenförmiger Körper spitz zuläuft. Die Kalmare besitzen an den Seiten ein Paar dreieckiger Flossen und im Inneren einen hornigen Teil, den »Kiel«. Sie finden sich im Atlantik, der Nordsee, dem Mittelmeer und dem Roten Meer. *Loligo vulgaris* dürfte im Atlantik wie im Mittelmeer meist ein Alter von 2 Jahren bis zu 30 Monaten erreichen.
Gegenstand unseres vor Kalifornien gedrehten Filmes war *Loligo opalescens*. Die Körperlänge des Männchens wie des Weibchens erreicht etwa 20 Zentimeter, aber das Männchen hat längere Arme.

*Histioteuthis*
Gehört zur Familie der *Histioteuthidae*, Unterordnung *Oegopsida*, Ordnung *Teuthoidea*, Unterklasse *Coleoidea*.
Sie lebt in großer Tiefe und trägt Leuchtorgane. Die Arme sind durch eine besonders ausgeprägte Schirmhaut verbunden. *Histioteuthis bonelliana* kommt vor im Atlantik, im Indischen Ozean und im Mittelmeer.

*Architeuthis*
Gehört zur Familie der *Architeuthidae*, Unterordnung *Oegopsida*, Ordnung *Teuthoidea*, Unterklasse *Coleoidea*.
Dieser Riesenkalmar lebt auf hoher See in einer Tiefe, die zwischen 350 und 1200 Meter betragen kann. Er ist der gigantischste Kopffüßer und sogar der größte bekannte Wirbellose. Die Pottwale jagen ihn als Lieblingsbeute.
1878 wurde ein Exemplar bei Neufundland gefunden. Sein Körper war 6 Meter und seine beiden Fangarme waren 11 Meter lang. Aber einige Überreste, die an der Oberfläche oder gestrandet an den Küsten gesammelt wurden, legen die Vermutung nahe, daß es in der Tiefsee noch riesigere Individuen gibt.

*Dosidicus*
Gehört zur Familie der *Ommastrephidae*, Unterordnung *Oegopsida*, Ordnung *Teuthoidea*, Unterklasse *Coleoidea*.
Man trifft ihn vor der Westküste Südamerikas, im Humboldtstrom, im Pazifik und vor den Küsten Australiens.
1930 wurden in der Bucht von Talcahuano (infolge erhöhter Sterblichkeit) mehrere Tausend dieser Kalmare an die Küste geworfen und verstopften die Häfen. Die in Kalifornien vorkommenden Exemplare haben eine Gesamtlänge von 1,5 Meter und wiegen etwa 13,6 Kilo.
An der chilenischen Küste erreichen sie eine beachtliche Größe. Sie werden bis zu 3,6 Meter lang.
Über die Eier und die Embryologie dieser Kalmare ist nur wenig bekannt. Man vermutet, daß die Eier in einer Tiefe von etwa 1000 Metern abgelegt werden. Nur wenige wurden an der Oberfläche gefunden.
Die Lebensdauer scheint maximal 3 Jahre zu betragen.

*Chiroteuthis*
Gehört zur Familie der *Chiroteuthidae*, Unterordnung *Oegopsida*, Ordnung *Teuthoidea*, Unterklasse *Coleoidea*.

Ein in der Tiefsee lebendes Tier. Zwei seiner Arme sind übermäßig lang und können nicht zurückgezogen werden, während zwei andere breit und abgeflacht sind.
*Chiroteuthis lacertosa* wird bis zu 70 Zentimeter lang.

### Grimalditeuthis

Gehört zur Familie der *Grimalditeuthidae*, Unterordnung *Oegopsida*, Ordnung *Teuthoidea*, Unterklasse *Coleoidea*.
Das Tier hat keine Vorrichtung, um den Mantel an der Bauchseite zu halten. Mantel und Trichter sind verschmolzen. Der Trichter ist sehr groß und reicht bis in Augenhöhe. Der Mantel trägt abgerundete Flossen. Der Körper läuft in eine Spitze aus, die mit zusätzlichen herzförmigen Flossen versehen ist. Diese Art kommt im Nord- und Südatlantik vor.
*Grimalditeuthis bonplandi* ist die einzige bisher entdeckte Art der Familie der Grimalditeuthidae.

### Taonius Pavo

Gehört zur Familie der *Cranchiidae* (Gallertkalmare), Unterordnung *Oegopsida*, Ordnung *Teuthoidea*, Unterklasse *Coleoidea*.
Die Mitglieder der Familie *Cranchiidae* haben im Larvenstadium besondere Kennzeichen. Deshalb wurden die Larven oft als eine eigene Art betrachtet. *Taonius pavo* hat einen gallertartigen, farbigen und spindelförmigen Körper, der einen fadenförmigen Fortsatz besitzt. Im ausgewachsenen Zustand hat er keine Tentakel mehr. An den Augenbällen sitzen zwei Photophoren. Er ist in allen Meeren weit verbreitet.

### Cirroteuthis

Gehört zur Familie der *Cirroteuthidae*, Unterordnung *Cirromorpha*, Ordnung *Octopoda*, Unterklasse *Coleoidea*.
Tiefseebewohner, Achtarmer mit winziger, flacher Flosse. An seinen Armen sitzen 50 bis 60 Saugnäpfe. Der Sipho ist klein. Ein Exemplar wurde vom Fürsten von Monaco vor den Azoren bei 4350 Meter Tiefe aufgefischt. Es war 60 Millimeter lang.

### Opistoteuthis

Gehört zur Familie der *Opistoteuthidae*, Unterordnung *Cirromorpha*, Ordnung *Octopoda*, Unterklasse *Coleoidea*.
Der palleo-viscerale Komplex (der Körper) ist stark abgeplattet, der Trichter nach hinten gerichtet. Die Arme sind durch eine breite Schirmhaut verbunden. Große Augen, verkleinerte Mantelöffnung,

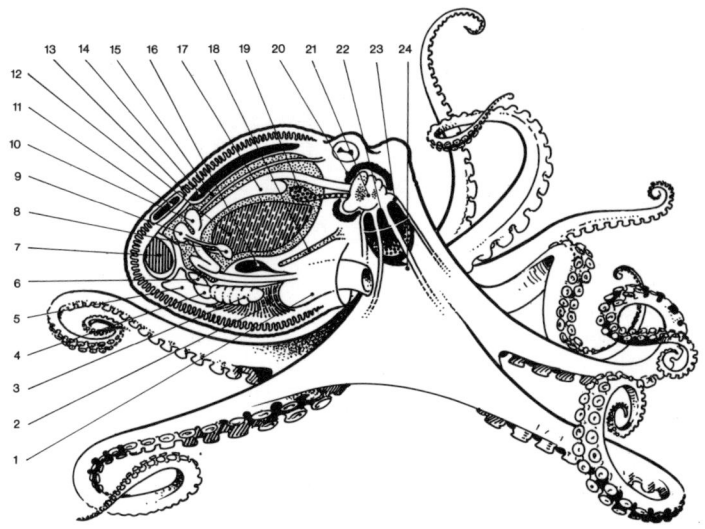

**Octopus:** 1. Trichter – 2. Muskeln der ventralen Mantelhöhle – 3. Kiemen – 4. Kiemenherz – 5. Niere – 6. Herz – 7. Keimdrüse – 8. Pankreas – 9. Blinddarm – 10. Magen – 11. Schulp – 12. Leber – 13. Muskeln des Mantels – 14. Dorsale Mantelhöhle – 15. Blutgefüllter Darmraum – 16. Tintenbeutel – 17. Kropf – 18. Vena cephalica – 19. Giftdrüse – 20. Schädelkapsel – 21. Gehirn – 22. Mund – 23. Armnerven – 24. Schnabel.

**Auge des Octopus:** 1. Ciliarmuskel – 2. Linse – 3. Iris – 4. Netzhaut – 5. Lobus opticus – 6. Sehnerven.

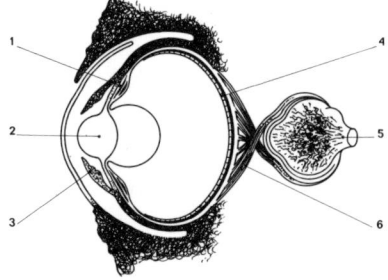

Radula fehlt. Kommt im Atlantik und im indopazifischen Bereich vor und zählt etwa sieben Arten.

*Octopus*
Gehört zur Unterfamilie der *Octopodinae*, Familie der *Octopodidae*, Unterordnung *Incirrata*, Ordnung *Octopoda*, Unterklasse *Coleoidea*.

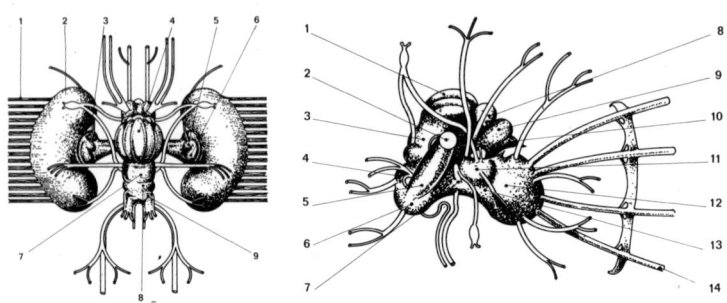

Links: **Gehirn des Octopus** – von hinten: 1. Sehnerven – 2. Lobus opticus – 3. Glans optica – 4. Vertikallobus – 5. Lobus olfactorius – 6. Ganglion pedunculi – 7. Oberer Frontallobus – 8. Unterer Frontallobus – 9. Bukkallobus. Rechts: **Gehirn des Octopus** – von der Seite: 1. Vertikallobus – 2. Optischer Trakt – 3. Hinterer Basallobus – 4. Hinterer Chromatophorenlobus – 5. Lobus magnocellularis – 6. Pallioviszeralganglion – 7. Statozystennerven – 8. Oberer Frontallobus – 9. Unterer Frontallobus – 10. Bukkalganglion – 11. Vorderer Chromatophorenlobus – 12. Brachialganglion – 13. Pedalganglion – 14. Armnerven.

*Octopus vulgaris* ist unser Polyp oder Krake. Er hat acht Arme, die mit zwei Reihen von Saugnäpfen besetzt sind. Der dritte Arm, der Hectocotylus, trägt eine Rinne, an der die Spermatophoren entlanggleiten.

Sein kugeliger Körper ist an der Verbindungsstelle mit dem Kopf leicht verengt. Die Arme umgeben den Schnabel, der einem Papageienschnabel ähnlich ist. Der Tintenbeutel sondert die Tinte ab, die von dem Tier zur Ablenkung eines Gegners verspritzt wird. Die Augen stehen wie bei allen *Coleoidea* in ihrer Vollkommenheit den Augen der Wirbeltiere nahe. Das Nervensystem ist ausnehmend hoch entwickelt. Ein Paar kleiner Stäbchen, innen an der Rückenwand des Körpers, ist von der ursprünglichen Schale geblieben.

Sie leben in Küstengewässern und verstecken sich in Höhlen oder hinter Steinen, die sie zu diesem Zweck sammeln.

*Octopus vulgaris* ist eine Art, die in den Küstengewässern lebt. Er wird selten tiefer als bei 150 Metern gefangen. Einige wurden jedoch vor den Küsten Irlands aus 400 Meter Tiefe geholt.

*Eledone*
Gehört zur Unterfamilie der *Eledonidae*, Familie der *Octopodidae*, Unterordnung *Incirrata*, Ordnung *Octopoda*, Unterklasse *Coleoidea*.

220

Ihre Arme sind nur mit einer einzigen Reihe von Saugnäpfen besetzt, im Unterschied zu den zwei Reihen bei *Octopus vulgaris*. Sie bewohnt die Küstengewässer des Mittelmeers und des Nordatlantiks, ist aber kleiner als *Octopus* und lebt auch in tieferen Gewässern.

Eine Art wird wegen ihres Moschusgeruchs *Eledone moschata* genannt. Vor der katalonischen Küste lebt sie ausschließlich in Tiefen zwischen 15 und 100 Metern auf dem Grund, während sie vor der algerischen Küste Tiefen von 200 bis 300 Metern bevölkert.

*Eledone cirrosa* hält sich zuweilen zwischen 20 und 30 Meter Tiefe in den Küstengewässern auf, wurde aber bei den Färöer-Inseln bis in 70 Meter Tiefe gefunden. Im Mittelmeer bevorzugt sie größere Tiefen als *Eledone moschata*.

## Tremoctopus Hyalinus

Gehört zur Familie der *Tremoctopodidae*, Unterordnung *Incirrata*, Ordnung *Octopoda*, Unterklasse *Coleoidea*.

Sein Körper ist »durchscheinend«. Dunkel bleiben nur Kopf und Arme. Der Anus liegt auf einer Röhre, die aus einer Art Papille hervorspringen und wieder in sie eintreten kann. Diese ist schwarz gestreift.

Das Weibchen trägt Leuchtorgane auf der Schirmhaut. Beim Männchen löst sich der Hectocotylus ab wie bei *Argonauta* und *Ocythoë*.

## Ocythoë

Gehört zur Familie der *Ocythoideae*, Unterordnung *Incirrata*, Ordnung *Octopoda*, Unterklasse *Coleoidea*.

Das Weibchen wiegt 1 bis 2 Kilo, das winzige Männchen lebt in der Kiemenhöhle einer Salpe und kommt nur zur Zeit der Fortpflanzung daraus hervor. Sein Hectocotylus löst sich wie der von *Argonauta* und schwimmt, bis er sich mit seinen Saugnäpfen an den Mantel des Weibchens heftet.

## Argonauta

Gehört zur Familie der *Argonautidae*, Unterordnung *Incirrata*, Ordnung *Octopoda*, Unterklasse *Coleoidea*.

Kommt in allen warmen Meeren vor und lebt fast immer an der Oberfläche. Man findet sie auch im Mittelmeer. Das Weibchen kann die zwanzigfache Größe des Männchens erreichen. Der Hectocotylus des Männchens ist in einem Sack eingerollt, entwickelt sich dort und löst sich dann vom Körper, um die Spermatophoren auf das Weibchen zu übertragen.

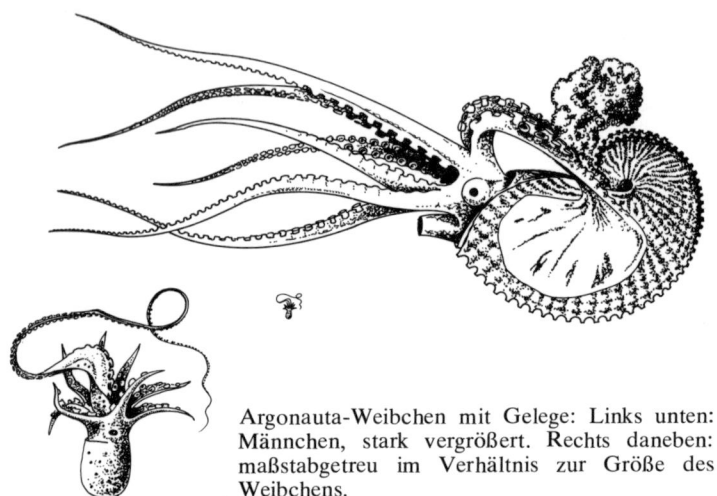

Argonauta-Weibchen mit Gelege: Links unten: Männchen, stark vergrößert. Rechts daneben: maßstabgetreu im Verhältnis zur Größe des Weibchens.

Das Weibchen schwimmt mit sechs Armen und sondert mit den beiden anderen eine bootsförmige Schale ab, die dazu bestimmt ist, das Gelege aufzunehmen.

*Argonauta nodosa* SOLANDER – Australien, 20 Zentimeter lang
*Argonauta argo* LINNÉ – Mittelmeer, Südafrika
*Argonauta hinus* SOLANDER – Pazifik
*Argonauta tuberculosa* LAMARCK – Südwestpazifik

*Vampyroteuthis infernalis*
Einzige Art der *Vampyroteuthidae*, Ordnung *Vampyromorpha*, Unterklasse *Coleoidea*.
Die Biologin Grace E. Pickford erkannte, daß das Dutzend Arten, die als *Vampyroteuthidae* bezeichnet wurden und für eine Familie aus der Unterordnung der *Cirromorpha* galten, in Wirklichkeit nur eine einzige Art bildet. Aber diese Art ist so verschieden von *Octopoda* und *Teuthoidea*, daß sie sie in einer neuen Ordnung zusammenfaßte, *Vampyromorpha*, deren einzige Art *Vampyroteuthis infernalis* ist. Sie hat sie so getauft wegen ihrer riesigen Augen und ihrer Leuchtorgane, die an die Grimasse einer Maske erinnern. Sie hält *Vampyroteuthis infernalis* für die einzig überlebende Art einer Ordnung, die vor Millionen von Jahren ausstarb. Deshalb bezeichnet sie sie als »lebendes Fossil«. *Vampyroteuthis infernalis* hat zehn Arme. Davon sind zwei viel winziger als

die anderen und können ganz in Taschen an der Unterseite des Mantels zurückgezogen werden. Sie dürften als Sinnesorgane dienen. Das Tier ist weder Kalmar noch Krake, es hat die gleiche Beschaffenheit wie eine Qualle und ist dunkel malvenfarbig. Das Weibchen ist größer als das Männchen und kann bis zu 35 Zentimeter lang werden. Das Männchen hat keinen Hectocotylus, sondert aber Spermatophoren ab, die möglicherweise durch den Sipho ausgestoßen werden.

Diese Art kommt in den tropischen und subtropischen Gewässern vor und lebt vermutlich zwischen 600 und 3200 Meter Tiefe.

Bei der von Joubin entdeckten *Vampyromorpha Melanoteuthis lucens* handelt es sich um *Vampyroteuthis infernalis* unter einer der alten Bezeichnungen.

# *Anhang B*

Der Mensch und die Kopffüßer

Kraken, Kalmare und Sepien galten nicht immer als »Ungeheuer«. Die ältesten Kulturen des Mittelmeers lebten in größerer Vertrautheit mit den Kopffüßern als unsere Zeitgenossen.

Schon im hohen Altertum wußten die eng mit dem Meere verbundenen Völker die Schönheit des Polypen zu schätzen. Sie hielten ihn nicht für ein abstoßendes, menschenfeindliches Wesen, sondern verwendeten sein Abbild immer wieder mit offenkundiger Sympathie.

Zwischen dem 3. und 2. Jahrtausend vor unserer Zeitrechnung hat die kretisch-mykenische Kultur den *Octopus vulgaris* sehr häufig dargestellt. Der Realismus dieser Bilder, die Lebendigkeit, Geschmeidigkeit und das dekorative Element, welche die ägäischen Künstler dieser welligen Form abgewinnen konnten, lassen vermuten, daß sie ihn sahen, wie er sich im Wasser entfaltete, daß sie für seine Schönheit empfänglich waren, und vor allem: daß sie ihn sehr gut kannten. Für sie war er nicht jener quallige Klumpen verwesenden, schmutzigen Fleisches, den man am Strand finden kann – oder auf den Fleischbänken der Märkte.

Vielleicht nahm der Tintenfisch in der minoischen Kultur einen besonderen Platz ein, wie der Delphin. Der Krake war durchaus kein Feind des Menschen, sondern galt wahrscheinlich sogar als ein segenspendendes Wesen.

Die Tatsache, daß er auf den beiden Seiten eines steinernen Ankers eingemeißelt war, der im Palast von Knossos gefunden wurde, läßt auf seine Beschützerrolle schließen. Die auf Ankern dargestellten Motive galten im Altertum stets als Glücksbringer: die Gorgo, die Würfel usw.

Auch auf den kretisch-mykenischen und den griechischen Vasen finden sich zahlreiche Darstellungen von Polypen.

Die Polypenvase von Gurnia und der Krug von Palaikastro (1600 bis 1550 v. Chr.) sind Zeugnisse dieses lebendigen Naturalismus in der kretischen Kunst. Das naturgetreu wiedergegebene Tier scheint mitten in der Bewegung erfaßt, und seine sich ringelnden Arme zwischen den Algen wirken nicht nur äußerst anschaulich, sondern enthüllen auch einen ausgesprochen subtilen Sinn fürs Dekorative.

Noch erstaunlicher ist es, mit welcher Aufmerksamkeit, welcher Sicherheit der Linienführung die kretisch-mykenischen Künstler den Polypen stilisiert haben. Sie vergrößerten seine Augen, betonten das Oval des Körpers und ordneten die Fangarme geschmeidig zu einem ornamentalen Motiv, das nur ihnen eigen ist.

Diese Stilisierung ist gerade angedeutet in der Amphora aus Knossos im Museum von Heraklion (Spätminoisch II), während sie in der Bügelkanne vom Typus des »close style« im Louvre (Spätminoisch IIIc) besonders ausgeprägt ist.

Bekanntlich haben enge Beziehungen zwischen der kretisch-mykenischen und der ägyptischen Kultur bestanden. Dennoch haben sich die Ägypter offensichtlich nicht so von den Polypen künstlerisch inspirieren lassen wie die Schöpfer der minoischen Meisterwerke. Wir wissen nur, daß die Ägypter 2000 Jahre vor unserer Zeitrechnung beim Tintenfischfang genauso vorgingen, wie es noch heute in der Provence üblich ist: Sie ließen Fangtöpfe ins Wasser, in die die Tiere hineinschlüpften.

Das klassische Griechenland fand das Bild des Polypen im ägäischen Erbe vor. Es ist vor allem auf einer Tetradrachme aus Eretria auf Euböa wiedergegeben (Ende 6., Anfang 5. Jahrhundert), die sich in der Sammlung Luynes im Medaillenkabinett der Bibliothèque Nationale befindet.

Ebenso kommt der Polyp vor auf Münzen aus Dikaia (Mazedonien, 520 bis 510 v. Chr.), Syrakus (470–460), Kroton, Messina, Populonia, Alontinon usw.

Der apotropäische (schützende) Charakter des Kraken scheint durch die Tatsache bezeugt, daß er auf dem Schild eines Kriegers abgebildet ist – auf einer Vase aus dem 5. Jahrhundert, der klassischen Zeit, im Louvre.

Im klassischen Griechenland fischte man die Polypen, deren Fleisch ein billiges Nahrungsmittel abgab. Das Verfahren war das gleiche wie bei den Ägyptern.

Der Polyp klebt so fest an den Felsen, sagt Aristoteles, daß man ihn unmöglich davon wegreißen kann, selbst wenn man es mit einem Messer versucht. Bringt man aber Blätter des »Flohkrauts« in seine Nähe, so löst er sich sogleich. (Das »Flohkraut« [*pulicaria*] gehört zur Familie der Korbblütler. Die Griechen nannten es »konyza«.)

Das Verfahren wird noch in unseren Tagen in Griechenland angewandt, aber man hat bemerkt, daß Tabak die gleiche Wirkung auf den Polypen ausübt.

Auch die Römer, die gut in der Fischkunde Bescheid wußten und Fische sehr schätzten, kannten die Kopffüßer bestens und stellten sie häufig auf Mosaiken dar, auf denen die verschiedenen Arten sehr genau wiedergegeben sind. Das schöne Mosaik im Museum von Neapel zeigt im Zentrum einen prächtigen Kraken und auf einer Seite einen Kalmar. Auf dem Mosaik von Susa, das dem Fischfang und den Fischern gewidmet ist, sind ein Krake und eine Sepia abgebildet.

Das Mittelalter ist in erster Linie für die Fabeln über die Riesentiere verantwortlich, die angeblich aus dem Abgrund emporsteigen. So entstand die Sage vom Kraken. Norwegische Fischer behaupteten, sie seien einer treibenden Masse begegnet, die sich über 1,5 Meilen erstreckte. Daraus kamen leuchtende »Hörner« hervor, die sich entrollten und sich aufrichteten wie Masten. Das waren die Arme des Kraken. Sie hatten solche Kraft, daß sie ein Linienschiff unfehlbar zum Kentern brachten, wenn sie in sein Takelwerk griffen.

Jahrhundertelang überlieferten die Seeleute Schauergeschichten über Seeschlangen und Riesenkraken, die Schiffe verschlingen können.

Im 19. Jahrhundert steigerten Victor Hugo mit seinem Roman *Les travailleurs de la mer* und Jules Verne mit *Zwanzigtausend Meilen unter den Meeren* nur noch die Furcht, die der Mensch vor Kraken und Kalmaren empfand. Mit ihren vielen Armen, ihrem weichen Fleisch, ihren beunruhigenden Augen konnten die Kopffüßer einfach nicht anders als »wild« sein.

Rings um das Mittelmeer hatten die Fischer jedoch weniger dramatische Beziehungen zu den Polypen; die Furcht vor diesen Tieren war ihnen fremd. In diesen klaren Gewässern konnte der Mensch die wahren Dimensionen des Tieres erkennen und es mit ihm aufnehmen. So wurde die Tradition des Polypenfanges kontinuierlich weitergegeben, vom alten Griechenland bis in die Moderne. Vor allem hat sich seit mehr als 2000 Jahren ein Verfahren erhalten, mit dessen Hilfe man im Wasser sehen kann. Es besteht darin, daß man etwas Öl auf dem Wasser verteilt, um seine Oberfläche absolut eben zu machen.

Durch das »Kalfaterglas«, einen Eimer mit Glasboden, konnte man dann die Gründe und die dort verborgenen Tiere noch besser erkennen.

Auch heutzutage wird auf Kraken, Sepien und Kalmare noch immer lebhaft Jagd gemacht. Griechen und Türken sind so versessen darauf, daß sie sie getrocknet einführen. Italiener und Spanier sind große Kalmar-Konsumenten, während in Nordafrika die Sepia bevorzugt wird.

Zu dem traditionellen Verfahren mit den Fangtöpfen kamen andere Methoden hinzu. Man benutzt einen mit Nägeln besetzten Bleibarren, an dem sich die in ihrer Behausung lauernden Polypen verfangen, so daß sie ihre Arme nicht mehr davon lösen können.

Man tötet sie mit der Fischgabel und fängt sie mit dem Schlepptau, das mit einer Krabbe beködert ist.

Nach Duhamel du Monceau, zitiert von Commandant A. Thomazi, »ging der Sepienfang früher so vor sich, daß man ans Ende eines Schlepptaus einen blankpolierten Bleizylinder hängte, der mit Fett beschmiert und mit zwei Reihen von Haken besetzt war. Ein rotbemaltes Holzprisma, das an den Seiten mit Spiegeln besetzt war, tat denselben Dienst.« Noch heute werden in der Gegend von Port Vendres die Polypen, die in der Nacht zur Oberfläche emporsteigen, mit der »turlutte« gefangen, einer Art Kreisel aus Blei, der mit Haken besetzt ist. Eine Variante der »turlutte« besteht aus einem mit Haken gespickten Sepienschulp.

Es gibt noch eine originellere Fangweise, genannt »à la femelle«, mit dem Weibchen. Die Fischer haben herausgefunden, daß sich die Sepien in Gruppen bewegen, ein Weibchen an der Spitze, die Männchen hinterher. Deshalb fangen sie ein Weibchen und ziehen es lebendig hinter ihrem Boot her. Die Männchen, die sich in der Nähe aufhalten, fühlen sich angezogen, und eines von ihnen umschlingt das Weibchen. Der Fischer zieht langsam die Leine hoch, nimmt das Männchen ab und wirft das Weibchen wieder ins Wasser, wo es von neuem als Köder dient.

An der Küste Nordafrikas, vor allem bei Gabès und den Kerkenna-Inseln, wo es im Winter Polypen im Überfluß gibt, tauchen die Fischer Palmzweige ins Wasser, die mit Algen bedeckt sind, und die Polypen klammern sich daran fest.

Der Polyp ist von Natur äußerst neugierig, wie wir selbst beim Tauchen feststellen konnten, und stürzt sich auf alles, was sich bewegt. Dieses Verhalten machen sich mehrere Fangmethoden zunutze.

Die »arpetta« ist ein langer Bambusstab mit einem mehrzinkigen Haken am Ende, um den ein Tuch gebunden ist. Der Taucher schaut im Wasser durch das Kalfaterglas und bewegt die »arpetta« vor der Behausung eines Polypen hin und her.

**Riesenkrake** – Stich von Denys de Montford.

**Krakenfang:** Der Fischer verwendet die »arpetta«, ein langes Bambusrohr, an dessen Ende ein mehrzackiger Haken befestigt ist; um diesen ist ein rotes Tuch gebunden. Er wird vor dem Loch des Kraken hin und her geschwenkt. Um den Grund beobachten zu können, benutzt der Fischer eine Kiste mit Glasboden; dadurch werden die Reflexe an der Wasseroberfläche ausgeschaltet. Rechts: Verschiedene Geräte zum Krakenfang: 1. Die »teutonière«, Bleilot mit Haken, an denen ein rotes Tuch befestigt ist. – 2. Holzbrett, auf dem oben Nägel und unten ein Bleilot angebracht sind. Darauf wird eine Krabbe, ein Fisch oder auch nur ein rotes Tuch befestigt. Der Fischer wirft dieses Gerät weit aus und holt es langsam wieder ein. – 3. Supion-Spiegel. – 4. Fangtopf.

Andere Apparate werden nicht senkrecht hinabgelassen, sondern ausgeworfen und langsam eingeholt. Dazu gehören der »Supion-Spiegel« (»supion« ist der provenzalische Name für die kleinen Tintenfische) und die »teutonière«, eine Planke, auf die Haken, Blei und eine Krabbe genagelt sind.
Die Einwohner Polynesiens und der Mauritius-Insel schätzen die Polypen sehr. Sie fangen sie in großen Mengen und hängen sie am Meeresufer an Stangen zum Trocknen auf.
Am meisten geschätzt werden die Polypen und Kraken jedoch von den Japanern, die besonderen Genuß an den Augen finden. Sie haben auch Methoden zur Aufzucht entwickelt: In 2 mal 2 Meter großen Käfigen, die ins Wasser gesetzt werden, wächst jeder

Krake einzeln auf. Gut gefüttert, haben sie in Gefangenschaft ein sehr schnelles Wachstum. Dr. Catala stellte im Aquarium von Numea fest, daß ein kleiner Krake, der bei einer Länge von 10 Zentimetern gefangen wurde, in 14 Monaten 1,2 Meter erreicht hatte.

An der Küste von Annam benutzen die Eingeborenen zum Fischen bei Nacht das Leuchtorgan eines Kalmars, einen Photophoren, der – selbst wenn er dem Tier entnommen ist – weiterhin ein intensives grünes Licht aussendet. Commandant Thomazi schreibt darüber:

»Der Fischer entfernt mit erstaunlicher Geschicklichkeit das Leuchtorgan und benutzt dazu eine Art Bambusskalpell. Er reibt das Organ zwischen seinen Fingern, was eine Erhöhung der Leuchtkraft bewirkt, schließt es in einen kleinen Sack aus besonders durchsichtiger Fischhaut ein und verschnürt dessen Öffnung mit Sorgfalt, damit er ganz dicht ist.

Dann bindet er den Sack an eine Handleine, einige Zentimeter von dem Haken entfernt, der an ihrem Ende sitzt und in einem kleinen Stück weißem Fisch verborgen ist. Dieser wird durch die Vorrichtung erhellt, die etwa 6 Stunden lang wie ein kleiner Scheinwerfer funktioniert. Man macht auf diese Weise reiche Fänge, ohne daß der Fisch, der den Haken verschluckt, jemals das Organ berühren könnte, das diesen beleuchtet, und daher so lange verwendet werden kann, wie seine Leuchtkraft anhält.«

Commandant Thomazi berichtet, wie Tintenfische einmal auf geniale Weise dienstbar gemacht wurden. Während des Ersten Weltkriegs fielen von Schiffen auf einer Reede in Kreta ziemliche Mengen Kohle ins Meer. Die Kreter ließen einen großen Kraken an einer Schnur hinunter, und sobald er mit seinen Armen Kohle gefaßt hatte, holten sie ihn wieder herauf. Das muß eine langwierige Prozedur gewesen sein, aber sie erwies sich anscheinend als wirkungsvoll.

Bezeugt ist jedenfalls, daß sich Chinesen, Vietnamesen und Japaner mehrmals der Polypen bedienten, um den Inhalt von Wracks heraufzuholen – der Polyp spielte dabei die Rolle des Tauchers.

# *Anhang C*

Der Riesennerv

1936 hatte der englische Biologe J. Z. Young zum erstenmal das Vorhandensein riesiger Nervenfasern in den Nerven des Kalmars *(Loligo)* beschrieben. Sie können einen Durchmesser von 500 Mikron (0,5 Millimeter) erreichen, d. h. sie sind 50- bis 100mal so dick als die des Menschen. Diese Nervenfaser ist so riesig, weil sie aus der Verschmelzung zahlreicher kleiner Fasern entsteht, die von ihren jeweiligen Nervenzellen ausgehen. Ihre Aufgabe ist es, die elektrischen Signale oder »Impulse« zu summieren, die von diesen Neuronen ausgehen, und ihre Botschaft den Muskeln zuzuführen, die sie »synaptisch« berührt. Das Signal verbreitet sich wie ein Lauffeuer mit einer Geschwindigkeit von 20 Meter pro Sekunde. Sobald es zum Muskel gelangt, löst es dessen Kontraktion aus.

Die Möglichkeit, in den Nerven der Kopffüßer eine riesige Nervenfaser zu untersuchen, hat die Wege für eine Vielzahl physiologischer und elektrophysiologischer Untersuchungen geebnet. Seit 1936 häufen sich die faszinierenden Forschungsergebnisse über diese Faser. Sie ermöglichten die Begründung eines neuen Zweiges der Zellbiologie: die Neurophysiologie der Zellen.

Die Geschichte der Erforschung dieser riesigen Nervenfasern (oder Achsenzylinder) läßt sich folgendermaßen zusammenfassen: Drei Laboratorien können den Anspruch erheben, die ersten Arbeiten eingeleitet zu haben, deren Ergebnisse noch immer Gültigkeit besitzen.

1. Das Laboratorium von Cambridge mit den drei englischen Professoren Hodgkin, Huxley und Keynes hat 1949 die Ionenströme entdeckt, die an der Bildung des elektrischen Signales beteiligt sind, welches sich entlang der Faser ausbreitet und die Muskelkontraktion bewirkt. Für diese und andere Entdeckungen an der Riesenfaser haben Hodgkin und Huxley 1963 den Nobelpreis für Medizin erhalten.

2. Zwei Laboratorien von internationalem Ruf. Das eine wird von dem amerikanischen Professor K. S. Cole geleitet. Seine Arbeiten

gelten als vorbildlich, denn er hat mit großer Präzision die elektrischen Eigenschaften der Membrane dieser Riesenfaser gemessen (seit 1938): die Kapazität und den elektrischen Widerstand ebenso wie ihre elektrische Spannung.

Das andere amerikanische Laboratorium unter Leitung von Professor Tasaki hatte die elektrochemischen Eigenschaften der Riesenfaser analysiert.

3. Das französische Laboratorium des C.N.R.S., das im Ozeanographischen Museum von Monaco untergebracht ist. Die Ergebnisse von Dr. Arvanitaki und Dr. N. Chalazonitis gehen aus zahlreichen Untersuchungen über die Riesenfaser der Sepia hervor (0,3 mm), die jedoch weniger groß ist als die des Kalmars und weniger leicht zu erforschen. Diese Ergebnisse sind zugleich für die Physiologie und die Pathologie der Nervenzelle von Belang.

Genaugenommen hat Frau Arvanitaki bereits 1939 zum erstenmal das Auftreten örtlicher elektrischer Reaktionen auf die isolierte Riesenfaser beschrieben. So kann – zusätzlich zu dem elektrischen Signal, das sich in der Faser von einem Ende zum anderen fortpflanzt – noch eine leichte örtliche Irritation ein elektrisches Signal erzeugen, das hinreichend lokalisiert ist und sich nicht ausbreitet. Diese lokale Reaktion bewies klar, daß die Membrane der Faser »abgestufte« elektrische Reaktionen ausarbeitete, die also nicht »explosiv«, nicht auf einen Schlag zur Geltung kamen. Sie erwiesen sich später als äußerst wichtig für die Analyse des Mechanismus, dem der Übergang des elektrischen Signals von einer Nervenzelle zur andern im menschlichen Gehirn unterliegt. Darüber hinaus konnte Frau Arvanitaki ein Modell für den Übergang des elektrischen Signals von einer Faser zur anderen schaffen, indem sie zwei Riesenfasern zertrennte und einen einfachen Kontakt zwischen ihnen herstellte. Damit konnte sie nachweisen, daß das elektrische Signal normalerweise nicht von der ersten (aussendenden) zur zweiten (empfangenden) Faser übergeht. Wenn man aber auf chemischem Wege die empfangende Faser sensibilisiert (z. B. durch Entkalken), dann kann man feststellen, daß es dem elektrischen Signal gelingt, durch die Verbindung zu dringen und so die empfangende Faser anzuregen.

Dieses biologische Modell stellt die elektrische Übertragung von einer Faser zur anderen dar. Es ist unzählige Male angewandt worden von allen Neurologen und Neurophysiologen, die sich mit dem Studium der Übermittlung elektrischer Signale auf der Ebene der Nervenzellen im Gehirn befaßten.

Eine nicht weniger bedeutende Entdeckung von Frau Arvanitaki betrifft schließlich das Entstehen von elektrischen Schwingungen in der Riesenfaser. Diese Entdeckung war bahnbrechend für zahlreiche Experimente, die sich damit befassen, wie die normalerweise stabilen Nervenzellen in elektrische Schwingungen versetzt werden können.

In einer Geschichte der Experimente an der Riesenfaser der Sepie muß auch das Phänomen erwähnt werden, dessen Untersuchung Dr. N. Chalazonitis vorbehalten blieb. Die Photosensibilisation der Membrane dieser Faser, d. h. die Bildung gewisser ungiftiger färbender Stoffe, verleiht ihr photoelektrische Eigenschaften: Beleuchtet man die photosensibilisierte Nervenfaser, so verringert sich ihre elektrische Spannung und weicht einer Reihe »lokaler elektrischer Reaktionen«. So funktioniert diese Riesenfaser wie ein Photo-Empfänger, wie ein Umwandler von Lichtenergie in elektrische Energie, und sie wurde daher häufig für die Analyse der Mechanismen in der Netzhautfunktion verwendet.

# Glossar

**Aqualunge.** Die 1943 von Commandant Cousteau und dem Ingenieur Emile Gagnan entwickelte Aqualunge ist ebenso sicher wie einfach zu bedienen. Dieses vollautomatische Gerät machte die Unterwasserforschung erst möglich und öffnete einem breiten Publikum den Zugang zu den Tiefen des Meeres. Es ermöglicht das Tauchen und Arbeiten im Meer bis zu einer Tiefe von 50 Metern.

Zur Ausrüstung gehören eine oder mehrere Flaschen mit stark komprimierter Druckluft, die der Taucher auf dem Rücken trägt. Bei jedem Atemzug wird Luft durch einen »Regler« freigegeben, wobei der Luftdruck stets dem des umgebenden Wassers angepaßt ist. Die verbrauchte Luft wird unter der Reglerkappe durch den »Entenschnabel« abgeleitet. Der Regler ist durch zwei flexible Schläuche mit dem Mundstück verbunden; einer davon dient dem Ein-, der andere dem Ausatmen.

**Autotomie.** Ein durch Aufregung ausgelöster Reflex, der besonders bei Krebstieren häufig vorkommt. Wenn man sie an einem Körperanhang packt, können sie diesen durch heftige Muskelkontraktion abwerfen, um zu entkommen. Der Mechanismus ist unbekannt, ist aber zweifellos der gleiche, durch den sich – hier freilich aus einem ganz anderen Grund – das Argonautenmännchen von seinem Hectocotylus trennt.

**Barrakuda,** Pfeilhecht, aus der Familie *Sphyraenidae.* Raubfisch der tropischen Meere. Durch die vorstehenden Zähne, die kantigen Kiefer und den langen, schlanken, wie polierter Stahl glänzenden Körper erhält er hechtähnliches Aussehen. Der Große Barrakuda wird mehr als 2 Meter lang; er zieht vorzugsweise in Dreier- oder Vierergruppen durchs Meer. Die kleineren Barrakuda-Arten bilden oft große Schwärme, die meist aus Exemplaren gleicher Größe und gleichen Alters bestehen.

**Bathypelagisch** werden Lebewesen genannt, die zwischen 700 und 2000 Meter Tiefe leben.

Als epipelagisch bezeichnet man die Fauna zwischen 0 und 200 Metern, als mesopelagisch die zwischen 200 und 700 Metern, als abyssopelagisch die zwischen 2000 Metern und dem Grund.

**Barrakuda**

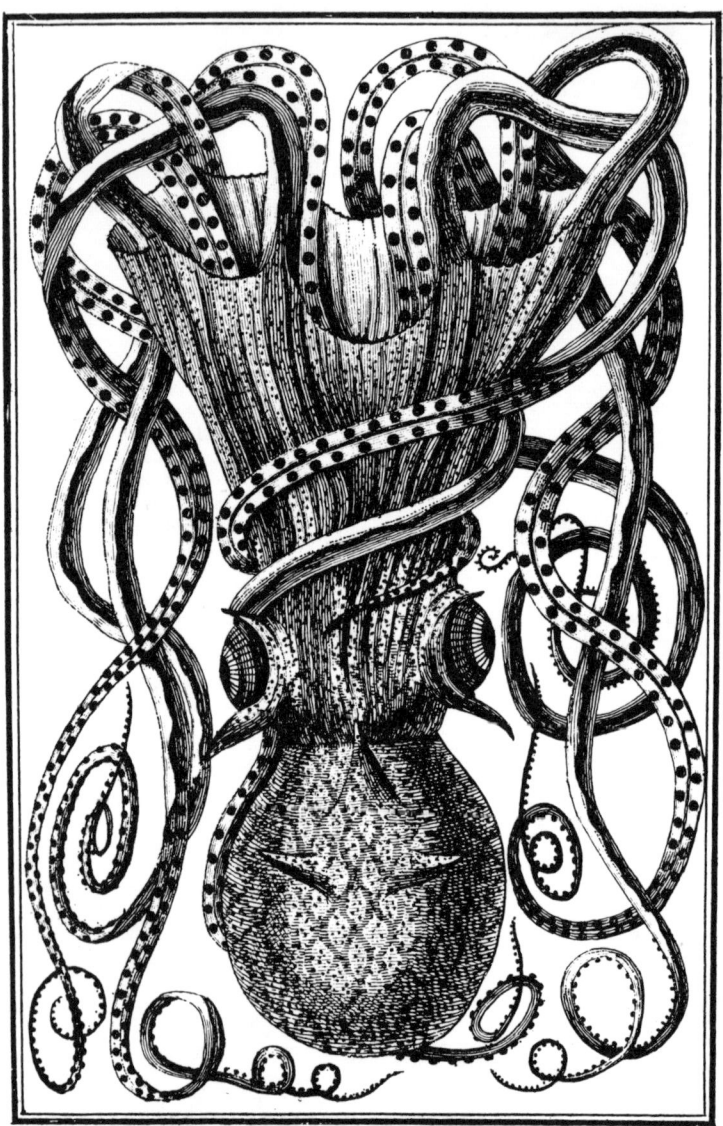

**Bathyscaph.** Der erste Bathyscaph, *F.N.R.S. 2,* wurde von Auguste Piccard entwickelt und gebaut. Er tauchte am 31. Oktober 1948 unbemannt vor Dakar auf 1380 Meter Tiefe.

Aufgrund einer Vereinbarung zwischen der französischen Marine und dem belgischen Fonds National de la Recherche Scientifique vom Oktober 1950 durften ein neuer Schwimmer und eine andere Schale um die Stahlkugel des ersten Bathyscaph gebaut werden. Dieses neue Gerät, *F.N.R.S. 3,* tauchte am 15. Februar 1954 vor Dakar mit Commandant Houot und Ingenieur Wilm vom Génie Maritime an Bord auf 4050 Meter. Von 1954 bis 1958 führte es dann Tiefseetauchversuche im Mittelmeer, im Atlantik und in den japanischen Gewässern durch. Nach ihrem 94. Tauchversuch wurde die *F.N.R.S. 3* stillgelegt.

Auguste und Jacques Piccard hatten ein anderes Tiefseetauchgerät konstruiert, die *Trieste.* Sie war am 30. September 1953 bis auf 3150 Meter hinuntergegangen.

Die *Trieste* wurde von der U.S. Navy erworben und erreichte am 23. Januar 1960 vor der Insel Guam eine Tiefe von 10 916 Metern – die größte bekannte Tiefe im Meer.

Die Marine Nationale Française beschloß, in Zusammenarbeit mit dem Centre National de la Recherche Scientifique (C.N,R.S.) und dem Fonds National de la Recherche Scientifique Belge ein neues Tiefseetauchgerät zu bauen. Die *Archimède* wurde am 28. Juli 1961 im Arsenal von Toulon ihrer Bestimmung übergeben und führte im Juli 1962 im Kurilen-Graben sechs Tauchversuche in mehr als 9000 Meter Tiefe durch. Danach brachte sie bei Puerto Rico und bei Madeira Wissenschaftler und Forscher in große Tiefen.

**Blitzlichtkamera nach Edgerton.** Professor Harold Edgerton vom Massachusetts Institute of Technology hat eine Elektronenblitz-Ausrüstung speziell für die »Troika« entwickelt. Dieses Gerät zur Erforschung der Meerestiefen wurde vom Office Français de Recherches Sousmarines nach den Plänen von J.-Y. Cousteau gebaut. Es handelt sich dabei um einen Schlitten, der von der *Calypso* gezogen wird und das Fotografieren nahe am Relief des Meeresbodens ermöglicht. Zu ihm gehören eine Kamera und ein Blitzlichtgerät, die an eine Batterie angeschlossen sind. Das Gerät wird automatisch in Gang gesetzt, wenn es den Boden berührt.

**Calypso.** Ehemaliges Minensuchboot von 350 Tonnen, 1942 in den Vereinigten Staaten für die britische Flotte gebaut. Sie hat einen Zweischalenrumpf aus Holz mit doppelter Beplankung und ist mit zwei Motoren ausgestattet, die ihr eine Höchstgeschwindigkeit von 10 Knoten erlauben.

J.-Y. Cousteau entdeckte sie nach dem Krieg in Militärbeständen auf Malta und konnte sie durch die großzügige Unterstützung des Engländers Loël Guiness erwerben.

Die *Calypso* läßt sich hervorragend manövrieren, und ihr geringer Tiefgang hat sich bei den Fahrten durch Korallenriffe bestens bewährt.

Um aus der *Calypso* ein Schiff für ozeanographische Forschungen zu machen, mußte eine Reihe von Veränderungen vorgenommen werden. Ein Beobachtungsraum unter dem Meeresspiegel, »Falsche Nase« genannt, wurde vor dem Bug unterhalb der Wasserlinie angebracht und ein durch eine Brücke verbundener Doppelmast am Bug aufgestellt, damit man das Schiff durch das Korallengewirr dirigieren und die Bewegungen der Tiere verfolgen kann.

**C.E.M.A.,** Centre d'Etudes Marines Avancées. Institut für Erprobung und Bau von Prototypen in Marseille, 1953 von Commandant Cousteau gegründet. Dazu gehört ebenfalls ein Laboratorium für Hochdruckphysiologie, das über eine Reihe von Tieftauch-Simulatoren samt Analyse- und Kontrollausrüstung verfügt. Es steht unter der Leitung von Professor Chouteau von der naturwissenschaftlichen Fakultät Aix-Marseille.

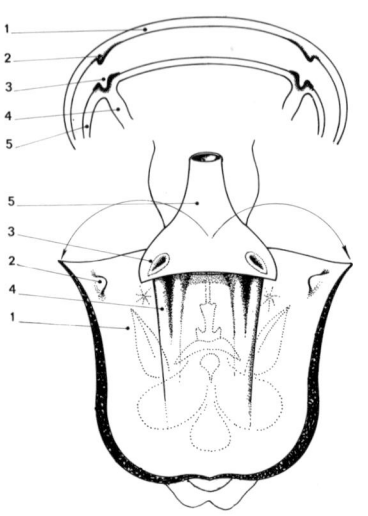

**Druckknopf der Sepia:** 1. Mantel — 2. Knopf (Knorpelkopf des Mantels) — 3. Grube an der Trichterbasis — 4. Trichterretraktor — 5. Trichter. Die inneren Organe sind durch punktierte Linien angedeutet.

**Cephalothorax.** Vom griechischen *kephalé,* »Kopf«, und *thorax,* »Brustkorb«. Bei den Krebstieren schließen einer oder mehrere vordere Brustsegmente an den Kopf an, verschmelzen und bilden so den Cephalothorax.

**Cephalotoxin.** Ein Toxin mit lähmender Wirkung, das im Speichel der Kopffüßer enthalten ist. Es wird von den hinteren Speicheldrüsen abgesondert.

**Chorion** oder Eihaut. Die innere Hülle des Embryos bei den Kalmaren. Zum Ausschlüpfen aus dem Ei verwendet der Embryo ein spezielles Organ, das zwischen seinen beiden Flossen liegt. Diese Y-förmige Schwellung sondert Enzyme ab, durch die die Membran des Chorion aufgelöst wird.
Die Eier der Achtfüßer besitzen nur das Chorion.

**Chromatophoren.** Pigmentierte Zellen, die den Mechanismus des Farbwechsels bei den Kopffüßern ermöglichen. Diese Zellen sitzen in der Epidermis. Jedes Chromatophor hängt an strahlenförmigen glatten Muskelfibrillen, die durch gleichzeitige Kontraktion die Zelle erweitern. So vergrößert sich der Chromatophor zu einer flachen Scheibe und färbt dadurch die Hautoberfläche. Die Grundfarben, die auf die Wirkung der Chromatophoren zurückgehen, sind Braun, Schwarz, Rot, Gelb und Orangerot. Die dunklen Chromatophoren sind am größten, die gelben am kleinsten.

**Druckknöpfe.** Bei den Zehnfüßern, etwa der Sepia, ist der Trichter durch ein merkwürdiges Befestigungssystem mit der Mantelwand verbunden, das die Zoologen als »Druckknöpfe« bezeichnen. Es besteht aus zwei Vorsprüngen auf dem Mantel, die genau in zwei von einer Lippe umgebene Schlitze auf dem Trichter passen.

**DSL.** Als DSL bezeichnete man im Zweiten Weltkrieg »Deep Scattering Layers«, damals rätselhafte Schichten, die von den Sonargeräten in ganz verschiedenen Meerestiefen entdeckt wurden, weil sie ein Echo erbrachten.
Beobachtungen haben ergeben, daß diese Schichten während der Nacht zur Oberfläche aufsteigen und bei Tageslicht wieder absinken. Heute weiß man, daß es sich um »lebende Schichten« handelt. Professor H. E. Edgerton vom Massachusetts Institute of Technology gelang es, diese Schichten zu fotografieren; unter Verwendung von Elektronenblitzen gelang das später auch der *Calypso.*
Diese lebenden Schichten bestehen hauptsächlich aus Plankton: Kleinkrebsen, Medusen, Staatsquallen, Eiern und Larven.

**Grand Conglué.** Grand Conglué ist eine Mittelmeerinsel in der Nähe von Marseille, bei der die Taucher der *Calypso* in einer Tiefe von 40 Metern fünf Jahre lang Ausgrabungen an einem mit Am-

**Grindwal** *(Globicephala)*

phoren und anderer Keramik beladenen römischen Schiff vorgenommen haben (1952–1957). Das gesunkene Schiff hatte einem gewissen Marcus Sestius gehört, der um 250 v. Chr. auf Delos lebte.

**Grindwal,** *Globicephala,* Unterordnung der Zahnwale *(Odontoceti),* Familie der *Delphinidae.* Grindwale sind zwischen 4 und 8 Meter lang. Die Haut ist schwarz. Sie tragen eine Rückenfinne. In jedem Kiefer befinden sich 7 bis 11 Zähne. Der Kopf ist stark gewölbt.

Sie ziehen in Schulen bis zu mehreren hundert Tieren, von einem Leittier geführt, dem sie blind folgen. Im Sommer halten sie sich in der Nähe der neufundländischen Küsten auf, im Winter in warmen Gewässern, wo die Weibchen ihre Jungen zur Welt bringen. Die Paarung erfolgt im Herbst, die Tragzeit dauert 12 Monate. Der Grindwalfang stellt die wichtigste Einnahmequelle Neufundlands dar.

**Hämoglobin.** Farbstoff der roten Blutkörperchen. Besteht aus Eiweiß (Globin) und eisenhaltigem Farbstoff *(Häm)* und dient der Bindung, dem Transport und der Abgabe von Sauerstoff.

**Hämozyanin.** Kupferhaltiger Farbstoff im Blut vieler niederer Tiere, das jedoch nicht rot, sondern farblos durchscheinend, »hyalin«, ist (von griechisch *hyalós,* »Glas«). Es erfüllt ähnliche Funktionen wie das Hämoglobin (siehe dieses Stichwort), ist aber nicht an Blutkörperchen

gebunden und kommt frei gelöst im Blut dieser Tiere vor.

**Hectocotylus.** Für die Begattung umgestalteter (»hectocotylisierter«) Arm der Kopffüßer (von griechisch *hekaton,* »hundert«, und *kotyle,* »Höhle«). Er dient zur Aufnahme und Übertragung der Spermatophoren (siehe dieses Stichwort) in die Mantelhöhle des Weibchens. Bei einigen Arten, z. B. beim Papierboot *(Argonauta argo),* löst sich der Begattungsarm sogar vom Körper ab und bewegt sich wurmförmig in der Mantelhöhle. Schon Aristoteles und noch Cuvier glaubten, daß es sich hier um einen Schmarotzer handle, den man Hectocotylus nannte.

**Homochromie.** Form der Schutzanpassung. Phänomen des Farbwechsels bei Kopffüßern und anderen Bodenbewohnern. Es erlaubt ihnen, die Färbung des Grundes anzunehmen, auf dem sie sich befinden.

**Hydra von Lerna.** Der Kampf mit der Hydra von Lerna gehörte zu den zwölf Arbeiten des Herkules. Das Ungeheuer hauste in einem Sumpf bei Lerna auf dem Peloponnes. Es hatte 7 Köpfe, manche Quellen behaupten 9, ja sogar 50 oder 100. Sie saßen auf Hälsen, die so lang waren, daß sie wie Schlangen oder Polypenarme aussahen. Wurden sie abgeschlagen, so erneuerten sie sich, es sei denn, die Wunde wurde ausgebrannt.

Die Hydra unternahm Raubzüge gegen die Bewohner des Peloponnes und ihre Herden. Herkules zwang das Untier, aus seinem Sumpf hervorzukommen, und zerschmetterte die Köpfe mit seiner Keule. Aber sie wuchsen immer wieder nach. Da verbrannte er alle Wunden mit Feuerbränden und zerschmetterte dann das einzig unverletzbare Haupt mit Felsbrocken.

Dieser Kampf versinnbildlicht die Kämpfe, die der Mensch gegen die unaufhörlich neu erstehenden Laster, Sünden und Dämonen in seinem Inneren führt.

**Kalkschulp.** Innere Schale des Tintenfisches, die von dem umhüllenden Mantel abgesondert wird. Ihre ventrale Seite ist mit einer Art Firnis überzogen und trägt Querstreifen.

Sie besteht aus einer kalkigen Masse, die im Inneren mit winzigen gasgefüllten Alveolen versehen ist (97% Stickstoff, 3% Sauerstoff und Kohlendioxyd), und aus einem hornigen Kalkrand, der bei den meisten Sepien in ein kleines Rostrum ausläuft.

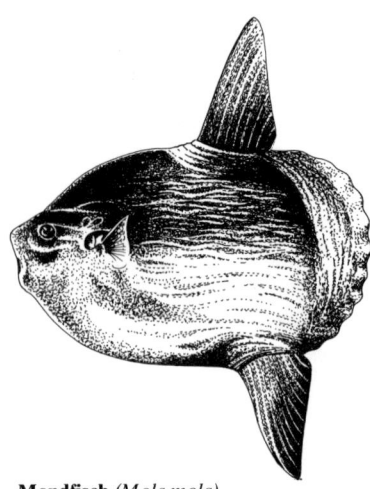

**Mondfisch** *(Mola mola)*

Dieser Sepien-»Knochen« ist ein hydrostatischer Apparat.

**Kiel.** Innere Schale beim Kalmar. Sie ist sehr dünn, chitinartig und in der Form von Art zu Art verschieden. Dieser Kiel *(gladius)* kann entweder breit und lanzenförmig sein oder wie eine schmale Lamelle.

**Köllikerscher Kanal.** Feines, im Kopfknorpel befindliches Rohr, das blindgeschlossen endigt. Es geht bei den Kopffüßern von den Statozysten aus, den statischen Orientierungsorganen. Dieser Kanal ist das Überbleibsel einer Verbindung mit dem Ektoderm, dem äußeren Keimblatt, bei den Larven.

**Mantel.** Eine Membrane, die bei den meisten Weichtieren (Schnecken, Muscheln, Kopffüßern) eine kalkige Schale absondert und alle Eingeweide umschließt. Eine Falte im Mantel bildet die Mantelhöhle, in der die Kiemen liegen. Die *Coleoidea* haben einen muskulösen Mantel.

Ziehen sich die Muskeln im Mantel eines Kopffüßers zusammen, so wird das in der Mantelhöhle enthaltene Wasser durch den röhrenförmigen Trichter hinausgedrängt. Dadurch kommt der Rückstoßantrieb zustande. Danach dringt das Wasser von neuem in die Mantelhöhle zwischen Mantel und Trichterrand ein.

Durch diese Wechselbewegung werden auch die Kiemen des Tieres mit Wasser versorgt.

**Mondfisch** oder Sonnenfisch *(Mola mola)*, Familie der Klumpfische *(Molidae)*, Ordnung der Haftkiefer *(Plectognathi)*. Dieser scheibenförmige Fisch wird bis über 3 Meter lang und 900 Kilo schwer.

Seine beiden Flossen sind verkümmert. Der Mondfisch, auch »Schwimmender Kopf« genannt, läßt sich mit der Bauchseite nach oben und dem Rücken nach unten an der Oberfläche treiben. Seine vertikale Lage nimmt er nur zum Schwimmen ein, was jedoch sehr selten geschieht.

**Der Saugbagger** vom Grand Congloué zieht einen Kraken aus seiner Amphora.

**Needhamsche Tasche.** Schraubenförmiger Endabschnitt des männlichen Ausfuhrganges bei den Kopffüßern, in dem die Spermatophoren gespeichert werden.

Das Sepia-Männchen holt mit seinem Hectocotylus die Spermatophoren vom Ausgang der Needhamschen Tasche, während sie bei *Octopus vulgaris* spontan ausgestoßen und die Rinne des Kopulationsgliedes entlang befördert werden. Ein männlicher Kalmar kann 400 Spermatophoren in dieser Tasche speichern.

**Planktonkamera.** Dieser Apparat wurde vom Team des C.E.M.A. unter Leitung von Armand Davso entwickelt und gebaut. Er ermöglicht die Untersuchung der im Plankton enthaltenen Mikroorganismen.

Diese Kamera besteht aus einer Planktonfalle in Form einer Plastikspritze, mit der eine bestimmte Wassermenge eingezogen wird. Daraufhin wird die Flüssigkeit durch die Spritze bis zu einem Filter von der Größe einer Streichholzschachtel hinausgedrängt. Man kann dann die darin enthaltenen Organismen filmen.

**Pottwal.** Der größte unter den Zahnwalen *(Odontoceti)*, Familie der *Physeteridae*, lebt in Schulen von 20 bis 50 Stück in den äquatorialen Gewässern und kann bei einem Gewicht von 35 bis 50 Tonnen bis zu 18 Meter lang werden. Er unterscheidet sich von den anderen Zahnwalen durch seine einzigartige schräge Blaswolke. Es funktioniert nämlich nur die linke Spritzloch. Aber typisch ist für ihn vor allem der riesige, vorn viereckige Kopf, der ein Drittel der Körperlänge ausmacht. Nur der Unterkiefer ist bezahnt, allerdings mit furchtbaren Zähnen, die über 55 Zentimeter lang sind und fast ein Kilo wiegen. Die Tragzeit dauert 16 Monate. Das Weibchen bringt alle drei Jahre nur ein Junges zur Welt.

**Proteus.** Meeresgott, Sohn des Neptun und der Tethis. Er hatte die Gabe, jede beliebige Gestalt anzunehmen, um seinen Feinden zu entkommen.

**Radula.** Reibplatte, Reibzunge, typischer Zungenapparat bei Weichtieren (außer Muscheln). Bei den Kopffüßern bildet sie die Oberfläche des vorderen Zungenrandes. Sie setzt sich aus aufein-

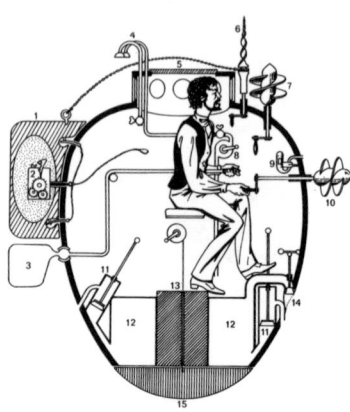

**»Die Schildkröte«,** Unterseeboot von Bushnell (1776). 1. Torpedo – 2. Laufwerk zum Zünden des Torpedos – 3. Steuerruder – 4. Lüftungsröhren – 5. Einstieg – 6. Schraube zur Befestigung der Sprengladung an einem Schiffsrumpf – 7. Schiffsschraube mit vertikaler Achse zum Tauchen – 8. Ventilator – 9. Wasserstandsbarometer zum Anzeigen der Tauchtiefe – 10. Zugschraube zum Vorwärtsfahren – 11. Pumpe zum Entleeren der Tanks – 12. Tanks für den Wasserballast – 13. Ballast – 14. Wassereinlaßventil – 15. Sicherheitsballast.

anderfolgenden Zahnreihen zusammen. Beim Kraken ist es ein Streifen kleiner Dornen, die um einen größeren Zahn angeordnet sind und je nach ihrer Abnutzung ersetzt werden können. Die Sepia benützt ihre Raspelzunge weniger zum Zerreiben ihrer Nahrung, als um diese in die Speiseröhre zu befördern.
Bei den Kalmaren ist die Radula relativ klein.

**Saugbagger.** Gerät, das dazu dient, Sand, Schlamm oder Kies in einem Metallrohr hochzuziehen. Die starke Saugwirkung wird durch Preßluft erzeugt, die über die Mündung dieses Rohres streicht.
Der Saugbagger wird hauptsächlich zum Freilegen von Wracks gebraucht. Die Polypen, die in den Amphoren vom Grand Congloué wohnten, wurden manchmal in den Saugbagger gezogen und landeten oben in dem Sieb, in dem der Archäologe vom Dienst eher Münzen oder Topfscherben erwartete als einen Tintenfisch.

**»Schildkröte« von Bushnell.** Der Amerikaner David Bushnell (1742–1826) war der Erfinder des ersten wirklich funktionierenden Unterseebootes, der »Schildkröte«. Es handelte sich um einen hölzernen Apparat in Form zweier zusammengeklebter Schildkrötenpanzer. Bushnell entwickelte und koordinierte all die Bestandteile, die von späteren Erfindern benutzt wurden: Schrauben, Ballast, Pumpen, Tiefenmesser usw.
Diesem ersten Unterseeboot gelang es 1776 im Amerikanischen Unabhängigkeitskrieg, an ein englisches Kriegsschiff mit 50 Kanonen heranzukommen, aber sein Steuermann konnte die Pulverladung, die es hätte in die Luft jagen sollen, nicht am Rumpf des Schiffes befestigen.

**Seefächer.** Nesseltiere *(Cnidaria)* aus der Klasse der Blumentiere *(Anthozoa)* und der Unterklasse der Achtstrahler *(Octocorallia)*, Ordnung der Rindenkorallen *(Gorgonaria)*. Diese gelben, malvenfarbenen oder rosa »Fächer« sind Tierkolonien. Zahlreiche Polypen (keine Kopffüßer, sondern Hohltiere!) überziehen das hornige Kalkskelett, das biegsam und unzerbrechlich ist. Die Seefächer sitzen verzweigt oder büschelweise, manchmal auch in geschlossener Formation auf dem Meeresboden oder an Felswänden. Sie kommen in allen Meeren vor. Seefächer von oft mehr als 1 Meter Höhe gehören in vielen tropischen Gebieten zur Unterwasserlandschaft. Ihre reichhaltigen und verschiedenartigen Formen entdeckte man beim Tauchen mit der Aqualunge.

**Seegräser.** Es gibt schlammige oder sandige Stellen im Meer, die mit spärlichen blühenden Wasserpflanzen bedeckt sind *(Phanerogamae)*. Im Mittelmeerraum nennt man diese Seewiesen »mate«. Sie bestehen dort aus Posidonien, im Atlantik aus anderen Laichkrautgewächsen *(Zostera).*

Eine ständig unter Wasser liegende Seewiese ist von großer biologischer Bedeutung, denn sie bietet den Fischen geschützte Laichplätze.

**Seegurken,** Seewalzen *(Holothuroidea),* Klasse der Stachelhäuter *(Echinodermata).* Der Name »Seegurke« geht auf Plinius zurück, der schon vor 1900 Jahren eine Holothurie wegen ihrer frappierenden Ähnlichkeit mit einer Gurke entsprechend beschrieben hat. An dem einen Ende des langen, schlauchförmigen und weichen Körpers befindet sich ein Kranz von meist 10 (bis 30) Tentakeln, die Schlamm in die dazwischenliegende Mundöffnung schaufeln oder wie ein Schirm Kleinlebewesen auffangen. Was unverdaut bleibt, wird durch die am anderen Körperende liegende Kloake wieder ausgeschieden.

Manche Seegurken haben häufig einen »Aftermieter« im wahrsten Sinne des Wortes: Der Nadelfisch *(Carapus = Fierasfer)* zwängt sich mit Vorliebe durch die Kloakenöffnung und lebt dann im Innern der Seegurke, und zwar in deren »Wasserlunge«. Um den ungebetenen Gast loszuwerden, bedient sich die Seegurke einer äußerst erstaunlichen Fähigkeit: Sie wirft den Nadelfisch in einem Akt von Selbstverstümmelung hinaus, indem sie einen Großteil ihrer Eingeweide einfach ausstößt. Die Organe wachsen innerhalb von 4 bis 6 Wochen wieder nach. Es ist durchaus möglich, daß dieser Vorgang auch Angreifer von außen »abspeisen« oder in die zähen Darmschnüre verwickeln und so außer Gefecht setzen soll.

Manche Seegurkenarten scheiden ein starkes Gift aus, das sogenannte Holothurin, von dem man sich medizinischen Nutzen verspricht. In China werden Seegurken seit langem unter dem Namen »Trepang« als Aphrodisiakum geschätzt.

**Seehase** *(Aplysia),* Weichtier aus der Unterklasse der Hinterkiemer *(Opisthobranchia),* Unterordnung *Anaspidea.* Auf seinem Kopf richten sich Tentakel auf wie lange Ohren – daher der Name Seehase. Er besitzt einen gallertigen Körper von etwa 30 Zentimeter Länge und nährt sich von Algen.

Eine Drüse stößt eine Flüssigkeit von hübscher violetter Farbe aus, die im Wasser eine dichte Wolke bildet. Die Eier sitzen in einem langen, mehr oder weniger zusammengerollten Strang.

**Seescheiden** *(Ascidiaceae),* festsitzende Manteltiere *(Tunicata),* die zum Stamm der Rückgrattiere *(Chordata)* gehören, obwohl die erwachsenen Seescheiden gar kein »Rückgrat« *(Chorda dorsalis)* besitzen. Im Larvenstadium haben die Seescheiden jedoch einen zähen, biegsamen Rückenstrang *(Notochord),* der gewissermaßen eine Ur-Chorda darstellt. Trotz ihres primitiven Aussehens sind die Seescheiden relativ hochorganisierte Lebewesen mit Kiemen, einem Magen- und Verdauungstrakt und einem Herzen. Seescheiden sehen wie kleine Wassersäcke aus; sie sind gelb, lila, rot gefärbt oder farblos durchscheinend. Nur die Larven schwimmen kurze Zeit frei im Meer, setzen sich dann aber an einer festen Unterlage an. Durch eine Einströmöffnung fließt das Wasser in einen Kiemendarm; er nimmt Sauerstoff für die Atmung sowie die eingestrudelten Kleinlebewesen auf, von denen das Tier sich ernährt; das überschüssige Wasser und Abbauprodukte des Stoffwechsels werden durch eine Ausströmöffnung wieder ausgeschieden.

Bei der Vermehrung der Seescheiden kommt es zu einem »Generationswechsel«. Nachdem eine ganze Reihe von aufeinanderfolgenden Generationen ungeschlechtlich durch Sprossung entstanden ist, werden Ei- und Samenzellen gebildet (übrigens im gleichen Tier), und es erfolgt geschlechtliche Fortpflanzung. Kolonien entstehen dadurch, daß an Ausläufern (Stolonen) eines Muttertieres weitere Tiere knospen (»soziale Ascidien«). Andere Seescheidenstöcke entstehen, indem die Mäntel und die Ausströmöffnungen vieler Einzeltiere zu einem gemeinsamen Kloakenraum ver-

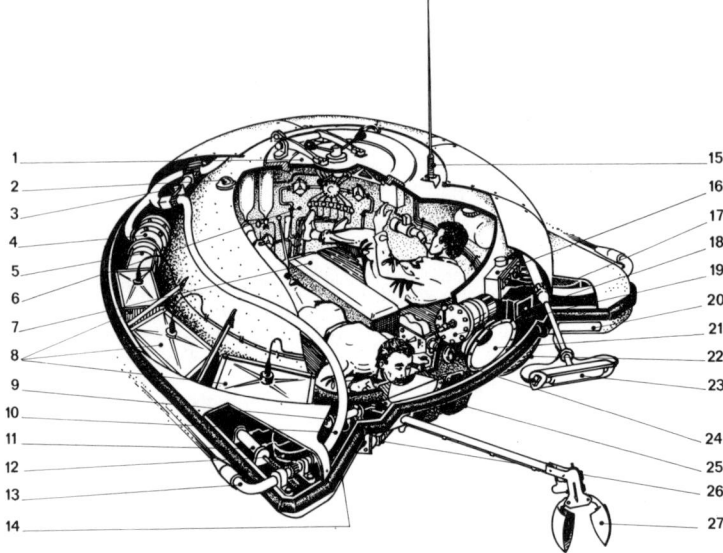

| | |
|---|---|
| 1 | 15 |
| 2 | 16 |
| 3 | 17 |
| 4 | 18 |
| 5 | 19 |
| 6 | 20 |
| 7 | 21 |
| 8 | 22 |
| 9 | 23 |
| 10 | |
| 11 | 24 |
| 12 | 25 |
| 13 | 26 |
| 14 | 27 |

**Tauchende Untertasse SP 350:** 1. Einstiegsschleuse – 2. Bullaugen mit weitem Gesichtsfeld – 3. Rechter bzw. linker Wasserverteiler für die Düsen – 4. Pumpe – 5. 2-PS-Elektromotor – 6. Innere Apparaturen – 7. Wasserballast – 8. Akkumulatorenbatterien – 9. Schalthebel für den Greifarm – 10. Kammer für die Düsen – 11. Düsenheber vorne und hinten – 12. Umsetzer unten – 13. Düsen – 14. Scheinwerfer – 15. Funkantenne – 16. Schaltkasten – 17. Umsetzer oben – 18. Umsetzer vorne – 19. Quecksilberausgleicher vorne – 20. Blitzlichtlampe – 21. Bullaugen – 22. Sammelkorb – 23. Teleskop-Scheinwerfer – 24. Bullauge für Foto- und Filmkamera – 25. Abwerfbare Eisenbarren – 26. Stereo-Fotoapparat – 27. Greifer.

schmelzen (»Synascidien«). Neben diesen kolonieweise zusammengeschlossenen Seescheiden gibt es auch einzeln lebende (»solitäre«) Formen.

**Seesterne** *(Asteroidea),* Klasse der Stachelhäuter *(Echinodermata).* Sie haben die Form eines meist fünfstrahligen Sterns. An den Armspitzen sitzen kurze Tentakel, an deren Wurzeln jeweils ein leuchtendrotes, lichtempfindliches Sinnesorgan liegt. Die Unterseite der 5 oder mehr Arme ist mit Hunderten von Ambulacralfüßchen versehen, von denen jedes in einer Saugscheibe endet. Seesterne sind daher weitaus beweglicher, als man von ihrem Erscheinungsbild her annehmen möchte.

Die Mundöffnung befindet sich beim Seestern, wie beim Seeigel, an der Unterseite der Körperscheibe. Das Tier lebt hauptsächlich von lebenden wie toten Weich- und Krustentieren und hat eine sehr merkwürdige Art der Nahrungsaufnahme: Der Seestern verschluckt seine Beute nicht, sondern stülpt gewissermaßen seinen Magen über das Opfer, das dann durch die Verdauungssäfte aufgelöst wird.

Die Arme des Seesterns entwickeln erstaunliche Kräfte. Er vermag mit ihnen eine festgeschlossene Muschel so weit aufzuziehen, daß er seinen Magen einführen und das Muschelfleisch verdauen kann.

Bemerkenswert ist die Regenerations-

246

fähigkeit. Verliert der Seestern einen oder mehrere seiner Arme, ja selbst einen Teil seiner Körperscheibe, so wachsen die fehlenden Stücke in kurzer Zeit wieder nach.

**Seetang.** Sammelname für verschieden große Algen, zum größten Teil vom Stamm der Braunalgen *(Phaeophycae)*. Der Riesentang *(Macrocystis pyrifera)* wird bis zu 60 Meter lang. Fest im Boden verankert, schwimmt er dank luftgefüllter Blasen. Er wächst sehr rasch. Manche Algologen schreiben dieser Art eine Länge von 300, ja sogar 500 Metern zu.

**Stachelhäuter** *(Echinodermata)*, ein Stamm des Tierreichs, zu dem die Seesterne *(Asteroidea)*, Schlangensterne *(Ophiuroidea)*, Seeigel *(Echinoidea)*, Seegurken oder Seewalzen *(Holothuroidea)* und Seelilien *(Crinoidea)* gehören. Die Stachelhäuter sind gekennzeichnet durch ihren fünfstrahlig symmetrischen Bau, wie ihn sehr typisch ein Seestern zeigt. Ebenso charakteristisch sind die Pedicellarien (Greiforgane) und die Ambulacralfüßchen. Diese tentakelartigen Hautausstülpungen, die mit Saugnäpfen versehen sind, können durch Aus- und Einpumpen von Wasser angespannt und erschlafft werden und ermöglichen den Tieren oft erstaunliche »Marschgeschwindigkeiten«.

Die Fortpflanzung erfolgt durch einfaches Ausstoßen von Ei- und Samenzellen ins Wasser; die Befruchtung wird dem Zufall überlassen. Die Larven sind zweiseitig symmetrisch und formen sich in einem komplizierten Prozeß zur Fünfstrahligkeit um. Stachelhäuter findet man in großer Arten- und Individuenzahl in allen Weltmeeren.

**Statozysten.** Für den Gleichgewichtssinn sorgen bei den Kraken zwei im Kopfknorpel liegende, blasenartige Statozysten (von griechisch *statos,* »stehend«, und *cystis,* »Blase«). Diese Organe sind mit Endolymphe gefüllt, die einen unregelmäßig geformten Statolithen umspült. Dieses System spielt die gleiche Rolle wie die halbrunden Kanäle bei den Wirbeltieren.

Das Epithel der Blasen trägt an zwei Punkten größere, mit harten Wimpern besetzte Zellen, welche den »Hörfleck« und die *Crista statica,* eine hufeisenförmige Leiste, bilden. Dort enden die Hörnerven.

Aber hören die Kopffüßer? Anscheinend nicht.

**Tauchende Untertasse.** Mehrere von Commandant Cousteau entwickelte Typen Tauchender Untertassen wurden vom Centre d'Etudes Marines Avancées in Marseille gebaut.

Die SP 350 faßt zwei Personen. Ihre Ausrüstung besteht aus einer Filmkamera, einem Fotoapparat, einem hydraulisch betriebenen Greifgerät und einem zugehörigen Sammelkorb. Mehr als 600 Taucheinsätze waren erfolgreich. SP 1000 oder Seefloh, kann beim Tauchen mit einem anderen zusammengekoppelt werden, Einsitzer, trägt 2 ferngesteuerte Außenkameras, 16 und 35 Millimeter, sowie Tonbandgeräte zur Aufzeichnung von Unterwassergeräuschen. Mehr als 100 Einsätze hat der Seefloh schon absolviert.

SP 4000 oder Deepstar, kann bis zu einer Tiefe von 1200 Metern tauchen. Auf Kosten der amerikanischen Firma »Westinghouse« konstruiert und 1966 herausgebracht. Sie faßt 2 Personen und hat eine Geschwindigkeit von 3 Knoten. Mehr als 500 Taucheinsätze.

SP 3000, zur Zeit auf Versuchsfahrten im Meer, gebaut auf Kosten von CNEXO (Centre National pour l'Exploration des Océans). Sie kann 3 Personen fassen; die vorgesehene Geschwindigkeit beträgt 3 Knoten.

**Teuthologie und Theuthologe.** Wissenschaft von den Kopffüßern. Zoologe, der sich auf das Studium der Kopffüßer spezialisiert hat.

**Thunfische** *(Thunnus)*, Nutzfische aus der Makrelenfamilie *(Scombridae)*, Bewohner tropischer und gemäßigter

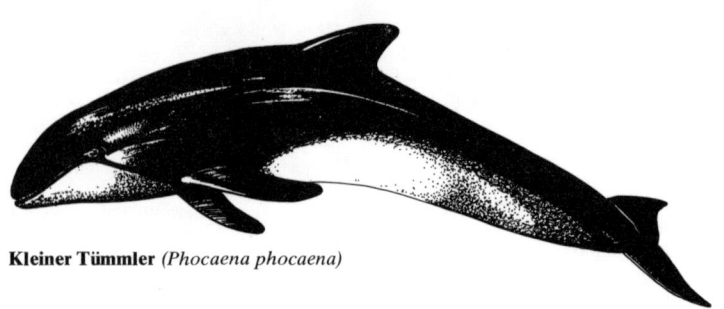

**Kleiner Tümmler** *(Phocaena phocaena)*

Meere. Man unterscheidet mehrere Arten, so den Weißen Thunfisch oder Albacore *(Thunnus alalunga = Germo alalonga)*, den Bonito *(Katsuwonus pelamis)*, den Gelbflossen-Thunfisch *(Thunnus albacares)*. Größe und Gewicht sind je nach Art sehr unterschiedlich. Der Pelamide *(Sarda sarda)* wird beispielsweise etwa 1 Meter lang und 25 Pfund schwer, während der Blauflossige oder Gewöhnliche Thunfisch *(Thunnus thynnus)* ein Gewicht von 200 bis 500 Pfund, in Einzelfällen sogar bis 1000 Pfund erreicht.

Die Thunfische ernähren sich von Fischen wie Heringen und Sardinen sowie von Tintenfischen und sind als Speisefische sehr geschätzt.

**Tümmler.** Es gibt mehrere Arten Tümmler, die außerdem zu verschiedenen Gattungen gehören. Alle sind sind sie Zahnwale aus der Familie *Delphinidae*. Die Gattung *Phocaena* besteht aus 5 Arten, deren weitaus bekannteste der Kleine Tümmler *(Phocaena phocaena)* ist. Man findet den Kleinen Tümmler vom Nördlichen Eismeer bis zur Westküste Afrikas. Er kommt auch in der Nord- und in der Ostsee vor.

Der Kleine Tümmler ist 1,20 bis 1,80 Meter lang und wiegt etwa 75 Kilogramm. Die Haut ist am Bauch weiß und am Rücken fast schwarz. Er hat insgesamt 54 Zähne.

Paarweise oder in Schulen von etwa 10 Tieren schwimmen die Kleinen Tümmler meist in nur geringem Abstand unter der Wasseroberfläche und kommen etwa viermal pro Minute zum Atmen an die Luft. Ihre Nahrung besteht aus kleinen Fischen, die sich in Schwärmen an der Oberfläche halten.

**Zwischenaufenthalte.** Beim Aufstieg von Tauchern, die Druckluft atmen, kann es zu Unfällen durch Druckabnahme kommen. Sie beruhen auf der Tatsache, daß Gase, die infolge des erhöhten Druckes im Organismus des Tauchers gebunden sind, beim Aufstieg an die Oberfläche frei werden. Dadurch können sich im Blut Blasen bilden, die sich um so stärker bemerkbar machen, je schneller der Aufstieg vor sich geht, je größer die Tauchtiefe und je länger die Tauchzeit gewesen sind. Die Blasen können im Blut eine »Luftembolie« hervorrufen.

Es ist deshalb notwendig, den Aufstieg zu verlangsamen, damit die gelösten Gase ohne Blasenbildung frei werden können. Es wurden Tabellen aufgestellt, welche Anzahl und Dauer der Zwischenaufenthalte im Verhältnis zu Tauchzeit und Tauchtiefen angeben – die sogenannten »Stufen«.

# *Dank*

Zu ganz besonderem Dank verpflichtet sind wir Frau Katharina Mangold-Wirz vom Arago-Laboratorium in Banyuls-sur-Mer, die die Güte hatte, dieses Buch im Manuskript zu lesen und zu kommentieren.

Unser Dank gilt ferner Herrn Jean Marie Bassot, Forschungsleiter am C.N.R.S., der uns die Ergebnisse seiner Studien an *Nautilus* zur Verfügung stellte; Dr. Chalazonitis, Forschungsleiter am C.N.R.S., der uns Einblick gewährte in seine Arbeiten über die Riesenfaser als Beitrag zur Neurophysiologie der Zellen; Fräulein Toulmont, Assistentin für die Ökologie der Tiefsee am Ozeanographischen Institut, die uns durch ihre tatkräftige Mitarbeit bei der Erstellung dieses Buches unterstützt hat.

# *Bildnachweis*

Folgende Quellen standen dankenswerterweise zur Verfügung:
Frank W. Lane: 166
Giraudon: 203
Anhänge und Glossar:
Snalk International: 229
Bibliothek des Musée d'Histoire Naturelle, Paris: 239
Die in diesem Buch veröffentlichten Fotos wurden von Henri Alliet, Jean-Marie Bassot, Dr. Chalazonitis, Ron Church, Armand Davso, Michel Deloire, François Dorado, Frédéric Dumas, Albert Falco, André Laban und Jacques Renoir aufgenommen.
Einige der über Wasser aufgenommenen Fotos stammen aus den Privatsammlungen von Mitglieder der *Calypso*-Crew.
Zeichnungen in den Anhängen und im Glossar: Jean-Charles Roux.

# Bibliographie

A. Appelöf: *Die Schalen von Sepia, Spirula und Nautilus,* in: K. Svenska Vetensk. Akad. Handl. 25 Nr. 7 (1893).

V. C. Barber: *The fine structure of the statocyst of octopus vulgaris,* in: Zeitschr. f. Zellforsch. 70 (1966).

Jean Marie Bassot und Micheline Martoja: *Histologie et fonction du siphon chez le nautile,* in: C. R. Acad. Sc. Paris 263 (1966).

A. M. Bidder: *Use of the tentacles, swimming and buoyancy control in the pearly nautilus,* in: Nature 196 (1962).

B. B. Boycott: *Learning in the octopus,* in: Scientific American, Bd. 212 Nr. 3 (1965).

B. B. Boycott und J. Z. Young: *A memory system in octopus vulgaris lamarck,* in: Proc. Zool. Soc. 126 (1965).

Dr. René Catala: *Carnaval sous la mer.* Herausg. R. Sicard, 1964

C. Chun: *Die Cephalopoden,* in: Wiss. Ergebn. »Valdivia« 18 (1910).

J. J. Delaitre: *Le poulpe, biologie et valeur alimentaire,* 1965 (Diss.).

E. J. Denton: *Some recently discovered buoyancy mechanisms in marine animals,* in: Proc. Roy. Soc. 265 (1962).

E. J. Denton und J. P. Gilpin-Brown: *The effect of light on the buoyancy of the cuttlefish,* in: J. mar. biol. Ass. U.K. 343 (1961).

E. J. Denton und J. B. Gilpin-Brown: *The distribution of gas and liquid within the cuttlebone,* in: J. mar. biol. Ass. U.K. 41 (1961).

E. J. Denton und J. B. Gilpin-Brown: *On the buoyancy of the pearl nautilus,* in: J. Physiol. 168 (1963).

Noel Dilly, Marion Nixon und Andrew Packard: *Forces exerted by octopus vulgaris,* in: Publ. Staz. Zool. Napoli 34.

J. Dragesco: *Le monde extraordinaire des pieuvres,* in: Science et Avenir Nr. 68.

Guy Gilpatric: *The complete goggler,* New York o. J.

M. Goldsmith: *Quelques réactions du poulpe, contribution à la psychologie des invertébrés,* in: Bull. Inst. Gen. Psychol. 17 (1967).

P. Gouret: *Les pêcheurs et les poissons de la Méditerranée, Provence,* Paris 1894.

J.-H. Heldt: *Observations sur une ponte d'octopus vulgaris,* in: Bull. Soc. Scie. Nat., I Tunis (1958).

B. Heuvelmans: *Dans le sillage des monstres marins. Le kraken et le poulpe colossal,* Paris 1958.

W. Holmes: *Les changements de couleur des céphalopodes,* in: Endeavour, Bd. 14 Nr. 54 (1955).

*Knaurs Tierreich in Farben: Niedere Tiere,* München/Zürich 1960.

Frank W. Lane: *Kingdom of the octopus,* New York 1960.

Katharina Mangold-Wirz: *Quelques problèmes actuels de la teuthologie méditerranée,* in: Rapp. Comm. Int. Mer Medit. 14 (1959).

Katharina Mangold-Wirz: *Biologie des céphalopodes benthiques et nectoniques de la mer Catalane,* 1961 (Diss.).

Fürst Albert von Monaco: *Campagnes océanographiques,* Monaco.

E. Newton Harvey: *Bioluminescence,* in: Academic Press Int., New York 1952.

D. Ozeune: *Essai sur les mollusques considères comme aliments, medicaments et poisons,* Paris 1958 (Diss.).

Andrew Packard: *The behaviour of octopus vulgaris,* in: Bull. Inst. Oceanographique, Sondernummer 499 (1963).

Andrew Packard und Geoffrey Sanders: *Ce que la pieuvre montre au monde,* in: Endeavour Bd. 28 Nr. 104 (1969).

J. M. Pérès: *Oceanographie biologique et biologie marine,* 1963.

H. Pieron: *Contribution à la psychologie du poulpe,* in: Bull. Inst. Gen. Psych. II (1911).

# Stichwortregister

Die mit * gekennzeichneten Seitenzahlen verweisen auf Abbildungen.